# 카르마 상담소

karma   |   Counseling

# 카르마 상담소

이충현 지음

담앤북스

카르마 인과로 바라본

삶의 고통

현대인들은 과학으로는 증명도 설명도 미처 다 되지 않는, 그러나 우리 삶에 매우 필요한 진리에 대해 말해주는 '종교'에서 점점 멀어지고 있다. 통계가 이를 보여준다. 전 세계적으로 '무종교인' 혹은 '비종교인'의 비율을 조사한 퓨 리서치 센터Pew Research center의 보고서에 따르면 2007년 11.8%였던 이들이 2015년에는 16%로 급증했다. 우리나라도 예외는 아니다. 통계청 인구조사에 따르면 무종교인이 2005년에 45%였으나 10년 뒤인 2015에는 56%로 증가했다.[*]

종교는 기본적으로 선과 악을 가르친다. 이런 가르침은 '뿌린 대로 거둔다.'는 아주 기본적이고 상식적인 인과의 진리에 기반한다. 인생에는 인과가 존재하기에 선악을 잘 구별하며 살아가야 한다는, 단순하지만 중요한 도덕적 진리다. 또 이 진리는 과학적 인과를 넘어 삶의 인과에 대해 말한다. 모든 전통 있는 종교들은 살아가는 동안 인과가 어떻게 펼쳐지는지를 가르치는데, 여기서 삶이란 단지 이번 생에만 한정되지 않고 사후로 연장되는 삶도 포함한다.

인류의 역사를 돌아볼 때 이 시대만큼 인간의 정신이 분열되며 정신적 고통이 심화하는 시기도 없었다. 그 이유야 여러 가지로 분석할 수 있으나, 심리를 공부하고 현장에서 상담하는 나로서는 사람들이 삶의 인과에 대해 몰지각한 채 결과중심적 태도로 살아가게 되면서 스스로

---

[*] 성혜영(2023), 「'종교 간 대화'의 추이와 전망」, 『불교문화』 2023년 1월호, p.18.

를 더욱 고통스러운 상황에 빠뜨리고 있음을 절감한다. 작금의 정신적 위기는 인과의 진리에 대한 망각에서 비롯된 것이다. 당장 증명하고 확인할 수 있는 외적인 것에만 마음을 쓰고 살아가면서 현대인들은 삶의 나침반이 되는 인과에 대해 마음 쓰고 사는 법을 잃어버렸다. 다시 말해 지금 내게 주어지는 결과에만 다급하게 신경 쓰고 몰입하느라 어떤 원인에서 그 결과가 나왔는지를 알려고 하지 않고 제대로 파악하는 법도 모른다.

삶의 인과를 설명하는 아주 중요한 진리의 개념이 있다. 카르마[業, 산스크리트어 karma, 팔리어 kamma]이다. 고대 인도에서 기원한 이 개념은 본래 '행위'를 뜻한다. 즉 카르마는 내가 행한 바대로 그에 따른 과보果報를 나 자신이 어떻게든 받는다는 인과의 의미가 내포되어 있다. 이 카르마의 인과는 단지 이번 한 생에 한정되지 않고 다른 생들과도 연결된다고 전해진다. 카르마가 늘 윤회의 관념과 함께 이야기되는 이유다.

불교는 종교이면서 또한 철학이라 불릴 만큼 카르마와 마음의 관계에 대해 철저히 분석하고 있다. 카르마 사상을 폭넓게 고찰한 사사키 겐준佐佐木現順에 따르면 불교의 카르마 이론만큼 정교하고 광범위하게 인과를 설명하는 이론을 다른 전통에서는 결코 찾을 수 없다.*

---

\*    진열 역저(1992), 『業研究-業의 原理와 그 再解釋』, 경서원, pp.82-83.

이 책에서는 불교의 카르마 사상을 토대로 우리 삶에 중요한 몇 가지 카르마의 인과 법칙들을 살펴보고자 한다. 또 이 법칙들에서 고통의 문제를 해결하는 데 도움이 되는 카르마 상담 원리 또한 끌어낼 것이다. 그리고 이들 원리를 적용하여 내담자에게 도움을 주었던 실제 카르마 상담 사례 일곱 가지도 소개한다.

카르마가 윤회와 함께하는 개념이라면 혹자는 카르마 상담이 과연 가능할 것이냐는 질문을 할 수 있을 것이다. 카르마의 인과가 윤회, 즉 이번 생만이 아닌 과거와 미래의 생들에도 얽인 것이라면 도대체 어떻게 이 개념으로 현재 삶의 고통을 제대로 다룰 수 있다는 것일까? 우리는 오직 현재 생 이외에는 알지 못하지 않는가?

불교의 카르마 법칙은 '카르마 인과에서 가장 중요한 것은 전생도 아니고 내생도 아닌 바로 현생'이라 말한다. 이번 생은 과거 생의 카르마에 의해 야기되었으며 또한 이번 생의 카르마는 다음 생에 영향을 줄 것이기에, 현재 생을 잘 파악하면 이 생과 영향을 주고받는 과거 및 미래 생들도 점차 알게 되는 것이라 가르친다. 지금 삶에 고통을 주는 많은 문제를 이해하고 해결하기 위해서는 현재의 삶을 돌아보며 인과를 잘 파악하는 것만으로도 충분할 수 있다는 뜻이다. 이에 대해서는 본문에서 자세히 다룰 것이다.

카르마 개념은 근본적으로 삶의 인과, 즉 우리의 운명에 관한 것이고 그만큼 오해도 많이 사는 개념이다. 인도 철학자 라다크리슈난<sup>Sarvepalli</sup> Radhakrishnan은 과거 인도에서 카르마 개념이 삶을 숙명적으로만 바라보게 만드는 수단으로 오해되곤 했다고 지적한다. 인생이 힘들어지고 그래서 마음이 나약해질 때 카르마 개념은 어려움을 회피하거나 자신의 무력감을 포장하기 위한 변명의 구실로 기능했다는 것이다. 예를 들어 범죄자에게 "너의 과거 카르마로 인해 지금 범죄를 저지르게 된 것이다. 너에게는 다르게 행동했을 가능성이 전혀 존재하지 않았다."라고 말해주는 식이다.* 이렇게 카르마가 숙명적 개념으로 이해되면 인생에서 크나큰 고난이 닥친 이들에게 역경을 극복하기 위해 노력하도록 주문할 수 없게 된다. 그저 모든 것이 카르마에 의해 정해진 것이라며 자포자기하게 할 가능성이 크다.

불교의 카르마 사상에 따르면 인생은 결코 숙명적으로만 이해될 수 없다. 그런 카르마 개념은 희망이 아닌 절망의 메시지를 전달하며 인간을 자유의 존재가 아닌 운명의 노예로 만든다. 올바른 인과의 진리라면 카르마의 핵심이 마음의 인과를 가리키고 있기에 현재의 내 마음을 어떻게 운영하고 관리하느냐에 따라 그리고 어떤 의지로 행동하느냐에 따라 운명에 변화를 가할 수 있다고 말해야 한다. 고통스럽고 절망적인

---

* S. Radhakrishnan(1949), The Hindu View of Life, London: George Allen & Unwin LTD, p.76.

상황에 부닥쳤을 때 한편으로 이 상황을 내 카르마 인과의 일부로 볼 수 있으면서도, 다른 한편으로는 어려운 상황에서 올바른 카르마를 지으면 앞으로의 상황이 분명 개선될 것이라는 신념을 가질 수 있어야 한다.

나는 고통의 문제를 카르마의 인과적 측면에서 바라보며 자기 삶을 이해하게 된 내담자들이 치유 효과를 얻는 경우를 숱하게 보았다. 제대로 통하는 것이 진리라면 나는 카르마의 인과는 진리라고 자신 있게 말할 수 있다. 선악의 인과와 궁극적 진리에 무심한 채 오직 다양성만 중요하게 여기는 포스트모던한 이 시대는 '분열의 시대'이자 '불안의 시대'라 불린다. 심리적 위기가 부각하는 이때 카르마라는 삶의 인과 진리에 대해 알아봄으로써 우리는 고통을 더는 길을 확인할 것이다.

참고로 이 책은 불교를 설명하는 전통적인 문헌과는 성격이 다르다. 기본적으로 불교의 카르마 개념을 상담의 측면에서 접근하는 글이기 때문이다. 즉 불교의 카르마 사상을 치유의 관점에서 바라보는 목적에 충실하고자 했다. 또 일반적 관점에만 묶이지 않고 과감한 해석을 시도한 상담 사례도 담았다. 그렇기에 전통적 측면에서 보면 다소 오해할 만한 해석도 있고 지나쳐 보이는 부분도 있으리라 예상된다. 이에 대한 비판도 제기될 수 있다.

다만 이런 비판에 예비하여 변명 아닌 변명을 조금 보태자면 다음과 같다. 이 책은 이론이 아닌 실제를 다루고 있다는 점에 초점을 두었으면 한다. 물론 불교의 카르마 사상을 이론적으로 설명하는 부분이 있지만, 이는 어디까지나 복잡한 현대를 살아가는 이들의 고통을 다루는 '카르마 상담'을 위한 토대로서 소개한 것이다. 카르마 상담 사례에서는 카르마 개념이 실제 어떻게 적용되는지 한층 더 현실적인 모습을 볼 수 있을 것이다.

상담이 특정 사상에 기반한다고 할지라도 그 사상에 완벽하게 들어맞는 상담은 존재할 수 없다. 만약 상담자가 자신의 이론에 100% 부합하는 상담을 해내고자 욕심낸다면 그것은 도리어 내담자에게 최악의 상담이 되어버리고 만다. 내담자는 그저 상담자가 자신의 이론을 확인하고픈 욕망을 채우는 수단으로 전락하기 때문이다. 실제 현장의 상담은 내담자에게 도움이 되는 것을 최우선으로 삼아야 한다.

사실 고정된 이론에 과도하게 얽매여서 실제를 등한시하지 말라고 강조한 것은 다름 아닌 붓다이고 또 불교라는 사상이다. 붓다는 지금 내가 독화살에 맞아 고통스럽게 죽어가는데 이 독이 어떤 성분인지를 따지는 것은 올바른 실천이 아니라 말했다. 나아가 불교 경전 『법화경』에는 불난 줄도 모르고 노는 데 정신이 팔린 아이들을 구하기 위해 일단 아이들의 관심을 끌 만한 이야기를 해 불난 집에서 나오도록 한 아버지의 이야기가 담겨 있다.

물론 이런 변명에도 불구하고 이론적 결함이 발견된다면 이는 어디까지나 필자의 부족한 실력과 편견이 첫 번째 요인일 것이다. 이 부족함에 대한 비판과 지적은 기꺼이 수용하고 필요하다면 함께 논하며 배워나가고자 한다.

이 원고가 세상에 나올 수 있기까지 많은 분의 도움이 있었다. 무엇보다 사례를 실을 수 있게 허락해 준 내담자들, 항상 물심양면으로 내 삶의 방향을 지지해주는 부모님, 좀 더 적극적으로 세상과 소통하라고 잔소리해주는 동생들, 그리고 원고에 대해 조언해준 담앤북스 여수령 편집부장에게 깊은 감사의 마음을 전한다.

2023년 11월

이충현

**차례**

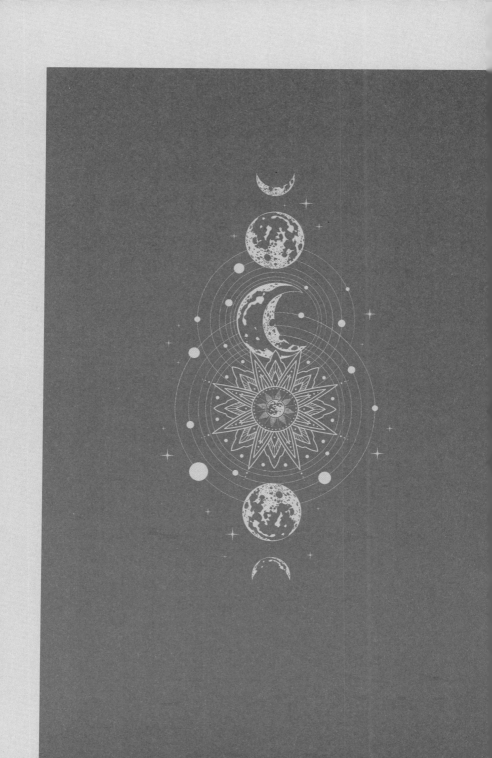

# 1

## 왜 ————————
## 카르마인가?

붓다는 통제되지 않는 나와 세상은

괴로움 그 자체이며,

이 괴로움에서 벗어나려면

삶의 인과를 잘 알아야 한다고 말한다.

그가 말하는 삶의 인과란

곧 마음의 인과이자 카르마의 인과이다.

✳──────── 한국은 지난 2019년 선진국의 주요 지표인 30-50클럽 (1인당 국민소득 3만 달러 이상, 인구 5천만 명 이상인 국가)에 세계 7번째로 가입했다. 또 2021년 7월 2일 유엔무역개발회의UNCTAD는 만장일치로 한국의 지위를 개발도상국에서 선진국으로 격상했다. 이렇게 외견상 한국의 세계적 위상은 높아지고 있다.

그런데 2021년도 갤럽 월드 폴Gallup World Poll의 행복 수준 조사에서 한국은 10점 만점에 6.11점을 기록하며 경제협력개발기구OECD 38개국 중 끝에서 7번째 자리를 차지했다.* 경제적 발전과 행복의 관계가 반드시 일치하는 것은 아님을 잘 보여주는 사례가 한국이라 해도 과언이 아니다. 한강의 기적을 쓰며 불과 몇십 년 만에 최빈국에서 선진국 대열에 합류하게 된 나라에 사는 우리의 정신적 고통은 왜 날로 심각해지는 것일까?

우리 사회가 과도하게 결과중심적 사회로 이행하고 있는 현실이 국민의 정신 건강을 위협하는 근본 문제이다. 외적 결과에 과도하게 집착하면 원인을 등한시하게 된다. 모든 삶의 결과에는 원인이 있기 마련인데, 그 원인에 무신경하면 자연히 원인에서 결과로 이행하는 과정에도 소홀해지며 삶의 여러 디테일과 그에 동반되는 자기 내면의 일들을 놓치게 된다. 자기 내면을 살피지 못할수록 자기를 통제할 수 있는 역량, 즉 자기 통제력이 빈곤해진다. 자기 통제의 약화는 나 자신과 삶에 대한 불만족을 야기하며 여러 심적 문제와

---

* 김병규, "한국인의 행복 점수 10점 만점에 6.11점⋯OECD 끝에서 7번째", 2023년 2월 26일자, 연합뉴스.

고통을 동반한다.

붓다는 일찍이 이런 문제에 관해 설파했다. 그는 통제되지 않는 나와 세상은 괴로움 그 자체이며, 이 괴로움에서 벗어나려면 삶의 인과를 잘 알아야 한다고 말한다. 그가 말하는 삶의 인과란 곧 마음의 인과이자 카르마의 인과이다. 붓다는 카르마에 대한 지혜를 얻음으로써 통제되지 않는 현실에서 오는 고통의 문제를 해결했다. 몸소 지혜를 깨달아 일상에서 실천해 보임으로써 고통의 문제를 해결한 붓다의 카르마 사상이 결과중심적 태도로 삶을 살아가며 심적 위기에 직면한 현대인들에게 가뭄에 단비 내리듯 큰 도움이 될 수 있음을 이번 장에서 알아볼 것이다.

# 1

# 결과중심적 사회와 정신 건강

✳━━━━━ 2010년대 들어 만들어진 신조어 '헬조선'. 이는 지옥을 의미하는 단어 '헬Hell'과 한국의 옛 명칭 '조선'의 합성어로 우리나라가 지옥처럼 살기 어렵고 힘든 나라임을 뜻하는 말이다. 우리나라가 헬조선이라 불리는 것이 타당한지 따지고 싶다면 국민의 정신 건강 지표부터 확인해보는 것이 급선무다. 몸보다 마음이 괴로운 일상이 더 지옥처럼 느껴질 터이니 말이다.

2023년 6월 4일 건강보험심사평가원이 공개한 지난 10년 사이의 동네 의원 수 변화 추이를 살펴보면 정신건강의학과가 압도적으로 증가했다. 정신건강의학과는 2013년에 781개에 불과했으나 2023년에는 1,540개로 거의 두 배 가까이 증가했다. 최근 우리나라에서 가장 인기 높다는 성형외과가 같은 기간 37% 정도 증가했으니 국

민들이 얼마나 정신적인 문제를 겪고 있는지 새삼 깨닫게 된다.[*]

정신 건강을 대표하는 또 다른 지표인 자살률을 보아도 OECD 국가 중 단연 톱이다. OECD 국가의 평균 자살률은 1990년 이래 약 20%가 증가했으나 우리나라는 100%나 증가하며 가장 가파른 성장세를 보였다.[**] 국민의 우울감 경험률 또한 OECD 국가의 평균 인 10.7%보다 약 2.5% 높은 13.2%이다.[***] 우리는 가장 높은 우울 감을 경험하고 있고 또 가장 정신적으로 위태로운 국가에 살고 있 노라 감히 말할 수 있다. 가뜩이나 세상은 갈수록 정신적으로 힘든 시대로 접어드는데 그중에서도 한국은 그 어려움을 솔선수범(?)하 여 보여주는 구슬픈 현실을 마주하고 있다.

왜 그럴까? 지금 우리 사회 구성원들이 가장 추구하고 집착하는 단 두 가지 요소를 보면 답을 찾을 수 있다. 바로 '돈'과 '외모'이다.

과거 인도에서 카스트 제도를 두어 귀한 신분과 천한 신분을 분 명히 나누었듯 우리나라에서도 지난 몇 년 전부터 '수저 신분제'가 생겼다. 이 신분제의 요지는 부모로부터 물려받은 돈의 양, 즉 부富 가 개인의 신분을 결정한다는 것이다. 물려받은 돈이 아주 많으면

---

[*]   이재혁, "10년 새 정신건강의학과 의원 2배 상승…소청과, 산부 인과는 감소", 2023년 6월 7일자, 메디컬투데이.

[**]  OECD(2014), "Making Mental Health Count: The Social and Economic Costs of Neglecting Mental Health Care", OECD Health Policy Studies, OECD Publishing, pp.142-143.

[***] 국립건강정신센터(2018), 「정신 건강 현황: 4차 예비조사 결과보 고서」, p.28.

'금수저', 매우 적으면 '흙수저'이다. 이 중간은 다시 '은수저', '동수저'로 나뉜다. 이러한 사회 분위기에 따라 구성원도 오직 돈의 행방을 쫓는다. 앞서 JTBC가 2016년 서울 시내 고등학생들을 대상으로 장래희망을 조사한 결과 건물주가 2위에 꼽혔다.* 그뿐만 아니라 성인을 대상으로 '꿈꾸는 직업'의 순위를 조사한 일련의 설문 결과에서도 2018년, 2019년 연달아 건물주가 2위를 차지했다.** 2022년에는 '한국인이 가장 부러워하는 직업'에 드디어 건물주가 다른 직업들을 제치고 1위를 차지하기도 했다.***

흔히 한국을 '돈만 있으면 가장 살기 좋은 나라'라 말하곤 한다. 치안이 좋아 밤늦게 놀 수 있고 새벽까지 장사하는 유흥업소들도 많다. 또 무엇이든 빨리빨리 일을 처리하는 데다 경쟁이 치열하고 인적자원이 양호해 돈만 있으면 더 빠르고 좋은 서비스를 누릴 수 있다. 그래서 한국을 '재미있는 지옥'이라 부르기도 한다. 돈을 벌기 위해 치열하게 경쟁해야 하는 지옥이지만 일단 돈이 있으면 정말 재미있게 지낼 수 있는 곳이 바로 한국이다.

돈이 이렇게 우리 사회에 절대적인 가치로 인식되는 사이에 외모

---

\* 윤샘이나, "공무원·건물주가 '꿈'…청소년들의 현주소", 2016년 2월 29일자, JTBC 탐사플러스.

\*\* 김예랑, "성인남녀 '꿈의 직업', 건물주보다 더 되고 싶은 것은…", 2019년 11월 19일자, 한국경제. 이종화, "성인 3명 중 1명, 내 꿈은 건물주, 내 집 마련", 2018년 10월 8일자, UPI 뉴스.

\*\*\* 이예지, "한국인이 가장 부러워하는 직업 1위는? 건물주", 2022년 6월 8일자, 사례뉴스.

라는 요소 또한 그에 버금갈 만한 핵심 가치로 자리 잡아가고 있다. 앞서 소개했듯 정신과 다음으로 높은 증가율을 보인 의원은 성형외과이다. 외모가 유례없이 중요해지는 현상을 잘 보여주는 사회로 우리나라만 한 곳을 찾기 어려울 것이다. 성형 열풍이 불어닥치면서 아이들에게 선물처럼 성형 수술을 해주는 일이 더는 특별하지 않다. 오히려 이를 부모의 의무로 간주하기도 한다. 미국 CNN 방송은 한국을 '세계 성형 수술의 중심지'로 표현하며, 로지<sup>ROZY</sup> 같은 완벽한 외모의 가상 인플루언서가 활동하는 것이 한국의 외모지상주의를 더욱 강화할 것이라 우려한다.[*] 본래 외모가 중요하게 여겨지던 일부 영역들, 즉 모델계나 연예계는 물론 스포츠, 정치 등 다른 여러 분야에서도 이제 외모는 핵심 경쟁력으로 자리 잡았다.

　우수한 인터넷 인프라로 국민들의 SNS 활동이 가장 활발하고[**] 또 성형 인프라가 잘 구축된 나라인 만큼 '뷰티 프리미엄'을 누리는 데 최적화된 나라로 대한민국 이상인 나라를 찾기 어려울 것이다. 외모와 돈은 근친 관계가 되어 서로 상승효과를 일으킨다. 돈이 있으면 외모를 더 멋지게 고칠 수 있으며, 더 중요하게는 돈이 곧 외

---

[*]　Jessie Yeung and Gawon Bea, "Forever young, beautiful and scandal-free: The rise of South Korea's virtual influencers", 2022년 8월 16일자, CNN.

[**]　참고로 한국은 2021년 인구수 대비 유튜버 수가 가장 많은 나라이다. 이동우, "韓 인구대비 유튜버 수 전 세계 1위, 미국도 넘었다", 2021년 2월 13일자, 머니투데이.

모가 되기도 한다. 예를 들어 좋은 차, 비싼 시계, 멋진 양복 등을 가진 남성은 더 지적이고 매력적으로 보이고, 마찬가지로 명품 가방이나 액세서리, 옷을 착용한 여성이 더 순수하고 매력적으로 보이는 식이다. 또 그런 이들이 고급 호텔이나 레스트랑에서 즐기는 모습을 SNS에 올리면 많은 이들로부터 찬사를 받고, 마케팅 효과를 바라는 기업은 이런 이들을 원한다.

그래서인지 우리의 명품 사랑도 대단하다. 세계적인 투자 은행 모건 스탠리<sup>Morgan Stanley</sup>에 따르면 2022년 한국의 1인당 명품 지출액은 세계 1위이다. 한국의 1인당 국민총소득이 세계 30위권인 것에 비하면 과도한 수준이다. 모건 스탠리는 한국의 명품 수요가 급상승하다 못해 세계 최고 수준이 된 이유를 한국 소비자들이 외모와 재정적 성공을 다른 국가의 소비자들보다 훨씬 더 중시한다는 사실에서 찾는다. 미국 CNBC 방송은 이에 대해 한국에서는 자신의 부를 과시하는 일이 다른 나라에 비해 매우 잘 받아들여진다고 평가한다.*

돈과 외모에 광적으로 집착하는 우리 사회는 점점 심각한 결과 중심적 사회가 되어가고 있다. 물론 기술 발달이 빠르고 경쟁이 치열한 사회일수록 구성원들은 복잡하게 생각하기를 꺼리기 마련이다. 그래서 이것저것 따지기보다 겉으로 드러나는 것들, 즉 돈과 외모 같은 결과로 삶의 많은 것을 판단해버리는 단순한 존재가 되기

---

* 민서연, "韓 명품소비 세계 최고 수준…1인당 연간 40만 원 지출", 2023년 1월 13일자, 조선일보.

에 이른다.

　문제는 따질 것을 따지지 않고 결과로만 판단하는 편리함과 달콤함 뒤에는 대가가 따른다는 점이다. 대가는 바로 '비교'이다. 단순히 결과만으로 평가하고 판단하면 자연스럽게 사람과 사람을 결과로 비교하는 일이 잦아지게 된다. 누가 더 화려하고 부유한지 눈에 쉽게 들어오기 때문이다. 이렇게 결과에 따라 나와 남을 비교하다 보면 불가피하게 상대적인 박탈감이나 열등감을 느끼게 된다. 결과가 뛰어난 이는 우월감을 느끼지만 사실 이 우월감은 상대와의 비교를 통해 등장하는 것이기에 불완전하다. 이 역시 상대의 결과에 매여 있기 때문이다.

　우월감이든 열등감이든 비교에서 비롯되는 것은 모두 내적 결핍을 강화한다. 자신의 정체성을 스스로에게서 찾기보다 남이나 외부에서 찾기 때문이다. 그래서 타인의 칭찬이나 반응과 같은 결과에 의존해 자신의 결핍을 채우려는 심리가 작동한다. 외적 결과에서 자신의 존재감을 찾으려는 노력이 심해질수록 더욱 결과에 의존하게 되는 악순환이 반복된다.

　지금 우리가 그렇다. 오늘의 대한민국만큼 다른 나라의 반응과 칭찬에 목메는 국가가 있을까? 우리는 세계인이 우리의 잘난 모습, 즉 얼마나 부유한 나라로 발전했고 문화적으로 아름다운 나라가 되었는지를 알아주고 반응해주기를 바란다. 그러나 이는 오히려 우리가 아직 충분히 자립적이지도, 성숙하지도 못하다는 심적 취약함과 내적 결핍을 보여준다. 내 마음 안에서 소중한 것을 찾지 못하고 스스로 만족하는 법을 모른 채 광적으로 타인의 반응과 칭찬, 즉 비교를 통해서만 내 존재감을 확인하려 하기 때문이다. 우리 사회의 외향은 점점 어른 꼴을 갖추어 가는데 우리의 내면은 아직 한참 어린아이인 것이다. 그만큼 우리의 정신은 더욱 위기 상태에 놓이고 행복은 저 멀리 달아난다.

더 큰 문제는 우리의 불행과 심적 위기가 이제 시작에 불과하다는 점이다. 많은 미래학자와 글로벌 보고서들은 엄청나게 빠른 기술 및 환경의 변화가 펼쳐질 것이고, 이 변화의 속도는 상상 이상일 것이라 말한다. 또 심각할 정도로 빠른 변화에 적응해야만 하는 인류의 정신은 매우 취약해질 것이라고도 예상한다. 그러면서 변화에 적절하게 대응할 만한 심적 역량을 갖추기 위해서는 특별한 노력이 필요하다고 강조한다.[*]

빠르게 변하는 환경에서는 결과 역시 신속히 주어진다. 그러므로 특정 결과에 집착하고 의존할수록 환경 변화에 대응이 느려지고 심적으로 문제가 생긴다. 누구보다 결과중심적 태도로 살아가며, 또한 매우 빠른 환경 변화에 노출된 우리는 삶의 태도에 변화를 줄 필요가 있다. 산업혁명 이후 지난 300년간 우리는 결과중심적으로 사는 것이 최선이라 믿어도 그럭저럭 지낼 만했다. 하지만 앞으로

---

[*]  이런 메시지를 담은 글로벌 보고서와 미래학자들의 견해들에 대한 요약은 다음의 문헌에서 확인: 이충현(2021), 「설일체유부의 업과 번뇌론에 근거한 심리치료적 함의 연구―『구사론』을 중심으로」, pp. 7–9.

도 그러리라 생각하기 어려운 마지노선에 이르렀다. '묻지마' 식으로 좋은 결과만을 추구하는 데서 행복의 답을 찾을 수 있다는 단순하고 진부한 생각은 이제 그 시효를 다하고 있다.

세계가 분열의 증상을 보이며 많은 이들이 정신적으로 어려움을 겪는 위기의 시대에, 우리나라는 그 위기의 선두에 서 있다. 전쟁의 트라우마에서 벗어나 20세기 가장 빠른 번영을 이룬 우리가 이제는 심적 위기로 인해 파국을 맞이할 낭떠러지에 가장 가까이 서 있는 것이다. 올바로 이 문제를 이해하고 대처하며 변화를 꾀하지 않는다면 가장 빨리 성장했듯 가장 빨리 망하는 시범 사례가 될 것이다. 삶을 바라보는 관점의 전환이 필요한 때이다.

# 2
## 인과적 사고

✱─────기본적으로 우리는 결과를 내며 살아야만 한다. 결과를 고려하지 않아도 행복할 것이라는 이야기는 낭만적으로 들릴 수는 있어도 현실을 고려하지 않은 순진한 주문이다. 우리의 몸은 먹을 것, 입을 것 또 잠잘 곳을 제공해달라 아우성친다. 이는 돈이라는 결과를 가져야만 채울 수 있는 것들이다. 결과를 거머쥐는 일은 피할 수 없는 우리 삶의 일부이므로 결과중심적 태도로 사는 것이 반드시 나쁘다거나 문제가 된다고 할 수는 없다.

하지만 결과중심적 태도가 지나치면 정신은 반드시 문제를 겪게 된다. 왜일까? 이에 대한 근본적 답안은 의외로 결과라는 단어 안에 들어 있다. 결과를 뜻하는 대표적인 영어 단어에는 두 가지가 있다. 하나는 '되돌아옴(rebound, leap back)'이란 뜻에서 유래한 'result'이고 다른 하나는 '함께(com-)'와 '따라옴(sequent, follow)'

이란 말이 결합한 'consequence'다.* 결과는 무엇인가가 다시 돌아온 것이고, 그 무엇인가가 함께 따라와 내 앞에 드러난 것이다. 그러기에 결과를 따질 때 단지 결과 자체만을 보면 중요한 것을 놓치게 된다. 결과는 무엇인가가 다시 돌아온 것이자 그것이 함께 따라와서 겉으로 드러난 것이기 때문이다.

지나치게 결과중심적인 관점은 그 무엇인가를 놓치게 만든다. 도대체 이 무엇인가는 어떤 것일까? 이는 바로 '원인'이다. 과실이 맺히기 위해서는 씨앗이 먼저 존재해야 하듯 모든 결과에는 그에 해당하는 원인이 있다. 어떤 일을 변화시키거나 일어나도록 만든 근본적 요인이 원인이므로** 원인을 제대로 따지지 못하면 결과를 올바로 이해할 수 없다. 그래서 결과중심적으로만 접근하면 오히려 결과를 제대로 이해할 수 없고 더 좋은 결과를 얻기도 힘들어지는 아이러니가 발생하는 것이다.

시간상으로 보면 결과는 지금 당장 내가 손에 쥔 현재의 일이다. 그래서 파악이 쉽고 우리는 이에 매달리게 된다. 반면에 원인은 결과 이전, 즉 이미 과거에 일어났던 일에 해당한다. 그래서 결과와 달리 이 순간 잘 보이지 않는다. 원인은 결과보다 파악하기가 훨씬 까다롭다. 원인을 알려면 한 번 더 생각하고 고민하는 수고로움을 기꺼이 감수해야 한다.

---

\*    Walter W. Skeat(1967), a Concise Etymological Dictionary of the English Language, Oxford University Press, p.107, 445.

\*\*   민중서림편집국(2007), 『엣센스 국어사전』, p.1796.

결과중심적으로 사는 현대인들은 종종 사람을 특정한 결과로만 평가하곤 한다. 하지만 결과 자체는 결코 개인을 대변할 수 없다. 어떤 결과이든 그것은 한 개인의 진정한 본질이 되지 않기 때문이다. 예를 들어 내가 돈을 많이 벌었다고 해서 그 돈이 나의 인격이 되거나 인간으로서의 모든 의무를 대신 책임져 줄 수는 없다. 누군가의 외모가 훌륭하다고 해서 그 사람의 인품까지 선하고 착하다고 혹은 더 지적이고 똑똑하다고 결론 내릴 수 없다. 결과는 결과이고 인간은 인간이며 나는 나다. 어떤 결과가 일시적으로는 한 개인을 설명해줄 수는 있어도 결국 그 모든 결과를 영원히 붙잡아 내 것으로 할 수는 없다. 수많은 버스가 정류장을 지나쳐 가듯 시간의 흐름에 따라 개인은 여러 결과가 자연스럽게 자신을 지나쳐 가도록 허용해야 한다. 뛰어난 하나의 결과를 얻고는 그것이 곧 나라고 굳게 믿고 집착하면 마음에 탈이 나기 마련이다. 호화스러운 버스 한 대가 정류장에 한없이 주차하고 있으면 다른 버스들은 그 정류장에 정차할 수조차 없는 것처럼, 특정 결과에 안주하면 삶이 정체되고 심적으로 문제가 생길 수밖에 없다.

물론 엄청나게 좋은 단 한 번의 결과로 오랫동안 행복할 수 있지 않느냐는 질문이 제기될 수 있다. 가난하게만 살다가 사업이 잘되어 많은 돈을 벌든지 로또가 당첨되어 큰돈을 벌든지 간에 일단 매우 좋은 단 한 번의 결과로 부자가 되면 생은 계속 행복하리라는 것이다. 이런 식의 행복에 관해 조사한 학자들이 있다. 심리학자 필립 브릭만Philip Brickman과 그의 연구팀은 22명의 로또 당첨자들과

22명의 평범한 사람들의 심리를 비교했다. 그 결과 그들은 로또 당첨자들이 평범한 이들보다 결코 더 행복하지 않았고 오히려 로또 당첨 순간의 절정 경험이 삶의 다른 경험들을 시시하게 만들었음을 확인했다. 그로 인해 당첨자들은 일상에서 소소한 즐거움을 느끼는 빈도가 많이 감소했다. 따라서 연구팀은 로또 당첨이라는 커다란 행운이 실제의 삶에서는 예상하는 것만큼 행복감을 제공해주지는 않는다고 결론 내리면서 다음의 두 가지에 주목한다. 첫째, 엄청난 행운이나 좋은 결과도 점점 습관처럼 익숙해진다habituation. 큰돈을 일순간에 쥠으로써 느꼈던 순간적인 큰 즐거움에 점차 익숙해지면서 그에 대한 쾌감의 강도가 감소하는 것이다. 둘째, 처음 큰돈을 얻었을 때 가졌던 절정 경험을 기준으로 일상의 여러 긍정적 사건들을 비교하면서 일상의 소소한 기쁨들에 무감각해지는 상황에 직면한다. 이는 항상 앞서 일어난 것과 현재를 대조하려는 contrast 인간의 성향에서 기인한다.[*]

심리학자 에드 디너Ed Diener와 그의 연구팀 또한 주관적인 행복에는 기쁨의 강도intensity가 아니라 빈도frequency가 중요하다고 말한다. 단번에 커다란 기쁨을 느끼고 좋은 경험을 하는 것보다 소소하더라도 일상에서 자주 긍정적인 경험을 하는 것이 행복을 느끼는 데

---

[*]   Philip Brickman, Dan Coates, and Ronnie Janoff-Bulman(1978), "Lottery Winners and Accidnet Victims: Is Happiness Relative?", Journal of Personality and Social Psychology, pp.917-925.

더 유리하다는 설명이다. 매우 큰 기쁨을 얻으려면 그만큼 큰 대가를 지급해야 함이 통상적이고 또 살면서 그런 기회를 얻기가 쉽지도 않다. 혹여 그런 강렬한 경험을 하더라도 그 경험의 잔상이 오히려 어려움이 닥칠 때 좌절과 슬픔을 더 크게 느끼도록 만드는 역효과를 낳기도 한다. 이 때문에 어려움을 더욱 불편해하고 괴로워할 가능성이 커진다.*

결과는 원인이 과정을 거쳐 돌아온 것이다. 제대로 된 원인에서 출발한 결과가 아니라면 그에 따른 행복도 생명력이 길 수 없다. 원인이 부실하면 원인에서 결과로 이어지는 과정도 중요성과 의미를 상실하기 때문이다. 원인을 등한시할수록 결과중심적 사고가 강해지게 된다. 따라서 결과만큼이나 원인도 중요함을 알고 이 둘의 연결성을 제대로 고려하고 확인하는 역량을 키워야 한다.

원인과 결과를 연결해 사안을 헤아리는 것을 '인과적 사고'라 한다. 제대로 인과적 사고를 해야 과정의 중요성을 알고 또 과정 자체에 의미를 부여할 수 있다. 삶이라는 과정에 의미를 부여할 수 있어야 일상의 많은 순간을 호기심에 찬 눈으로 관찰하고 즐기며 정신을 건강하게 유지할 수 있다. 그래야만 일상에서 누리는 소소한 행복도 늘어난다.

---

*   Ed Diener, Ed Sandvik, and William Pavot(2009), "Happiness is the Frequency, Not the Intensity, of Positive Versus Negative Affect", Assessing well-being: The collected works of Ed Diener, pp.213-230.

올바른 인과적 사고는 결과를 '승리 아니면 패배'와 같은 극단적인 이분법의 기준으로 재단하지 않는다. 혹여 결과가 기대에 못 미치더라도 좌절하지 않고 다음을 준비할 동력을 제공한다. 원인에서 결과에 이르는 과정 자체가 의미를 얻었으므로 결과 또한 하나의 좋은 경험이고 배움이라 생각할 여지가 생기기 때문이다. 따라서 올바른 인과적 사고를 하며 살아가는 일은 정신 건강에 핵심적 요인이라 할 수 있다.

사실 우리는 인과를 따지는 일이 중요하다는 사실을 잘 알고 있다. 이 시대는 과거와 달리 과학이 종교를 대신해 우리 삶을 설명하는 가장 중요한 원리로 기능하고 있기 때문이다. 무엇보다 과학 기술이 우리를 먹여 살리는 시대다. 과학은 세상에서 벌어지는 일들에 대해 어떤 선입견도 배제한 채 오직 인과 관계만으로 파악한다. 물체에 열을 가하면 부피가 팽창한다든가 운동성이 증가한다는 식으로 과학은 명확히 인과만을 따진다.

따라서 과학의 시대에 사는 우리는 인과적 사고에 익숙하고 또 능해야 한다. 하지만 인과가 우리 삶으로 들어오면 이야기가 달라진다. 자기 삶의 인과에 대해 생각할 때에는 과학적 인과와는 달리 결과만을 찾아내는 데 급급해진다. 그래서 내가 한 행동과 결과 사이의 인과에 대해서는 쉽게 무감각해진다. 당장 눈앞에 보이는 이익이나 쾌락에 무너지면서 인과를 망각하고 오직 결과중심적이고 자기중심적 태도로 살아가며 자기 인생을 엉망으로 만든다.

많은 현대인들은 자신이 삶을 합리적이고 인과적으로 바라본다고 생각하지만, 사실 그들은 결과중심적 사고를 하고 있다. 주어진 결과에 원인과 과정을 꿰맞추는 왜곡된 인과 논리에 빠진 채 그것이 합리적인 인과적 사고라 믿기 때문이다. 예를 들어 자신의 마음을 불편하게 하는 사람을 나쁜 사람이라고 먼저 결론지은 후 그가 나쁜 사람인 그럴듯한 이유 몇 가지를 생각해내는 식이다. 하지만 편협된 결과중심적 사고에서 도출된 왜곡된 인과 논리는 정말로 그 사람이 나쁜 사람이라 믿도록 부추긴다. 그는 불쾌한 자기감정으로 인해 부지불식간에 그 사람을 나쁜 사람이라 단정하게 되었다는 사실을 제대로 통찰하지 못한다. 즉 결론을 내기 전에 사안의 원인을 따지고 인과적으로 검증하려는 노력이 부재했음을 인식하지 못한다. 결과에 맞추어 인과를 논하기 이전에 먼저 자신의 마음이 왜 그를 불편하게 여겼는지 그 원인을 살펴보아야 제대로 된 인과적 사고이다. 이러한 인과적 사고는 자기 마음을 살피는 일을 동반하므로 대체로 달갑지 않고 어렵게 다가오기 마련이다.

왜 현대인은 어느 시대 사람들보다 과학을 중요하게 여기고 과학적 인과에 능통하면서도 정작 자기 삶의 인과에 대해서는 결과중심적 사고를 하는 실수를 저지를까? 왜 결과가 좋으면 과정도 원인도 다 좋은 것이 되고, 결과가 좋지 않으면 과정도 원인도 모두 부정되는 걸까?

그 이유는 과학적 인과와 달리 삶의 인과는 바로 '나 자신'의 문제이기 때문이다. 삶의 인과는 외부 대상이 아닌 '나'라는 존재에 대한 인과이므로 강력한 '정서'의 문제가 개입된다. 그래서 과학적

인과처럼 남 일 보듯 혹은 장기 훈수 두듯 객관적으로 지켜보기 어렵다. 내 삶의 원인을 만들어내는 존재가 나이므로, 나와 내 행위에 대해 때론 비판적이고 냉철한 태도로 판단해야 하는데 이는 매우 어렵고 괴로운 일이다. 그뿐만 아니라 내 행위에 따른 결과는 내가 직접 수용하고 감당해야 하는 부분이므로 무척이나 버겁다. 여기에서 내가 어떤 사람이고 어떤 평가를 받아야 합당한지와 같은 자아 관념들이 끼어들며 강한 쾌와 불쾌의 감정이 수반되도록 만든다. 삶 자체가 기나긴 인과의 연속인데 나라는 존재에 사로잡힌 관점은 강력히 정감을 동반하면서 원인과 결과를 연결 짓는 인과적 사고를 오염시킨다. 그때그때 삶에서 드러나는 인과를 제대로 파악하지 못하면서 정신적인 문제가 생기는 것이다.

# 3

## 자기 통제력

✳———— 세상이 복잡하고 다양해질수록 사람들은 점점 더 많은 정보와 자극에 노출되므로 이를 처리하고 판단하는데 전례 없이 큰 정신 에너지를 써야만 한다. 이 복잡다단한 세상의 경험들을 인과적 관점에서 옳고 그름을 따지고 이해하려면 그만큼의 내적 부담을 기꺼이 짊어질 준비가 되어 있어야 한다. 앞서 설명했듯 원인은 지나간 것으로, 이것을 결과와 연결 지어 파악하는 데에는 특별한 수고가 요구된다. 가뜩이나 온갖 정보의 홍수 속에 살아가느라 머리가 아픈데 현재의 결과를 넘어 그 원인까지 돌아보는 수고로움을 감내하기란 여간 버거운 일이 아니다. 이렇게 현대인들은 그 어느 때보다 인과적 사고를 하며 살아가기를 요구받지만, 다른 한편으로 그 어느 때보다 인과를 무시하고픈 심적 피로의 상태에 놓여 있다. 결과를 내어야 한다는 강박적 생각과 불안한 마음에 원

인에 대한 사려 깊은 숙고를 건너뛰고 한걸음에 결과로 달려가고픈 조급함을 느끼기 때문이다. 그래서 쉽게 결과중심적으로 편향되는 삶의 태도를 보이게 된다.

자신이 얻은 정보를 올바로 생각하고 인과적으로 판단하며 결정하는 일련의 과정은 지극히 내적이고 정신적인 작업이다. 그래서 원인을 무시한 채 결과에 치중하는 태도에 익숙해지면 자기 내면에서 벌어지는 일들에 무관심해질 수밖에 없다. 결과중심적 태도로 살아가면 갈수록 자기 마음을 이해하고 다루는 일에 서툴고 불편해진다. 내면에서 일어나는 일을 잘 모르므로 그저 유쾌한 내적 감각에만 집착하고, 불쾌하고 거북한 내적 감각은 회피하는 단순한 존재가 되기 십상이다. 좋음과 나쁨이 공존하는 내적 진실을 제대로 보지 못하고 좋은 것, 유쾌한 것만 보려 하면서 균형을 잃고 자기 통제력을 점차 상실해간다. 결과편향적 마음가짐은 간절히 유쾌함을 좇지만 오히려 제대로 자신을 통제하지 못하고 있다는 빈약한 자기 통제감을 초래하며 낮은 자존감, 우울감, 분노 등등 여러 심리적 문제를 일으킨다.

**자기 통제력이 갈수록 빈곤해지고 있다는 것이 바로 우리가 주목해야 할 심적 고통의 핵심이다.** 우리는 인간을 이성적 존재로 인식한다. 이성은 옳고 그름, 참과 거짓을 식별하며 인과를 올바로 따지게 만드는 능력이다. 이성의 반대편에는 사안의 옳고 그름을 문제 삼지 않는 본능적이고 충동적인 인간의 측면으로서 감정이 존재한다. 본능과 감정에만 휩싸이면 인과를 따지는 일이 어려워진다.

예로부터 많은 철학자들은 본능 및 감정을 이성의 반대 극으로 인식하며, 인간이라면 이성을 발휘하여 감정을 잘 통제할 수 있어야 한다고 주문해 왔다. 본능 및 감정에만 휘둘리지 않고 옳고 그름을 잘 따지다 보면 자연스레 바른 인과적 사고를 할 수 있게 되면서 행복해지기 때문이다.

그러나 인과를 따지는 나의 이성은 종종 편리함과 쾌를 추구하는 본능 및 감정에 자신의 자리를 쉬이 내어준다. 예를 들어 화가 많이 난 상태에서 사안의 원인과 결과를 차분히 헤아리기는 여간 어렵지 않다. 분노라는 불편한 감정은 이것저것 따지지 않고 지금 내가 느끼는 대로 함부로 생각하게 만들기 십상이다. 그런 점에서 이성은 감정의 노예일 뿐이라 말한 철학자 데이비드 흄David Hume의 말에는 상당한 진실이 있다.

이성이 본능 및 감정과 조화롭게 공존하는 일은 참 어려운 일이다. 삶의 인과는 나 자신의 문제이므로 본능 및 감정의 문제를 동반하기 마련이다. 그러므로 삶의 인과를 파악하는 역량은 자기 내면을 통제하는 일과 아주 밀접한 관계가 있다. 삶을 인과적으로 파악할 줄 아는 사람은 자기 통제력이 뛰어날 것이고, 마찬가지로 자기 통제력이 뛰어난 사람은 인과적 사고를 잘하게 된다. 그 사람은 원인과 결과의 과정을 이해하고 판단하는 데 있어 자신의 충동이나 감정을 적절히 조절해나갈 수 있기 때문이다. 무리하지 않고 항상 인과에 맞추어 순리대로 일을 풀어내므로 문제를 일으키기보다 문제를 풀어내며 삶을 조화롭게 운영해갈 것이다.

반면 부족하거나 왜곡된 인과적 사고는 삶을 잘못 이해하고 현실을 제대로 보지 못하게 만든다. 현실에서 제대로 작동되지 않는 잘못된 인과를 알고 있고 이를 삶에 적용하려 시도하므로 상황은 갈수록 악화한다. 그래서 점점 나 자신이 세상에서 제대로 처리할 수 있는 것이 없다는 통제 불능감을 경험하게 된다. 내 기대대로 상황이 이해되고 통제되지 않으니 삶의 인과를 따지는 것 자체가 괴로운 일이 되고, 인과를 따지지 못하면 삶의 경험을 통해 배울 수 있는 것들도 사라지기에 일상은 무의미해지고 무가치해진다.

　스스로를 통제하는 일은 심적 건강과 행복의 핵심적인 부분이다. 실제로 심리학에서는 '자기 통제self-control'의 역량이 개인의 심적 건강에 매우 중요한 요소라 말한다. 자신을 통제할 수 있다고 믿을수록 삶의 만족도나 긍정 정서가 높아진다. 반대로 자기 통제감이 약할수록 개인은 일관되고 안정된 모습으로 일상을 영위하기 어렵게 된다. 통제되지 않는 만큼 더 불안하고 취약한 정신 상태에 이르기 때문이다. 자기 통제감은 삶의 만족과 질을 측정하는 중요한 척도 중 하나로 스트레스 상황이나 중요한 변화의 순간에 주관적인 안녕감을 느끼고 또 자기 효능감을 유지할 수 있도록 돕는 긍정적 요인이다.[*]

---

　　*　육근영 외 2명(2006), 「자아 일관성과 주관적 안녕감, 자아 통제
　　　감의 매개 효과를 중심으로」, 『한국심리학회지: 발달』, p.13.;
　　　김완일(2008), 「자기태도 차원구조와 자기통제감이 심리적 건
　　　강에 미치는 영향」, 『한국심리학회지: 일반』, p.485.

통제의 욕구에는 두 가지 방향이 있다. 하나는 나의 외부를 통제하려는 외부 지향적 통제이고 다른 하나는 나의 내면을 통제하려는 내면 지향적 통제이다. 나의 정신 건강 및 행복과 밀착되는 자기 통제는 일차적으로 내면에 대한 통제 가능성을 인식하는 것이다. 내가 외부의 객관적 상황을 현실적으로 통제할 수 있는지 여부는 이차적이다. 예를 들어 부하 직원에게 지시를 내릴 수 있고 여러 의사결정권을 손에 쥔 회사 사장이라고 해서 반드시 높은 자기 통제감을 가지고 있는 것은 아니다. 만약 그가 높은 성과 창출에만 몰두하여 직원들이 일을 제대로 하고 있는지 불안해하고 닦달하는 일이 잦다면 진정 자기 통제감을 가진다고 할 수 없다. 반면 객관적으로 사장보다 외적 상황을 통제할 수 있는 여건이 부족한 직원이라 할지라도 그런 상황에서 자신이 할 수 있는 것들에 집중하며 자신의 마음을 진정시키는 역량을 갖추었다면 높은 자기 통제감을 누린다고 볼 수 있다.

이렇게 자기 통제감을 느끼는 일은 내가 처한 외부의 객관 상황과 반드시 일치하지는 않는다. 그렇다고 자기 통제의 역량이 외적 상황을 통제하고 더 나은 결과를 얻는 일과 전혀 무관하다고 할 수는 없다. 나 자신을 통제하는 일은 외부의 결과를 통제하는 일과 떼려야 뗄 수 없는 긴밀한 관계에 있기 때문이다. 자기 통제가 잘 될수록 인과를 올바로 파악하며 상황을 변화시킬 수 있다는 자신감을 얻게 된다. 그러한 자신감이 커질수록 사안을 더욱 긍정적으로 보며 역경을 극복할 가능성도 커진다. 내면의 통제에 대한 신념은 분명 자신을 둘러싼 외부의 환경이나 결과에 대한 통제에도 유의미한 영향을 미친다.

결과중심적 태도는 통제의 초점을 외부에 두도록 만든다. 손에 쥘 수 있고 명확히 확인할 수 있는 결과는 대체로 외적인 사안이다. 이런 외부 지향의 결과중심적 태도는 결국 자기 행복과 통제의 여부를 내 마음 밖의 결과나 상황이 결정하도록 만든다. 때문에 결과가 좋지 않으면 자동적으로 심적 불행을 느끼게 된다. 행복은 외부에서 만들어지는 것이고 그만큼 자기 행복과 통제의 열쇠를 외부 대상에 맡긴 셈이 된다. 그래서 자신의 결과와 남의 결과를 비교하고픈 유혹에 노출된다. 내 결과가 남의 것보다 안 좋으면 열등감을 느끼고, 반대로 우수하면 교만함에 빠지기 쉽다. 결과 그 자체가 자기를 대변하고 규정하는 절대적 기준이 되어버리기 때문이다. 항상 결과 자체에 불안과 초조를 느끼며 쉬이 심리적 결핍을 느끼는 일이 벌어진다. 이 내적 결핍과 공허감을 채우기 위해 수많은 물질적 보상이나 뛰어난 결과들을 원하지만 그것들이 주어져도 쉬이 만족을 찾기 어렵다. 그런 좋은 결과나 보상들로 심적 구멍을 메우려 해도 자기 내면은 계속해서 통제되지 않으므로 근본적으로 불만족을 떨칠 수 없기 때문이다. 오히려 그의 마음은 더 심각한 자기 통제력 빈곤 상황으로 내몰린다.

올바른 인과적 사고를 하면 그 반대의 상황이 펼쳐진다. 이는 원인에서 결과로 연결되는 과정에 초점을 맞추는 일이기 때문이다. 자연스럽게 자신의 외부에서 내면으로 관심이 옮겨가고 그만큼 내면을 통제하는 일에 집중할 수 있게 된다. 원인에서 결과로 이행하는 인과의 과정이 길어지면 질수록 혹은 그 과정에서 여러 불편한 장애 요인들이 발생하면 할수록 일을 극복하고 해내는 과정은 외부의 문제가 아닌 자기 자신의 문제임을 인식하게 된다. 일을 해내는 과정은 결국 '나 자신과의 싸움'이라는 격언이 우리에게 와닿는 이유이다. 삶을 인과적으로 대하는 태도는 자기 내면으로 시선이 향하도록 만듦으로써 외적 결과가 아닌 자기 내면에서 답을 찾으며 스스로를 통제하는 역량을 성장시킨다. 이는 자기 행복과 통제의 열쇠를 자신이 가지는 셈이고 행복은 외부가 아닌 내면의 일이 된다.

인과적 사고를 잘하면 이번 결과가 다소 아쉬울지라도 다음의 결과를 기대하며 다른 인과 과정에 참여하기를 기대할 수 있다. 과정에 초점을 맞추었기에 결과에 필요한 원인을 파악하고, 이를 어떻게 결과로 이행시킬 것인지 감을 잡아갈 수 있기 때문이다. 또한 인과적 사고로 인해 자기 통제의 감각을 신뢰하게 되면 인과 과정에서 정말 해야 할 것들을 선택하고 그에 집중할 수 있게 된다. 올바로 인과를 이해하고 실천으로 이어갈 수 있다는 확신은 어떤 상황에 처하든 혹은 어떤 결과를 맞이하든 불안해하지 않고 긍정적 태도를 유지하고 마음을 건강하게 한다.

# 4

# 불교로 본 자기 통제와 고통의 문제

＊──── '자기 통제'는 상당히 아이러니한 말이다. 나는 나 자신인데 나를 통제한다는 것이 도대체 무슨 의미일까? 나는 가고 싶을 때 가고 먹고 싶을 때 먹을 수 있는, 즉 내가 원하는 대로 행동할 수 있는 존재인데 왜 나를 통제하는 것이 중요하다고 말하는가? 내가 나이고 나 자신이므로 통제한다는 것은 당연한 일 아닐까?

우리는 마음과 동시에 몸을 가진 이중적 존재이다. 마음은 우리로 하여금 생각하게 만든다. '지금 가야겠다.'라고 뜻을 품는 것은 마음이 생각을 통해 일을 한 것이다. 그러면 몸은 실제로 두 발을 움직여 간다. 생각이 먼저 있고 그다음 몸이 움직이는 것이다. 그런데 항상 그렇지는 않다. 마음과 몸이 따로 노는 일이 종종 벌어진다. 예를 들어 우리는 잠을 자고 싶다거나 잠을 자야 한다는 생각이 간절히 들더라도 몸이 각성한 상태여서 잠을 잘 수 없는 경우를 가끔 경험한다. 이것이 심해지면 불면증이 된다. 몸은 살기 위해 영양소가 필요하다고 요구하지만, 마음은 살이 찌는 것에 대한 강한 공포로 밥 먹는 일을 거부하는 일이 생긴다. 이것이 곧 거식증이다. 심지어 내 마음도 내 뜻대로 통제되지 않는다. 종종 내가 호감 있는 이성에게 내 마음을 들키기 싫어 오히려 더 쌀쌀맞게 구는 일이 벌어지고, 또 더 이상 술을 마시지 않겠노라 마음먹어도 밤만 되면 다시 술을 마시고 싶은 마음 상태가 되기도 한다.

이렇게 마음 따로 몸 따로 놀게 되는 심신 불일치 상황은 언제나 불편하고 괴롭다. 내 생각대로 몸과 행동, 나 자신이 통제되지 않아 불만족스럽기 때문이다. 그러므로 나를 잘 통제해서 할 것은 하고 하지 말아야 할 것은 하지 않도록 만드는 높은 수준의 자기 통제력은 심적 건강과 행복을 위해 매우 중요한 요인이다.

지금으로부터 약 2,500년 전 인도 땅에 등장했던 석가모니 붓다는 이런 사실을 깊이 통찰하고 당시 내로라하는 사상가들과는 차별되는 자신만의 카르마 사상을 펼쳤다. 그는 통제되지 않는 현실에서 카르마 즉 삶의 인과를 바르게 아는 것이 고통을 소멸하는 매우 핵심적 일임을 가르쳤다.

붓다는 우리가 아무 생각 없이 '나'라고 지칭하는 관념을 다르게 바라보길 권한다. 나라는 존재는 사실상 단일하고 고정된 하나의 자아가 아니라는 것이다. 그는 나라는 존재를 제대로 이해하려면 인간이 다섯 가지 요소로 구성되어 있음에 주목해야 한다고 강조한다. 첫째, 인간은 '몸'을 가진 존재이다. 눈, 코, 입, 귀, 피부 등 몸에 있는 감각 기관을 통해 외부에서 오는 자극을 수용한다. 이렇게 수집된 정보는 내가 세상을 파악하는 기본적인 토대가 된다. 둘째, 몸을 가진 인간은 '느낌'도 가진다. 매사에 좋고 나쁨, 혹은 그저 그런 느낌을 경험하지 않는 인간은 없다. 이러한 느낌은 몸의 감각 기관을 통해 들어온 자극이 마음에 전달될 때마다 반드시 일어나는 아주 원초적인 지각 정보이다. 셋째, 인간은 '개념'을 가지고 생각하는 존재이다. 우리는 이런저런 개념들을 사용하여 생각하고 이를 발달시키면서 복잡한 생각도 하게 된다. 넷째, 느낌과 생각이 내면에서 결합하고 어우러지면서 인간은 더욱 복잡한 '정서'를 가진 존재가 된다. 우리의 내면에서는 느끼고 생각하는 일이 벌어지는데 그에 나의 의지가 반영되면서 다양한 정서들이 형성된다. 예를 들어 자존감, 자기 통제감, 자기 효능감, 죄책감, 수치심 같은 정서들은 자신의 의도가 반영된 복합적인 내면의 활동이자 자아 관념이 만들어낸 고차원적 정서다. 마지막으로 인간에게는 '의식'이 있다. 의식이 존재하기에 우리는 무엇인가를 지각하고 느끼며 파악하게 된다. 의식이 없으면 그 어떤 것도 인지할 수 없다. 살아 있다는 사실 자체는 곧 의식이 있어 나와 남, 나의 안과 밖을 구분하고 또 외부의 다양한 것들을 분별하며 존재한다는 사실과 다름이 아니다. 인간뿐만 아니라 살아 있는 다른 모든 존재 역시 의식을 가진다. 이 때문에 생존을 위해 주변 환경을 구분해가며 각자 나름대로 생존하고 끊임없이 진화하게 된다. 의식이 없는 무생물에는 이러한 생존 및 진화의 모습을 찾을 수 없다. 그래서 불교에서의 의식은 곧

생명의 힘이자 조건으로 간주된다.[*]

붓다는 위에서 언급한 몸, 느낌, 생각, 정서, 의식 등의 다섯 가지 요소가 일시적으로 결합해 임시의 정체성을 형성한 존재가 바로 '나'라는 인간이라고 말한다. 자동차를 예로 들어보자. 자동차는 처음부터 자동차로 존재한 것이 아니다. 바퀴, 엔진, 실린더, 조명, 의자 등 여러 부품이 조립되어 하나의 자동차가 된다. 그런데 완성된 이 자동차는 천년만년 존재하지는 못한다. 15년이나 20년 이상을 타면 점점 부품이 망가지고 닳아서 폐차하게 된다. 결국 자동차는 다시 여러 부품으로 쪼개져 사라진다. 이렇게 자동차는 여러 부품이 결합되었다 사라지는 임시적 존재이다. 다만 결합되어 자동차로 기능하는 동안 우리는 이를 자동차라 이름 붙일 수 있다.

인간도 마찬가지다. 인간으로서의 나는 다섯 가지 요소가 결합해 임시적 정체성을 갖춘 존재이므로 나라고 부를 수 있다. 아니 이 세상에 사는 한 나를 나라고 부르지 않고는 살아갈 수 없다. 다만 불교는 나라는 존재가 고정불변한 채로 존재하는 것이 아니라 변하고 있음을 잊지 말라고 강조할 뿐이다. 인간을 이루는 다섯 가지 요소는 멈추어 있지 않다. 유아기 때의 내 몸과 성인이 된 내 몸은 다르다. 유아기에 부모에 대해 느끼는 감정은 지금의 것과 다르며, 어제의 생각과 오늘의 내 생각이 같을 수 없다. 다섯 가지 요소는 모두 고정되어 있지 않고 시시각각 내가 처한 상황이나 조건들에

---

[*] 참고로 불교에서 의식은 인간과 동물의 생명 조건이라고 간주되나 식물에 대해서는 다소 불분명한 입장을 가진다.

따라 변하고 있다. 나는 그때 다르고 지금 다르다. 끊임없이 변하고 있는 나를 불교는 고정된 자아로 부르기보다 '무아無我'란 용어로 지칭한다. 그래서 종종 불교는 무아의 사상이라 간주되기도 한다.

붓다가 이렇게 무아를 주장할 수 있었던 핵심 근거는 바로 자기 통제의 문제이다. 만약 내가 진정 고정된 단일한 존재라면 나 자신을 제대로 통제할 수 있어야 한다. 다시 말해 나를 이루고 있는 이 다섯 가지 요소에 대해 내가 완벽한 통제권을 쥐고 있어야 한다. 붓다는 다음과 같이 말한다.

> 수행자들이여, 몸은 무아다. 참으로 몸이 나라면 이 몸은 어떤 결점도 가지지 않을 것이고 몸에 대해 내가 '나의 몸은 이런 상태로 있어라. 나의 몸은 이런 상태가 되지 말아라.'라고 통제할 수 있어야 한다. 그러나 수행자들이여, 몸은 무아이기 때문에 결점이 생기고 이러저러하게 통제되지 않는다.
>
> 수행자들이여, 느낌은 무아다. 참으로 느낌이 나라면 이 느낌은 어떤 결점도 가지지 않을 것이고 느낌에 대해 '나의 느낌은 이런 상태로 있어라. 나의 느낌은 이런 상태가 되지 말아라.'라고 통제할 수 있어야 한다. 그러나 수행자들이여, 느낌은 무아이기 때문에 결점이 생기고 이러저러하게 통제되지 않는다.
>
> 수행자들이여, 생각은 무아다. 참으로 생각이 나라면 이 생각은 어떤 결점도 가지지 않을 것이고 생각에 대해 '나의 생각은 이런 상태로 있어라. 나의 생각은 이런 상태가 되지 말아라.'라고

통제할 수 있어야 한다. 그러나 수행자들이여. 생각은 무아이기 때문에 결점이 생기고 이러저러하게 통제되지 않는다.

수행자들이여, 정서는 무아다. 참으로 정서가 나라면 이 정서는 어떤 결점도 가지지 않을 것이고 정서에 대해 '나의 정서는 이런 상태로 있어라. 나의 정서는 이런 상태가 되지 말아라.'라고 통제할 수 있어야 한다. 그러나 수행자들이여. 정서는 무아이기 때문에 결점이 생기고 이러저러하게 통제되지 않는다.

수행자들이여 의식은 무아다. 참으로 의식이 나라면 이 의식은 어떤 결점도 가지지 않을 것이고 의식에 대해 '나의 의식은 이런 상태로 있어라. 나의 의식은 이런 상태가 되지 말아라.'라고 통제할 수 있어야 한다. 그러나 수행자들이여. 의식은 무아이기 때문에 결점이 생기고 이러저러하게 통제되지 않는다. 〈중략〉

고정되어 있지 않고 변화하는 것을 '이것은 나의 것이다. 이것은 나다. 이것은 나의 자아다.'라고 보는 것이 과연 타당한가? 〈중략〉

그러므로 수행자들이여, 외부의 것이든 내면의 것이든, 거친 것이든 미세한 것이든, 열등한 것이든 뛰어난 것이든, 과거·미래·현재의 어떤 몸에 대해서도, 또 멀리 있는 것이든 가까이 있는 것이든, 모든 몸에 대해서도 '이것은 나의 것이 아니다. 이것은 내가 아니다. 이것은 나의 자아가 아니다.'라고 바른 지혜를 통해 있는 그대로 볼 수 있어야 한다. 「**상윳따 니까야**」


몸은 물론 느낌, 생각, 정서, 의식 등의 다섯 요소 중 어느 하나라도 고정된 나로 이해할 것이 없음을 본 붓다는 결국 삶이란 고통스러운 것이라 말하게 된다. 불교에서 흔히 오해되는 개념 중 하나가 고통, 즉 괴로움이다. 붓다가 말하는 괴로움은 우리가 생각하는 통증과 같은 고통이 아니라, 나와 세상이 제대로 통제되지 않는 현실에서 오는 '심리적 불만족'이다.

깨달음을 얻고 해탈한 존재이면서 살아 숨 쉬는 실존적 인간인 석가모니 붓다 또한 몸이 아플 때가 있었고 병이 들 때도 있었다. 이는 그에게 매우 뛰어난 의사로 칭송받던 '지바카'라는 주치의가 있었다는 사실에서도 잘 알 수 있다. 지바카는 붓다가 몸이 아플 때 '체액 불균형'이라는 진단과 함께 그에 따른 처방을 내려 치료해 주었다고 전해진다.* 또한 붓다는 데바닷타라는 간교한 제자의 계략으로 발을 심하게 다쳐 통증을 느끼기도 했다. 붓다가 열반에 든 계기는 춘다라는 재가자가 공양한 상한 음식 때문이었는데, 그로 인해 붓다는 식중독에 걸리고 심한 배탈을 경험했다고 한다. 이렇게 붓다는 분명히 몸의 통증을 느꼈고 그로 인해 고생하기도 했다.

하지만 그는 몸에서 고통이 느껴지더라도 부정적인 생각이나 감정을 품지 않았다. 즉 몸의 감각이나 본능 혹은 감정이 자신을 지배하도록 두지 않았다. 그는 자신의 발을 다치게 한 데바닷타를 미워하지 않았다. 그저 자신의 과거 생에 어떤 카르마가 이러한 과보로 돌아온 것인지를 파악한 후 이 사건이 기나긴 카르마 인과의 연

---

* 김귀연(2019), 「의왕(醫王) 붓다의 주치의였던 지바까에 대한 현대적 고찰」, 『밀교학보』 제20권, pp.108-110.

장선임을 이해했다. 또 그는 식중독으로 고통을 겪으면서도 자신에게 상한 음식을 준 춘다를 탓하는 제자들에게 순수하게 공양하려한 고운 마음 씀씀이에 초점을 맞추라며 달랬다. 그는 자신에게 일어나는 부정적인 결과나 몸의 고통 때문에 야기될 법한 어떠한 심적 불만족도 마음에 남기지 않았다.*

사실 붓다는 자기 생각과 감정을 제대로 통제할 수 있는, 다시말해 완벽에 가까울 정도의 내적 통제력을 가진 존재였다. 그는 언제나 원하는 주제에 대해 고도의 집중을 할 수 있었고 이런 집중 상태에서는 다른 어떤 생각이나 감정이 끼어들 수 없다고 한다. 고요하고 안정된 마음의 상태를 원하면 언제나 그런 상태에 머무를 수 있었고 또 자신의 몸이나 어떤 대상에 대해 주의를 두고 그것이 어떻게 변하고 역동하는지를 오랜 기간 관찰하며 통찰을 얻을 수도 있었다. 덕분에 그는 우리의 삶에 어떤 인과가 펼쳐지고 있는지를 아는 뛰어난 지혜를 얻게 된다. 그는 삶의 괴로움이 어떻게 일어나서 펼쳐지고 또 어떻게 소멸하는지를 통찰한 깨달은 자였다. 그

---

* 사실, 붓다에게는 통제라는 단어가 어울리지 않는다. 늘 자기 삶을 카르마의 법칙에 거스르지 않고 자유롭게 살아내며, 또 부정적인 충동이 일어 통제가 요구되는 상황이 일어나지 않는 존재인 붓다에게는 굳이 통제해야 할 것마저 없기 때문이다. 통제의 역량이 증가할수록 역으로 통제의 필요성이 없어지는 아이러니가 발생한다. 특히 뛰어난 지혜로 번뇌를 끊은 성자들은 선한 카르마를 짓는 것이 오랜 기간 습관화되었기에 통제할 것 없이 자연스럽게 카르마를 짓게 된다. 그들에게 있어 통제란 그저 자신과 상황에 대해 매 순간 지혜롭게 깨어 있다는 사실과 다름이 아니다.

만큼 그는 인간으로서 가장 수준 높은 자기 통제감을 누리며 살다 간 존재라 해도 과언이 아니다.

붓다의 완성된 자기 통제력은 내면의 행복뿐 아니라 자기 생각을 외부에서 현실화하는 일 또한 가능케 했다. 붓다는 뭇 사람들에게 세상은 결국 고통스러울 수밖에 없고, 그 고통은 왜 일어나는 것이며, 고통을 없앨 수 있고, 고통을 없애는 길 또한 존재한다는 사실을 알려주고자 했다. 그리고 그 생각을 실현했다. 그는 자신의 가르침을 전하기 위해 설법을 하러 다녔고 그 가르침과 정확히 일치하는 행동을 몸소 보였다. 완벽한 자기 통제력이 뒷받침되지 않으면 불가능한 일이다. 그 결과 수많은 사람이 가르침을 청했다. 그뿐만 아니라 그는 수행 공동체를 조직하여 올바로 삶의 인과를 이해하는 이들을 길러냈다. 그 제자들은 다시 붓다를 도와 사람들을 계몽하고 제도하기에 이른다. 그런 결과로 붓다의 가르침은 오늘날 주요 종교 중 하나인 불교가 되었다.

붓다는 고통을 일으키는 근본 원인인 번뇌에서 벗어난 해탈자였다. 그는 심리적으로 어떠한 불만족의 오류에 빠지지 않고 자기 통제를 자재하게 할 수 있었다. 그럴 수 있었던 핵심적 이유 중 하나는 **삶에 대한 인과를 제대로 통찰하는 지혜를 얻었기** 때문이다. 그는 나와 세상이 내 뜻대로 통제되지 않기에 고통스러워진다며, 자신은 삶의 인과에 대한 바른 지혜를 통해 괴로움에서 벗어났노라 주장한다. 여기서 그가 말하는 삶의 인과는 곧 카르마의 인과다. 붓다는 인간이 살면서 어떻게 카르마를 짓고 이것이 쌓여 어떻게 고통의 결실로 이어지는지를 설명했다. 즉 삶에는 원인과 결과가 연결되어 있다는 연기緣起의 진리를 펼친 것이다.

결과편향적으로 세상을 바라보게 된 현대인들은 삶을 인과적으로 바라보지 못하게 되었고 그만큼 더 빈약한 자기 통제력을 가지게 되었다. 그 대가로 정신은 날로 불안하고 분열되며 고통스러워지고 있다. 이러한 불안과 분열의 시대에, 과거 인류 역사에서 뛰어난 자기 통제력을 보여준 이가 고통의 문제를 해결할 수 있는 인과의 진리를 어떻게 설명하고 있는지, 또 그의 가르침을 이어받은 불교의 카르마 사상은 무엇인지를 지금부터 살펴보고자 한다.

# 2

## 카르마의 ———— 인과 법칙

그 어떤 누구의 카르마도

그냥 사라지는 법이 없다.

참으로 그것은 반드시 되돌아오며

그것의 주인이 그것을 받는 것이다.

잘못 카르마를 짓는 자,

어리석은 자는 다음 생에서

그에 따른 괴로움을 반드시 받게 된다.

ー「숫타니파타」

✳━━━━━ 심적 괴로움의 문제를 해결했다고 말한 붓다는 인과적 사고에 능한 이였다. 그는 '삶은 괴로움 자체'라 말하고 삶의 인과에 대해 가르쳤다. 그러면서 인과를 이해하기 위해 카르마에 대해 고민하며 깨달아야 한다고 말했다. 그가 말하는 인과의 핵심은 카르마이다. 그는 카르마의 인과를 제대로 깨달은 존재였고 삶에서 어떤 일을 겪더라도 그것이 어떤 카르마에 의한 결과인지 제대로 파악할 수 있었다고 전해진다.

붓다란 말은 본래 '깨달은 자'를 의미한다. 석가모니 붓다는 자신만이 유일하게 궁극적 깨달음을 얻은 자가 아님을 분명히 밝힌다. 그에 따르면 인류의 장구한 역사에서 몇 분의 또 다른 붓다가 출현한 적이 있다. 석가모니 붓다는 이를 다음과 같이 설명한다.

> 과거 시대에 등장했던 거룩한 존재, 즉 올바로 원만히 깨달은 스승이었던 붓다들도 모두 카르마를 말하고 또 카르마의 과보를 말하며 올바른 인과를 얻기 위한 노력을 설파했다.
>
> 「앙굿따라 니까야」

누구나 올바로 세상에 대해 깨달으면 인과를 따지는 일의 중요성을 통찰하게 된다. 이 때문에 석가모니 붓다뿐 아니라 그에 앞서 존재했던 다른 모든 붓다들도 삶의 인과 즉 카르마의 인과를 설파하며 사람들이 이를 제대로 이해할 수 있도록 도왔다. 그만큼 카르마의 인과는 우리 삶에 가장 핵심적인 부분이라 할 수 있다. 이번 장에서는 불교에서 가르쳐주는 주요한 카르마의 법칙들을 살펴본다.
그와 함께 카르마 상담의 몇 가지 중요한 원리도 도출하고자 한다.

# 1

## 삶의 인과에 대한 두 가지 극단

✱———— 삶의 인과에 대한 두 가지 극단적 사고가 존재한다. 하나는 세상 모든 것은 원인에서 결과로 정확히 이행하기 때문에, 다시 말해 완벽히 인과적이기 때문에 내 삶의 미래도 이미 결정되어 있으리라 보는 결정론적 사고이다. 톱니바퀴들이 서로 맞물려 정확히 돌아가듯 과거의 원인이 현재의 결과가 되고 또 현재의 결과가 다시 원인이 되어 미래의 결과를 규정하니, 과거·현재·미래의 모든 일은 이미 정해진 것이라는 논리다. 인과의 과정이 진행 중이라면 앞으로 나올 모든 결과는 이미 이전에 벌어진 원인들에 따라 정확히 주어질 것이므로 미래의 변화를 꾀하는 일은 불가능하다. 따라서 인간의 의지가 미래의 변화를 위해 개입할 틈은 존재할 수 없다. 내가 어떻게 마음을 쓰고 노력하는지는 전혀 중요치 않다.

이 견해에 따르면 사실 인간은 지금 내가 원하는 것을 선택하고 결정하는 자유의 존재라 믿고 살지만 이는 착각에 불과하다. 모든 것은 인과적으로 이미 결정되어 있으므로 나는 선택한다고 착각하지만 사실 앞선 원인으로부터 결정된 부분을 그냥 선택하고, 아니 선택당하고 있을 뿐이다. 예를 들어 인간이 태어날 때 불가피하게 부모로부터 물려받는 유전의 힘은 어린 시절 아이의 행동을 결정하고, 유년 시절의 경험으로 더 강화된 유전의 힘은 다시 성인이 되었을 때의 행동마저 빈틈없이 결정한다고 말하는 식이다. 이런 지독한 인과적 결정론에서 인간은 유전의 속성이 결정하는 대로 살아가야만 하는 존재가 돼버린다. '나'는 유전의 힘이 주변 환경에 따라 인과를 연쇄적으로 일어나게 만드는 통로에 불과할 뿐 진정한 자유를 누리는 존재가 될 수 없다.

이러한 결정론적 사고의 반대 극단에는 비결정론적 사고가 있다. 극단적인 비결정론은 인과 자체를 인정하지 않는다. 모든 것은 결정되어 있지 않다. 그렇다면 이는 언뜻 인간의 자유를 인정하는 것처럼 보인다. 결정된 것이 없으므로 나는 어떠한 것에도 얽매이지 않고 자유롭게 선택하고 결정할 수 있기 때문이다. 그런데 여기에는 하나의 치명적 모순이 있다. 정말로 아무것도 결정된 것이 없다면, 즉 원인에 의해 결과가 만들어지는 인과가 부재하다면 나 역시도 어떤 결과를 야기하는 원인이 될 수 없다는 점이다.

그러므로 비결정론이 겉으로는 자유를 인정하는 듯 보여도 사실 진정한 의미에서의 자유를 부정하는 셈이다. 진정한 자유는 방종과 구분되는 것으로, 아무런 구속 없이 선택하고 행동하는 것을 의미하지 않는다. 자신의 행위에 대한 책임이 동반되어야 진정한 자유이다. 인과 자체를 인정하지 않는 이 극단적인 비결정론에는 오직 우연들만 가득할 뿐이다. 그래서 허무주의로 전락한다. 세상과 삶에서 어떤 인과도 찾을 수 없기에 나의 노력 또한 어떤 결과를 가져오는 원인이 될 수 없기 때문이다. 그래서 삶은 항상 이래도 그만 저래도 그만인 것이 된다. 어차피 내가 무엇을 결정하고 노력하여 그에 상응한 결과를 얻을 수 없고 또 무엇 하나 내가 원하는 대로 통제할 수 있는 것도 없다.

하나는 과학이 말하는 인과처럼 완벽히 삶의 인과가 존재함을 인정하고, 다른 하나는 삶의 인과 자체가 없다고 말하기에 상반되는 것처럼 보이지만 사실 둘은 끔찍한 결론을 공유한다. 인간의 의지와 노력을 부정하고 자유를 부정한다는 공통점이다. 완벽히 짜인 인과만이 전부라면 내 의지와 노력이 인과에 영향을 줄 수 없게 되므로 무의미하고, 반대로 인과가 아예 부재해도 마찬가지로 내 의지와 노력은 결과와 어떤 관계도 맺을 수 없어 무의미하다.

결과중심적 태도에 몰입하여 미래에 대해 희망 없이 살아가는 이들에게서는 이 두 가지 극단적 사고를 찾아볼 수 있다. 이들은 삶에 대해 다음과 같은 두 가지 태도를 보이기 때문이다. 한 가지 태도는 모든 것이 다 결정되어 있어 자신이 노력해도 별다른 변화가 없을 것이라 믿는 태도다. 결과에만 몰입되면 자신이 과거에 어떤 결과를 내었는지 외에 다른 것이 보이지 않는다. 따라서 과거에 경험한 실망스러운 결과는 미래의 부정적 결과로도 예외 없이 이어질 것이라 믿는다. 이는 극단적인 인과 결정론의 사고에 해당한다. 이로 인해 희망을 찾지 못한 이들은 세상을 염세적으로만 보며 자포자기하거나 부정적으로 보며 삐딱한 시선으로 살아간다.

또 다른 태도는 인과를 고려하지 않고 우연에 기대는 것이다. 이런 태도의 사람들은 일확천금을 얻거나 횡재를 할 수 있다면 무슨 일이든 서슴지 않는다. 자신이 과거에 어떤 행동이나 결과를 경험했던 지금과는 아무런 상관이 없다고 보니 당장 즐겁고 좋은 결과를 얻는 일에만 초점을 맞춘다. 그 결과가 미래에 어떻게 이어질지에 대해서는 눈을 감고 있다 보니 우연에 기대어 뒷감당이 쉽지 않은 무모한 사고를 치게 되고, 언젠가 그 뒷감당을 하며 무척이나 힘든 시간을 보내야 한다. 예를 들어 '주식 대박'이라는 장밋빛 결과를 얻기 위해 빚까지 내면서 행운에 베팅하지만, 실패하고 나면 뒷수습을 할 수 없어 불안해하고 스트레스를 받는 식이다.

반면 삶의 인과를 극단적인 결정론으로도 또 극단적인 비결정론으로도 이해하지 않는 중도적 사상이 존재한다. 바로 불교의 카르마 사상이다. 이 카르마 개념에는 나의 노력과 선택이 앞으로의 결과에 반드시 영향을 준다는 인과가 들어 있다. 그래서 불교는 인간에게 자기 내면에 있는 진정한 심적 자유를 찾아내라 주문한다. 어떻게 불교는 이런 주장을 할 수 있을까?

# 2

## 카르마의 본질: 의지

✳──── 카르마 개념은 고대 인도에서 기원한다. 이 개념의 본래 뜻은 '행위' 혹은 '실행'이다. 내가 어떠한 행위를 하면 어떤 형태로든 반드시 그에 대한 결과가 뒤따라오기 마련이다. 따라서 행위를 뜻하는 카르마는 단순히 '행위한다'는 뜻을 넘어 우리의 삶에 작용하는 인과를 설명하는 대표적 개념이 된다. 어떤 곤란한 문제를 겪는 사람에게 "그게 너의 카르마야."라고 말한다면 우리는 그 문제가 과거의 어떤 행동으로 말미암아 일어나게 된 결과임을 이야기하는 것이다. 앞서 살펴보았듯 결과의 본래 의미는 원인이 돌아온 것이고 함께 따라온 것이다. 마찬가지로 카르마는 결과를 낳는 행위로서의 원인이면서 때론 그에 따른 결과를 불러오는 과정에 영향을 끼치는 힘이자 작용까지 의미하는 인과적 개념이 되었다.

여기서 주의할 것은 불교의 카르마 개념은 결과 그 자체를 의미하지는 않는다는 점이다. 불교는 원인으로서의 행위 즉 '카르마'와 그에 따라 야기되는 결과 즉 '과보'를 분명히 구분한다. 카르마를 지으면 그에 따른 과보가 따라오는 법이고, 여기에서 원인과 결과, 즉 카르마와 과보는 분명히 구별되어야 한다.

붓다가 존재하던 당시의 인도는 격변의 시기였다. 이 시기는 인도의 신분제를 강력히 뒷받침하던 기존의 주류 사상인 '베다'가 몰락하던 때로, 여러 신흥 사상가들이 등장하여 베다 사상의 한계를 지적하고 자신만의 인과 사상을 펼쳤다. 붓다도 그런 신흥 사상가 중 하나였다. 다만, 붓다는 다른 사상가들의 인과론과는 매우 차별되는 인과론을 펼쳤다. 붓다 인과론의 독특한 점은 바로 **삶의 인과를 인간의 마음, 즉 심리에서 찾았다**는 점이다.

인도에서는 카르마를 다음의 세 가지로 분류한다. 마음으로 짓는 카르마, 말로 짓는 카르마, 몸으로 짓는 카르마이다. 인간의 모든 행위는 마음, 말, 몸의 경로를 통해 일어나기 마련이다. 붓다는 다음과 같이 말한다.

> 악한 카르마를 짓고 행함에 있어 마음으로 행한 것이 가장 비난
> 받아야 한다고 나는 설한다. 몸으로 지은 카르마나 말로 지은
> 카르마도 그 정도는 아니다. 『맛지마 니까야』

이렇게 붓다는 마음, 말, 몸의 카르마 중에서 마음의 것이 가장 중요하다고 말한다. 삶의 인과는 카르마의 인과인데 이는 곧 심리

적 인과라는 것이다. 따라서 삶의 고통의 문제는 곧 마음의 문제이고 그 해결책 역시 마음에서 우선 찾아야 한다. 붓다가 깨달음을 얻은 이후 시종일관 마음에 관해 설명한 이유이다. 덕분에 불교는 '마음의 사상'이라 불리며 오늘날 동양의 심리학으로 통하게 된다. 마음의 카르마가 가장 중요하다고 말한 붓다는 카르마의 본질에 대해서도 다음과 같이 말한다.

> 의지cetanā가 카르마라고 나는 설하노니, 의지를 낸 뒤에 몸과 말과 마음으로 카르마를 짓는다. 『앙굿따라 니까야』

붓다는 의지를 곧 카르마와 동일시하며 행위에서의 '의지'를 중요하게 여겼다. 불교에서 의지란 '마음을 움직여서 행위 하도록 조작하는 일종의 심리작용'으로 정의된다. 우리가 어떤 행위를 할 때는 마음을 움직이는 의지가 먼저 있고 그다음 행위가 뒤따른다고 보는 것이다. 무엇인가를 하겠다는 생각, 즉 의지를 품으면 그 무엇을 해내기 위해 다른 생각들도 그에 따라 조작되고 또 이를 실행으로 옮기는 과정에서 말과 몸으로 행동하게 된다. 다시 말해 의지에 따라 마음과 말과 몸으로 모두 카르마를 짓게 된다. 의지는 모든 행위 즉 카르마들의 중심이자 본질로, 의지가 해당 행위의 좋고 나쁨에 대한 총체적 성격을 규정한다는 인식이 붓다에게 있었다.

물론 모든 행위에 의지가 반드시 선행한다고 말하기에는 무리가 있다. 비자발적으로 혹은 비고의적으로 행위를 하는 일도 있기 때문이다. 예를 들어 내가 하품을 하는 것에 의지가 담겨 있다고 말할 수 없다. 또 길을 가다가 돌에 걸려 넘어지면서 다른 사람을 밀게 되었을 때 그 사람을 민 나의 행위에는 고의성과 자발성이 없다. 우리는 가끔 남이 시켜서 혹은 남이 강요하여 행동하기도 하는데 여기에도 의지가 있다고 보기 어렵다. 총을 싫어하는 이가 전쟁통에 군대에 차출되어 전장에 배치되면 본인이 싫어도 적군을 향해 총을 쏴야만 하는 것과 같다.

그래서 불교는 카르마의 인과에서 의지가 있는 행위와 의지가 없는 행위, 즉 고의적인 카르마와 그렇지 않은 카르마를 명확히 구분한 후 전자를 무척 중시한다. 붓다는 다음과 같이 말한다.

> 의도적으로 지은 카르마라면 나는 그에 해당하는 결과를 현재의 생에서나 다음의 생들에서 반드시 받는다고 말할 것이다.
> 『중아함경』

붓다는 고의적 행위에는 반드시 결과가 따라온다고 본다. 그래서 그는 늘 행위에 고의성이 있는지를 따졌고 혹여 고의성이 없다면 그 행위로 인해 부정적인 결과가 일어나더라도 책임을 묻지 않았다. 한 일화로 어떤 묘지에서 일꾼들이 자신들의 옷을 묘지 옆에 벗어둔 채 죽은 사람을 매장하는 일을 하고 있었다. 그때 붓다의 제자 한 명이 그곳을 지나가다가 누더기처럼 헤진 일꾼들의 옷을 보고는 버려진 옷이라 여겨 가져가려 했다. 마침 이 광경을 본 일꾼들이 제자를 불러 세우며 항의했다. 제자는 "나는 이 옷들이 버려진 옷인 줄 알았소."라고 사과한 후 자리를 떴다. 제자는 자신의 행위가 잘못된 카르마가 될까 걱정하며 붓다에게 이 상황을 물었고 붓다는 그가 옷을 가져갈 당시의 마음이 어떠했는지를 묻는다. 제자는 자신이 훔치려는 마음은 추호도 없었고 그저 누더기가 버려진 것으로 착각했다고 답하자 붓다는 다음과 같이 가르쳐 준다.

> 그것에 죄의 범함이 없다. 그러나 앞으로 많은 옷 무더기가 있거든 그것이 다소 헤진 것이라 하더라도 버려진 옷가지라 여기어 가져가지 말거라. 『사분율』

이뿐 아니라 앞서 언급했듯 붓다는 춘다가 공양한 상한 음식으로 탈이 나서 고생했다. 하지만 그는 춘다가 잘못된 음식을 주었다는 행위 자체를 문제 삼지 않는다. 그가 의도한 바가 아니었기 때문이다. 오히려 붓다는 자신에게 음식을 공양하려 한 선한 의도에 주목하여 춘다를 칭찬한다. 그렇다면 고의적이지 않은 카르마는 어떨까? 이 역시 과보를 가져올까? 붓다는 다음과 같이 말한다.

> 의도적으로 짓지 않은 카르마라면 나는 그 결과를 반드시 받는 것은 아니라고 말한다. 『중아함경』

붓다는 고의적이지 않은 카르마가 과보를 가져오는지에 대해 다소 애매한 입장을 취하고 있다. 비고의적인 카르마의 경우 반드시 결과를 받는 것은 아니라는 말은 그에 따른 결과가 일어날 가능성도 아예 배제할 수는 없다는 의미이기도 하다.

그럼에도 불구하고 붓다는 고의성 없는 카르마의 인과에 대해서는 잘 논하지 않았다. 왜 그러했을까? 자발성이 배제된 카르마의 인과에 대해서는 내가 할 수 있는 부분이 없기 때문이다. 설사 그 행위에 인과가 있을지라도 내가 특별히 노력하여 변화를 줄 수 있는 부분이 없다. 그렇다면 무엇이 더 현명한 것일까? 삶의 인과를 만들어감에 있어 내가 할 수 있는 부분들에 선택과 집중을 하는 것이 바람직할까? 아니면 내가 할 수 없는 부분들에 많은 에너지를 투자하며 고심하는 것이 바람직할까? 어느 쪽이 더 심리적으로 건강한 일일까?

내가 할 수 있는 바가 없는 일에 마음을 쓰면서 노력할수록 마음은 더욱 통제불가능성을 경험하면서 불안에 빠진다. 밑 빠진 독에 물 붓듯 심적 에너지는 투입되는데 그에 따른 보상은 전혀 얻지 못하는 상황이 벌어지기 때문이다. 따라서 자신이 앞으로 상황을 통제할 수 있다는 확신이 전혀 생기지 않기에 더 불안해지고 불만족스러워진다.

우리가 결과중심적 태도를 취하는 핵심적 이유 중 하나는 원인이 결과를 담보하지 못한다는 불안함 때문이다. 원인과 결과 사이의 시간적 거리가 멀면 멀수록 인과가 불확실해 보이고, 급기야 인과가 정말 존재하는 것인지 의심을 품게 된다. 자신의 노력이 무용

지물이 되지 않을까 노심초사하는 것이다. 그럴수록 얼른 결과를 확인하고 싶은 조바심이 나고 또 인과에 대한 통제감을 느끼기 위해 결과중심적 사고를 하고픈 유혹을 받게 된다. 인과 과정에서 수반되는 불확실성과 그에 따른 심적 부담을 회피하며 그저 더 빨리 더 좋은 결과를 얻기 위해 많은 무리를 하게 되는 것이다. 그럴수록 상황이 더욱 통제되지 않고 더 불안해지는 악순환이 발생할 수 있다.

불교는 내가 의도한 행위에 초점을 맞추고 그에 따른 과보가 반드시 있다고 믿으라 조언한다. 이는 단순한 조언이 아니라 삶의 인과를 깨친 이, 붓다의 통찰이자 직접적 체험담이다. 불교는 좋은 신념 즉 올바른 진리에 대한 믿음은 열반을 향한 필수적 요소라고 본다. 믿음이 구원의 거의 유일한 요소라고 말하지는 않더라도, 좋은 신념이 우리의 행복과 심리적 자유를 위해 필수적 요소임을 불교 역시 강조하고 있다.

일단 자신이 노력한 행위 즉 고의적 카르마가 언젠가는 반드시 결과를 가져올 것임을 신뢰하면 내적으로 인과의 불확실성을 감소시킬 수 있게 된다. 그러면 결과를 걱정하는 데 쓰이는 심적 에너지를 비축하고 이 여유분을 내가 진정 할 수 있는 부분들, 즉 통제 가능한 영역에 돌려 사용할 수 있게 된다. 통제 가능한 부분들에 에너지가 집중되니 자연히 자기 통제력이 상승하고 이는 마음의 안정을 도모하며 정신 건강의 선순환을 일으킨다. 통제의 효과를 경험함으로써 오히려 통제하려 집착하지 않아도 되는 역설적 안정감이 생기는 것이다.*

불교는 고의가 없는 카르마의 인과에 대해 많은 논의를 하지 않고 큰 의미를 부여하지도 않는다. 오직 내가 할 수 있는 부분, 특히 가장 자발적인 심적 요소인 의지의 발휘에 집중해서 더 나은 삶의 인과를 만들어 내라 주문할 뿐이다. 자신의 고의적 행위가 반드시 결과를 가져올 것이라는 사실을 신뢰하지 못하면 오히려 결과에 집착하게 된다. 불확실성이 커지기 때문이다. 그래서 내 노력으로 결과를 바꿀 수 없지 않을까 하는 내적 압박이 커지면서 자포자기 식의 결정론적 태도를 취하든지 아니면 우연에 기대는 비결정론적 태도를 취하기 쉽다. 이러한 두 극단적인 태도에서는 내가 통제할 수 있는 인과의 부분이 부재하기에 늘 불안한 마음을 안고 살아가게 된다.

붓다는 인과를 인정하면서도 의지를 인과의 본질로 꼽고 극단적인 결정론과 비결정론을 모두 비껴가는 인과론을 주장할 수 있었다.** 그에 따르면 우리의 삶에 있어 자유로운 의지를 발휘할 가능성이 바로 현재라는 순간에 존재한다. 지금 이 순간 내가 처한 상

---

* 통제됨에 따라 마음의 위안을 얻는 경험은 오히려 과도하게 통제의 욕구를 유발하는 계기로 작용할 수도 있다. 이런 일은 심적으로 매우 불안한 상태에서 일어나는 것으로 통제에 집착하며 완벽주의적 태도를 형성하도록 만든다. 이 극단적 상황은 애초 자기 통제 감각이 매우 빈약할 때 야기되는 것으로 위에서 이야기하는 자기 통제 경험의 긍정적 효과 상황과는 매우 다르다.

** 이 부분에 대해서는 앞으로 더 자세하게 살펴볼 것이다.

황에서 자신의 의지를 인식하며 통제 가능한 것들에 선택 및 집중할 수 있어야 한다. 이러한 참된 자유의 인과에 초점을 맞추는 불교의 카르마 사상을 통해 다음과 같은 카르마 상담의 원리를 도출할 수 있다. 삶에 있어 통제 가능한 부분과 통제 불가능한 부분을 잘 구분하고 전자에 초점을 맞추어 노력하라! 살면서 꼬일 때로 꼬인 어려운 인과의 사슬에 얽히더라도 모든 것이 정해져 있다는 운명의 노예가 되거나 혹은 모든 인과를 부정하는 허무주의자가 되기보다, 점진적으로 자기 통제의 감각을 회복하며 주도적으로 고통의 문제를 해결해가야 한다는 치유의 메시지를 불교의 카르마 법칙은 전하고 있다.

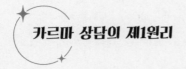

## 카르마 상담의 제1원리

삶에 있어 통제 가능한 부분과 통제 불가능한 부분을 잘 구분하고 통제 가능한 부분에 선택과 집중을 실천하라!

프로이트나 카를 융 등 심리학 대가들은 인간의 마음에 리비도<sup>libido</sup>라 부르는 심적 에너지가 흐르고 있다고 보았다.* 문제는 이것이 무한하지 않다는 점과 어떤 대상 및 사안에 리비도가 투여되느냐에 따라 정신 작용이 달라진다는 점이다. 예를 들어 리비도가 타인보다 나 자신에게 지나치게 투여되면 타인을 배려하지 못하는 자기애적 성격이, 반대로 타인에게만 지나치게 쏠리면 남의 눈치를 과도하게 보는 유약한 성격이 될 수 있다.

따라서 리비도를 효율적으로 분배할 줄 아는 역량이 정신 건강에 요구된다. 통제할 수 없는 사안에 과하게 마음을 쓰면 통제 가능한 다른 부분들에 쓸 마음의 자원, 즉 리비도의 양이 줄어듦으로 많은 좌절을 느낄 것이다. 또한 아무리 좋고 즐거운 것이라도 심하게 집착하면 다른

---

* 카를 융과 달리 프로이트는 리비도를 정신 에너지라기보다는 성(性)의 에너지로 보았다. 다만 그는 이 개념을 통해 인간 정신 원리를 폭넓게 해명한다. 따라서 그의 성 에너지인 리비도는 카를 융이 비판하듯 심적 에너지라 불러도 무방할 정도로 일반적인 맥락에서도 사용된다. 이충현(2022), 「정신병리의 근원력으로서 프로이트의 리비도와 불교의 비교」, 『철학사상』, pp.3-32.

대상 및 사안에 리비도를 투여할 여력이 줄어듦으로 삶의 양상이 극단적으로 흘러갈 수 있다.

때문에 불교는 매사에 중도의 태도를 유지해야 한다고 주문한다. 여기서 중도적 태도란 극단에 빠지지 않고 상황에 알맞게 처신할 수 있는 균형과 조화의 감각을 발휘하는 것으로도 해석할 수 있다. 붓다는 이러한 태도를 다음과 같이 거문고 줄을 조율하는 일에 비유한다.

> 거문고의 활줄이 지나치게 팽팽하지도 않고 지나치게 느슨하지도 않고 적당한 음계에 맞추어졌을 때 그대의 거문고는 선율이 아름답고 연주하기에 적합할 것이다. 『앙굿따라 니까야』

# 3

# 번뇌와 의지

✳———— 카르마의 핵심이 의지라는 불교적 사고방식은 결과중심적으로 살아가는 현대인에게 삶의 인과를 다르게 바라볼 기회를 제공한다. 의지가 카르마의 본질이라면 삶의 인과에서 가장 중요한 것은 결과가 아니라 원인이라는 이야기가 되기 때문이다. 어떤 행위를 할 때 그 원인, 즉 심리적 동기가 무엇이었는지가 더 중요하며 그 동기가 좋다면 결과는 자연히 따라올 것이다. 카르마의 법칙에서 본다면 원인을 무시하고 결과에만 집착하는 일은 마치 맹수를 만나면 머리를 모래에 파묻음으로써 위험을 벗어나려 하는 타조의 대응만큼이나 어리석은 일이 된다. 그렇게 해서는 결코 부정적인 결과를 피할 수 없다.

인과의 초점을 의지 즉 마음가짐에 맞추는 카르마 사상은 항상 좋은 내적 동기를 가지고 행동하기를 주문하는 동기중심적 사고방식이다. 그래야 결과도 좋을 것이고 더 중요하게는 마음의 고통을 덜고 행복을 얻을 수 있다. 불교가 목표하는 최상의 결과는 단순히 물질적 성공이 아니라 궁극적인 마음의 행복이고 내적 자유다. 불교는 선한 의지로 카르마를 지으면 다른 것은 몰라도 행복을 얻고 자유로워지는 결과만큼은 확실히 얻을 것이라 말한다. 그것이 반드시 외적 성공을 담보하지는 않더라도 모든 행복은 결국 내 마음의 행복이라는 점에서 불교의 카르마 사상은 진실로 마음이 병들지 않는 궁극적 방법을 알려주는 셈이다.

외적으로 아무리 성공해도 마음이 병들 수 있다. 그러기에 대부호들도 극단적 선택을 한다. 스웨덴 최대 부호 가문의 후계자인 마르크 발렌베리Marc Wallenberg, 세계적인 화학회사 듀폰을 소유한 가문의 상속녀이자 프랭클린 루즈벨트 주니어와 결혼했던 에델 듀폰Ethel du Pont처럼 거대한 부를 가졌음에도 스스로 생을 마감한 이들의 예가 적지 않다. 국내 부호들의 경우도 심심치 않게 찾을 수 있다. 넥슨 게임사의 창업자이자 IT 신흥 재벌인 김정주 회장, 정주영 현대그룹 회장의 5남이자 전 현대그룹 회장인 정몽헌 회장, 이건희 삼성전자 회장의 3녀 이윤형 씨도 객관적으로 남들보다 더 나은 결과, 즉 경제적 조건을 갖추고 있었음에도 깊은 심적 고통을 겪어야 했다.

반면에 마음이 행복한 사람은 병들지 않는다. 마음이 행복하다는 말 자체가 이미 심리적으로 건강하다는 것을 의미한다. 행복과 병듦은 공존할 수 없다. 고타마 싯다르타는 이러한 사실을 일찍이 자각했다. 왕자로 태어나 온갖 호화로운 생활을 하던 그는 어느 날 성 밖으로 나가 노인을 보고는 인간이 신체적으로 늙어간다는 사실에 충격을 받는다. 또 다른 날 그는 다시 성 밖으로 나가서 각각 병든 사람과 죽은 사람의 장례식을 보고는 실존적인 불안에 빠진다. 아무리 외적으로 훌륭한 결과라도 인생에서 펼쳐지는 생로병사의 문제를 해결할 수 없으며 마음에 궁극적인 행복을 가져다줄 수 없다는 사실에 그는 절망한다. 그러다 마지막으로 북문으로 나갔을 때 그는 수행자를 만나고는 진정 고통에서 벗어나는 길이 여기에 있음을 확신하며 출가를 결심한다. 행복을 물질적이고 외적인 결과에서 찾고자 했다면 선택할 수 없는 길이었다.

방금 우리는 좋은 내적 동기, 즉 선한 의지를 가지면 행복해질 수 있다는 불교 카르마 사상의 요지를 파악했다. 의지는 내 마음가짐이므로 결과와 달리 거의 유일하게 내가 제대로 통제할 수 있는 영역이다. 따라서 선하게 마음을 먹고 살아가기만 하면 이제 고통 끝, 행복 시작이 눈앞에 있는 듯하다.

그런데 여기에 한 가지 궁금증이 생긴다. 그렇게 쉬운 일이라면 왜 인도인들, 아니 수많은 불교도가 아직도 고통의 문제를 풀지 못하고 있을까? 이 질문은 다음과 같은 질문으로 이어진다. **정말 우리의 의지는 자유로울까?** 내 의지는 정말 아무런 구속 없는 자유로운 상태에서 나온다고 할 수 있을까? 내 의지는 정말 완벽히 통제 가능한 것으로 볼 수 있을까?

삶의 인과에서 의지를 강조하는 불교는 아이러니하게도 우리의 의지가 그렇게 자유로운 것이라 보기 어렵다고 말한다.* 그 이유는 바로 번뇌 때문이다. 번뇌란 마음을 오염시키는 심리적 힘이다. 번뇌는 마음을 괴롭히고 더럽히며 혼란스러운 방향으로 유도한다. 마음을 부정적으로 물들이며 강력하게 속박하기 때문이다. 불교에서는 내 마음을 오염시키고 문제를 일으키게 만드는 악한 마음의 작용을 모두 번뇌라 통칭한다. 따라서 탐욕도 번뇌고 분노도 번뇌이며, 질투도 교만도 이기심도 게으름도 태만함도 모두 번뇌다.

마음이 어떤 번뇌에 빠지면 그에 강력히 속박되어 선한 의지를 발휘하기 어렵다. 그러기에 번뇌의 또 다른 이름은 족쇄이다. 마음을 붙들어 매어 잘못된 길로 인도하기 때문이다. 예를 들어, 불교에서는 들뜨고 산란하여 마음이 가라앉지 않는 상태로 만드는 번뇌를 '도거掉擧'라 칭한다. 도거에 사로잡혀 마음이 안정되지 못하고 동요하면 개인은 이 불편한 심적 상태에서 벗어나고픈 마음이 자연스레 생긴다. 이 심적 상태에 노출되면 중독에 빠질 가능성이 그렇지 않을 경우보다 훨씬 높아진다. 나도 모르게 자꾸 술을 마신다던가 도박을 하는 경우를 예로 들 수 있다. 술을 마시면 정신의 각성 상태가 느슨해져 마음이 풀어지고 이완된다. 도박을 하면 그에 몰두하

---

* 참고로 서구 사상에서 논의되는 자유는 사회적 자유로서 외적 강제력과 나 자신과의 관계 속에서 발생하는 문제이다. 반면 불교에서 논해지는 이 자유는 내적 자유로서 마음 안의 부정적인 힘들과 내 의지 사이에서 발생하는 자유의 문제에 해당한다. 불교는 이런 상태를 완벽히 구현한 경지, 즉 번뇌의 구속에서 벗어난 상태를 '해탈'이라 부른다.

게 되면서 마음이 잠시나마 진정된다. 모두 이 도거의 핍박 상황에서 짧은 순간이라도 벗어나 안정을 누리는 효과를 얻는 것이다.

이런 중독 행위들은 내가 선택한 것이므로 자발적 행위라 볼 수 있을까? 그렇지 않다. 마음을 불안정하고 불편하게 만드는 도거라는 번뇌의 강제력에 의해 내 마음이 중독 행위를 하도록 내몰린 측면이 분명히 존재한다. 즉 불안하고 괴로운 마음의 상태에서 벗어나기 위해 특정한 중독 행위, 즉 카르마를 짓게 되었다. 문제는 이 행위로 인해 지금 당장은 편하고 안정된 마음의 상태를 누릴 수 있을지라도 이는 일시적인 도피처일 뿐이라는 점이다. 술에서 깨면 혹은 도박이 끝나고 나면 전보다 더 괴로워지며 훨씬 번뇌에 취약해지는 상태가 될 수밖에 없다. 문제가 해결되지 않고 오히려 상황이 더 악화되었기 때문이다. 결국 내적 강요로 또다시 술을 마시거나 도박을 하게끔 내몰리며 악순환에 빠진다. 많은 중독자들은 자기 자신이 중독 상태에 빠져있고 그것이 매우 잘못된 것이라는 점, 그리고 중독 행위를 절대 하지 말아야 한다는 사실을 잘 알고 있음에도 불구하고 내면에서 벌어지는 악순환을 단절하지 못하고 계속 괴로움을 겪는다.[*]

불교에서의 깨달음이란 곧 번뇌의 제거를 의미한다. 조금이라도

---

[*]   William G Campbell(2003), "Addiction: A Disease of Volition Caused by a Cognitive Impairment", The Canadian Journal of Psychiatry, vol.48, Ontario: Canadian Psychiatric Association, p.671.

깨달음이 부족하다면 그만큼의 번뇌가 마음에 남아 있는 것이다. 완전한 번뇌의 제거는 오직 해탈한 자만 가능한 일이다. 따라서 아직 온전히 깨치지 못한 평범한 사람이라면 누구나 마음에 적지 않은 번뇌가 작용하고 있음에 틀림없다. 그러므로 우리 대부분은 자유롭게 의지를 발휘하며 산다고 생각하지만 사실상 상당 부분 번뇌에 속박된 의지를 발휘하고 있다는 결론이 나온다. 우리 모두는 일정 부분 번뇌의 노예인 셈이다. 내 의지 역시 완벽히 자유롭게 통제하지 못하는 것이다.

번뇌에 속박된 마음 상태에서 의지를 발휘하여 카르마를 짓고 나면 그에 따른 부정적 과보도 얻게 된다. 이 순서를 도식화하면 다음과 같다.

**번뇌(번뇌에 빠진 마음) → 카르마 → 결과**

도표 1. 카르마 인과의 순서

그런데 우리의 삶에서 인과는 계속 이어진다. 한번 결과를 내었다고 모든 것이 끝나는 것이 아니라 그 과정이 반복되기 때문이다. 결과를 받고 난 상황에서 다시 새로운 카르마를 짓게 되고 그에 따라 결과를 또다시 얻는 과정이 되풀이된다. 번뇌에 휩싸여 지은 악한 카르마는 괴로운 과보를 가져오고 이 과보를 받는 가운데 깨닫지 못한 마음은 다시 번뇌의 족쇄에 채워진다. 이를 도식화하면 다음과 같다.

도표 2. 카르마 인과의 순환

　이처럼 카르마의 인과는 '번뇌·카르마·결과'의 세 가지 요인으로 압축된다. 번뇌가 카르마를 짓도록 하고 그 카르마가 결과를 내며 또한 이 결과를 받는 과정에서 다시 번뇌에 빠지는 일이 반복된다. 결과를 초래하는 것은 카르마이지만 카르마를 짓도록 하는 근본 요인은 취약한 마음에 달라붙는 번뇌이다. 번뇌가 사라지면 카르마를 잘못 지을 일도 사라지므로 고통의 악순환에서 벗어날 수 있다. 그러므로 카르마 인과에서 가장 중요한 것은 번뇌다. 즉, 불교 카르마 사상의 정수는 카르마 그 자체보다 오히려 카르마를 짓도록 만드는 번뇌인 것이다.

　번뇌의 힘에 이끌려 카르마를 잘못 짓게 된다면 이 카르마를 고의적인 카르마라 할 수 있는가? 그런 카르마가 반드시 과보를 야기한다고 할 수 있는가? 불교의 대답은 '그렇다'이다. 과보를 반드시 가져오는 카르마는 선과 악의 카르마이고, 마음이 선한지 악한지를 결정하는 유일한 요소는 번뇌의 유무이다. 번뇌에 이끌려 지은 카르마는 악한 카르마이고 번뇌 없는 마음으로 지은 카르마는 선한 카르마이다. 불교는 양자 모두 고의적인 카르마임을 분명히 한다.

　중생인 인간에게 번뇌는 불가피하기 마련이다. 해탈의 존재가 아닌 이상 마음으로 짓는 카르마에는 의지뿐 아니라 번뇌도 함께 작용하고 있다는 말이다. 만약 이를 고의적 카르마가 아니라고 말한다면 자신의 어떤 잘못이나 악한 카르마를 내 책임이 아닌 번뇌 책임이라고 주장하는 꼴이 된다. 내가 행한 잘못을 마치 남의 잘못인 양 번뇌 탓을 하는 일이 벌어지는 것이다. 그러나 불교는 그런 무책임한 사고방식을 허락하지 않는다. 모든 번뇌는 내 마음의 번뇌이며 나는 내 마음의 일을 스스로 관리하고 통제해야 하는 의무와 책임을 짊어진 존재이다. 즉 번뇌를 인식하고 제거해야 하는 책임이 자신에게 있고 만약 번뇌에 이끌려 카르마를 지었다 하더라도 이 또한 전적으로 내 책임이다.

　앞서 언급했듯 붓다가 해결했다고 주장한 고통의 문제는 몸의 고통이 아닌 마음의 고통이다. 불교는 이 고통을 '심리적 불만족'으로 이해한다. 자발적이어야 하는 내 의지조차 심히 제약되는 현실로 인해 삶은 불가피하게 심적 불만족을 일으킬 수밖에 없다. 반면 번뇌가 제거되면 심적 자유를 되찾으며 고통스러운 인과의 족쇄에서 풀려나게 되므로 더는 새로운 생을 받지 않게 된다. 번뇌는 고통의 핵심 원인이며 카르마의 인과 사슬을 펼치도록 추동하는 힘이다.

　붓다가 위대한 이유는 우리와 같은 인간의 조건을 부여받은 상태에서, 즉 번뇌에 빠지기 쉬운 인간의 조건 속에서도 심적 불만족이라는 장애에 걸리지 않는 경지를 성취했기 때문이다. 그가 어떠한 몸의 고통조차 느끼지 않아서가 아니라 그럼에도 불구하고 번뇌의 속박에서 자유로운 존재가 되었고, 그것이 진정 붓다의 존재와 그의 가르침을 가치 있게 만든다. 붓다는 자신의 의지를 제대로 이해하면서 번뇌 없는 올바르고 순수한 의지를 발휘하고 온전히 통제하는 일이 가능했기에, 자신이 이룬 것을 타인들도 이루어보라 자신 있게 권할 수 있었다.

어떤 상황에서든 자기 내면의 일은 기본적으로 자신이 책임져야 한다는 것이 불교 카르마 법칙의 메시지다. 번뇌에 마음이 이끌려 결정을 내리는 것은 전적으로 내 책임이고 내 문제다. 번뇌에 심각히 제약된 의지라 하더라도 반드시 과보를 가져오는 카르마가 된다. 우리는 의지를 발휘하며 선택하고 결정하지만 이 의지는 순수한 백지 위의 의지가 아니라 번뇌라는 힘에 의해 제한받는 이율배반적 현실에 처해 있다. 그러므로 카르마의 인과, 즉 심리적 인과를 올바로 이해하여 번뇌의 족쇄에서 벗어나고자 노력해야 한다. 번뇌를 제거할수록, 즉 속박 없는 자유로운 마음 상태일수록 더 나은 삶의 인과를 만들며 마음을 건강하게 유지할 수 있다.

번뇌의 속박에서 벗어나는 만큼, 즉 마음이 자유로워질수록 우리는 더 건강한 존재가 된다. 부정적이고 악한 마음을 먹게 하는 것이 번뇌이며 이는 선하고 긍정적인 마음에 존재할 수 없다. 자유롭고 건강해지기 위해서는 더 선하고 더 좋은 의지를 다지려 노력해야 한다. 이러한 번뇌와 카르마의 관계를 통해 다음과 같은 카르마 상담의 원리를 얻을 수 있다. **마음의 자유가 곧 정신 건강의 핵심 지표이며 마음의 자유는 선악의 문제 즉 도덕성과 직결된다.**

양심적일수록 혹은 도덕적일수록 장기적으로 보면 마음의 자유를 누리며 고통의 문제를 극복할 가능성이 커진다. 고통의 문제로 상담을 하는 이들은 대체로 번뇌에 강하게 속박되어 부정적이고 특정한 마음 상태에 고착된다. 그래서 다른 가능성을 생각하거나 다양한 정서와 마음 상태에 마음을 열지 못한다. 그들의 마음에 있는 자유를 조금이나마 인식하고 찾을 수 있도록 도와주면 상당히 좋아질 수 있다. 이 자유의 성취는 스스로를 옭아매는 마음의 부정성과 비양심의 힘에 대한 자각을 요구한다. 그러므로 그들 고통의 문제를 야기하는 인과의 양심적이고 도덕적인 측면, 즉 선한 동기를 잘 다룰 필요가 있다.

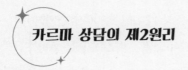

## 카르마 상담의 제2원리

마음이 자유로울수록 건강한 정신의 소유자가 되며, 마음의 자유는 곧 개인의 양심 및 도덕의 문제와 직결된다!

오늘날의 심리학은 양심이나 도덕이 개인의 심적 건강과 행복에 직결된 문제임을 충분히 이야기하지 않는다. 그래서 도덕 정서인 양심을 개인의 병리적 측면에서만 주로 조명한다. 자신의 잘못에 대한 강한 죄책감도 대체로 심각한 질병의 측면에서만 다룰 뿐이다. 물론 상담 현장에서 지나치게 죄책감을 느끼며 고통을 겪는 이들을 많이 경험하게 된다. 그런 점에서 심리학은 참고할만한 가치가 충분하다.

하지만 양심을 병리적인 측면에서만 접근하는 것은 인간의 전체성을 망각하는 일이다. 이런 사고방식을 절대화할 수 없다. 더욱이 우리는 아직 양심이라는 도덕 정서 그 자체와 그에 따른 인과에 관하여 충분한 연구 결과나 결론을 가지고 있지 않다.* 그런 점에서 양심과 도덕이 우리의 마음에 전적으로 좋거나 나쁘다를 성급히 단정하는 일은 바람직하지 않다.

불교의 카르마 사상은 양심이나 도덕을 마음의 건강과 행복의 차원에

---

* Vithoulkas G and Muresanu DF(2014), "Conscience and Consciousness: a definition", Jounal of Medicine and Life, vol.7., p.104.

서 바라볼 필요가 있다고 말한다. 모든 행복은 스스로가 도덕적으로 거리낌 없고 양심에 떳떳할 때 주어지는 것이라 본다. 따라서 불교는 자신의 잘못된 행동에 죄책감을 느끼지 못하는 것을 오히려 번뇌라 말한다. 물론 불교가 말하는 선과 악은 심리학에서 말하는 것과 완전히 동일하지는 않다.* 다만 기본적으로 이기적인 마음을 줄이고 남을 배려하며 자신에게 주어진 책임을 이행하라는 등의 일반적인 도덕적 메시지는 동일하게 주어진다고 할 수 있다.** 불교사의 위대한 사상가 중 한 명으로 인정받는 붓다고사는 다음과 같이 말한다.

잘못에 대해 부끄러워하고 그것을 두려워하는 앎은 가히 이 세상의 수호자라 할 수 있다. 「청정도론」

---

*  이에 대해서는 '5. 카르마와 느낌(97p)'에서 더 자세히 다룰 것이다.

** 그러므로 선악을 분별하며 자신의 행동에 책임을 느끼는 일은 내 행복과 정신건강에 매우 핵심적인 일이 된다.

# 4
## 윤회와 현재

✱──────  고대 인도에서 태동한 카르마 개념은 늘 윤회 개념과
함께 논의된다. 윤회란 생명을 가진 모든 존재는 자신이 지은 카르
마에 따라 생과 사를 반복해서 경험하게 됨을 뜻한다. 우리는 단지
한 번의 생에서 삶을 마감하는 존재가 아니라 어떻게 살았는가에
따라 합당한 세계에서 다시 다음 생을 받아 살아가야 하는 윤회의
존재다. 윤회를 하게 만드는 동력은 자신의 카르마이다. 내 카르마
의 인과 사슬은 이번 생이 끝나더라도 다른 생을 야기하도록 강제
한다. 앞서 소개한 붓다의 말을 다시 한번 확인해보자.

> 의도적으로 지은 카르마라면 나는 그에 해당하는 결과를 현재
> 의 생에서나 다음의 생들에서 반드시 받는다고 말할 것이다.
> 「중아함경」

붓다는 다음과 같이 말하기도 한다.

> 그 어떤 누구의 카르마도 그냥 사라지는 법이 없다. 참으로 그것
> 은 반드시 되돌아오며 그것의 주인이 그것을 받는 것이다. 잘못
> 카르마를 짓는 자, 어리석은 자는 다음 생에서 그에 따른 괴로
> 움을 반드시 받게 된다. 『숫타니파타』

이렇게 붓다는 하나의 생에서 해결치 못한 카르마라도 그냥 사라
지는 법은 없다고 주장한다. 그 카르마는 반드시 과보로 돌아와 그
주인이 그것을 받도록 한다. 이는 은행 잔고에 비유하면 틀림없을
것이다. 내 카르마는 그 본질인 의지의 성격에 따라 장부에 기록되
며 쌓인다. 예금 잔고라면 돈이 쌓이고 대출 잔고라면 빚이 쌓이는
것처럼 좋은 카르마라면 인출될 순간이, 좋지 않은 카르마라면 빚
을 갚아야 하는 순간을 찾는다.

결과중심적 사고에 매몰된 이들에게는 자신의 노력이 이번 생에
서 완벽히 결실을 볼 것이라 장담해 주지 않는 이 이야기가 그리
설득력 있게 들리지 않을 것이다. 백번 양보해서 고의적 카르마가
언젠가 반드시 결과를 낸다 하더라도 자신의 노력이 부분적으로만
결실을 본다거나 혹은 아예 결실을 보지 못하고 다음 생으로 이월
된다면 도대체 그런 인과가 어떤 의미가 있냐며 항변할 수도 있다.
우리 일반 의식으로 온전히 포섭되지 않는 다른 생들에서 나의 노
력이 보상받는다면 본전 생각이 간절할 수밖에 없다.

윤회는 신념의 영역에 해당한다. 그래서 현실 적용이 매우 어려운 개념이다. 그런데 앞서 말했듯 불교는 좋은 신념을 심적 자유와 행복의 조건으로 본다. 그리고 윤회와 함께하는 카르마의 인과를 신뢰하는 것은 매우 좋은 신념에 해당한다. 이 신념은 그 누구보다 오랜 기간 결과중심적 태도로 쌓아놓은 많은 부조리와 문제들이 터져 나와, 고통 속에서 살아가고 있는 이들에게 도움이 될 수 있다. 이 신념은 절망적인 그들에게 다음의 두 가지 희망적인 메시지를 전달하기 때문이다. 첫째, 지금 당신은 고통의 결과를 받음으로써 카르마 인과에 빚을 청산하고 있다는 사실을 알려준다. 즉 카르마 부채를 탕감 중이라 해석하게 돕는다. 붓다는 다음과 같이 말한다.

> 우유가 즉시 굳어지지 않는 것처럼 지은 악행도 즉시 나타나지 않는다. 재 속에 덮인 불처럼 이글거리면서 어리석은 자를 쫓는다.
> 『담마파다』

이렇게 고통의 과보는 부정적인 카르마가 더 악화된 결과를 낳을 때까지 계속 자신의 뒤를 쫓으며 카르마를 누적하는데 고통은 이제 그 과보를 받음으로써 악화되는 상황이 종식되고 있음을 알려준다. 진정 마음이 불편하고 두려울 때는 문제가 터지기 전의 답답하고 걱정되는 상황일 수 있다. 오히려 막상 혼나는 상황에서는 몸은 힘들지언정 마음은 어떤 생각을 하느냐에 따라 한편으로 편할 수 있다. 둘째, 길이 전혀 보이지 않는 그 상황에서도 막연하게나마 미래에 대한 희망의 끈을 놓지 않도록 위안을 제공한다. 윤회와 카르마의 법칙은 다시 새로운 기회가 주어질 것이고 그 또한 냉엄한 카르마의 인과가 적용될 것이라 말한다. 따라서 내가 어떻게 카르마를 짓느냐에 따라 나의 미래는 열려 있는 것이 된다. 어떻게든 지금부터라도 선한 카르마를 짓는다면 고생 끝 행복 시작이 될 수 있다.

철학자 헤겔은 범죄자를 단죄하는 일이 표면적으로 보면 처벌로만 보일 수 있으나, 이를 통해 범죄자에게 죗값을 치르게 함으로써 새로운 출발이 가능한 전도된 상황을 초래한다고 말한다. 따라서 헤겔은 처벌이 오히려 그에게 자비를 베푸는 변증법적인 전개일 수 있다고 설명한다.* 마찬가지로 카르마와 결부되는 윤회 신념은 모든 인과의 상황은 연기적이고 변증법적으로 전개되므로 현재의 고통이 결코 전부이자 마지막이 아니며 자신이 대응하기에 따라 반드시 흐름의 전환이 이루어진다는 위안을 제공한다.

따라서 이러한 신념이 제대로 수용된다면 고통의 문제 해결에 갈급한 이들에게 큰 위로와 도움을 건넬 수 있다. 고통이 막심하여 어떤 이성적 계획도 무의미해 보일 때 이런 위로와 도움은 절망의 강도를 줄인다. 그렇게 자기 삶이 고통의 무게에 처참히 짓눌려지면서 진실을 간절히 구할 때야말로 자신이 오랜 기간 함께한 기존 관점과 결별하고 새로운 진실을 받아들이는 내적 전환을 이룰 수 있는 순간이다. 그들 삶에 문제를 일으키는 고통이 오히려 제대로 일

---

*　　게오르그 헤겔, 임석진 역(2005), 『정신현상학 1』, 한길사, p.196.

을 하는 셈이다. 그러므로 고통이란 어쩌면 편협된 자기 인식에 사로잡혀 결과중심적으로 살아가는 현대인들에게 참된 진실에 마음을 열도록 촉진하는 계기를 마련해준다고 생각할 수 있다. 특히나 고통이 심각해지고 있는 이 시대에서는 말이다.

불교 카르마 사상에는 '삼세양중인과三世兩重因果'의 이론이 존재한다. 삼세양중인과란 과거세, 현재세, 미래세 등의 삼세에서 인과가 서로 겹쳐 있음을 말하는 개념이다.

| 삼세 | 과거의 생 | 현재의 생 | | 미래의 생 |
|---|---|---|---|---|
| 원인 및 결과 | 현재 생의 원인으로부터 야기된 미래 생의 결과 | 과거 생의 원인으로부터 야기된 현재 생의 결과 (모태에서부터 청소년기까지) | 미래 생을 야기하는 현재 생의 원인 (청소년기부터 죽을 때까지) | 현재 생의 원인으로부터 야기된 미래 생의 결과 |
| 인간 관계 | 과거 생과 현재 생의 인과 관계 | | 현재 생과 미래 생의 인과 관계 | |

도표 3. 삼세양중인과

위 도표에서 '현재의 생'에 주목해보자. 과거의 생에서 쌓은 카르마로 야기된 현재의 생은 두 가지 국면으로 나뉜다. 우선, 현재 생의 전반부 즉 유년 시절이다. 이는 과거 생에서 넘어온 카르마의 결과들이 크게 영향을 미치는 시기이다. 이때는 자신의 의지를 발휘하여 카르마를 짓기 매우 어렵다. 유년기는 부모나 주변 사람들에 주로 의존해야 하고 세상에 적응하는 방법을 배워야 하는 시기로,

환경의 영향에 절대적으로 취약하기 때문이다. 더구나 인간은 어느 동물보다 양육자에 대한 의존 기간이 길다. 그만큼 과거 생의 카르마로 형성된 주변 환경에 크게 영향받는 시기를 길게 보내야 한다. 과거 생의 카르마가 만들어놓은 결과들을 오롯이 수용하는 긴 기간 동안 개인은 앞으로 살아갈 기본적 성격의 틀을 갖추며 성인으로서의 삶을 준비한다. 이러한 현재 생의 전반부는 과거 생과 현재 생 사이의 인과관계가 핵심이 된다.

다음으로 현재 생의 후반부이다. 이 성인기에 이르면 이제 과거 생이 가져다준 결과의 영향력이 크게 작용하는 삶의 범위를 넘어서게 된다. 양육자나 주변의 도움 및 영향력에서 벗어나 본격적으로 자신의 의지를 발휘하여 살아가고 또 그에 따른 책임도 져야 한다. 적극적으로 노력하며 좋은 카르마를 지어야 하는 삶의 시기인 것이다. 또 과거 생의 카르마들로 인해 현재 생이 야기되었듯이, 현재 생의 후반부에서 짓는 카르마 역시 쌓이고 쌓여 미래 생을 야기한다. 따라서 현재 생의 후반부는 현재 생과 미래 생 사이의 인과관계에 초점이 맞추어진다.

이렇게 현재의 내 삶에는 과거 생과 미래 생의 인과가 함께 겹쳐 펼쳐지고 있다. 현재 생에는 과거에서 넘어온 결과와 미래를 만들어가는 원인이 공존한다. 현재는 한편으로 과거 생의 카르마들이 원인이 되어 야기된 결과가 들어있는 순간이며, 다른 한편으로는 미래 생을 야기할 원인의 새로운 카르마들을 짓는 순간인 것이다. 즉 나는 과거에서부터 흘러온 것들을 밟고 그 위에 서서 다시 새로운 것들을 보태면서 미래의 변화를 만들어가는 존재다.

따라서 우리는 불교의 카르마 사상이 왜 극단적 결정론도, 비결정론도 아닌 중도적 사상인지를 분명히 이해할 수 있다. 우리는 현재에서 두 가지 일을 하고 있다. 현재의 순간에서 과거의 내 행위에 따른 결과를 받는 일 그리고 새롭게 미래를 만들어가는 일을 동시에 하는 것이다. 복싱에 비유하자면 우리는 맞으면서 때리는 셈이다. 한 대도 맞지 않거나 한 대도 때리지 않고 이기는 경기는 없다. 정신없이 맞는 가운데서도 정신을 똑바로 차리고 어떻게 경기를 풀어갈지 생각하고 의지를 발휘해 어렵더라도 주먹을 내밀어야 한다.

카르마 인과가 윤회와 결부되어 있다는 사실로 인해 많은 이들이 카르마의 인과에 대한 깊은 숙고를 포기하거나 시도조차 하지 않는다. 전생의 기억은 없고, 미래 생은 알 수 없는데 어떻게 그 인과들이 겹쳐진 현재 생을 제대로 파악할 수 있겠느냐는 이유에서다. 그래서 윤회와 결부되는 카르마 개념은 고통의 문제를 다루는 데 적절한 개념이 아니라 생각하기 쉽다. 지금 내가 나의 전생이나 미래 생을 알지 못하는 데 카르마를 삶과 고통의 문제에 적용하는 것이 어떤 의미가 있느냐는 질문이 제기될 수 있다.

하지만 삼세양중인과가 말하는 카르마의 인과를 제대로 이해한다면 전생을 아는 것이나 미래 생을 보는 예언의 능력은 본질이 아님을 깨닫게 된다. 중요한 것은 현재의 생이기 때문이다. 뛰어난 불교 사상가인 세친은 다음과 같은 질문을 받고 답한다.

**질문** 어떠한 이유에서 현재 생에서만 원인과 결과를 모두 말하고 나머지 과거 생이나 미래 생에서는 한 가지씩을 빼놓고 있는가?

(중략)

**답변** 현재 생을 널리 밝힘으로써 과거 생과 미래 생 두 가지 생을 헤아리는 것 또한 가능하기 때문이다. 즉 현재 생을 잘 알아봄으로써 과거 생과 미래 생의 인과 역시 이미 알려지는 것과 다를 바 없기에 별도로 두 생의 원인 혹은 결과는 다루지 않는다. 다루어보았자 번거롭기만 할 뿐 아무런 별도의 실익이 없기 때문이다. 「구사론」

세친은 과거 생과 미래 생의 존재를 인정하면서도 현재 생을 제대로 논하는 것만으로 윤회를 잘 이해할 수 있다고 말한다. 현재 생에서 과거 생과 미래 생의 인과가 겹쳐 일어나고 있기 때문이다. 현재 생을 잘 살아가려 노력하면서 지금 여기서 일어나고 있는 일들을 깊이 있게 이해하는 것은 과거 생과 미래 생에 대한 이해를 함께 높이는 일과 같다. 다시 말해 과거 생의 카르마에 따른 결과들이 영향을 미치고 있는 현재를 잘 알면, 내가 과거 생에서 어떤 번뇌에 사로잡혀 잘못된 카르마를 지었는지를 이해하게 되는 것과 마찬가지다. 과거가 현재를 통해 펼쳐지고 있기에 현재를 잘 알면 과거를 알게 되는 셈이다. 반대로 현재에 내가 무엇을 하고 있고 어떤 카르마를 짓고 있는지를 제대로 볼 수 있다면 이 또한 미래 생을 예견하는 것이라 할 수 있다. 그것이 곧 나의 존재이자 나의 미래가 되기 때문이다. 현재를 건너뛴 미래는 존재하지 않는다. 현재 생을 깊이 이해하려 노력하는 것이 삶의 인과의 본질이며 여기에 과거와 미래 또한 집약되어 있다고 볼 수 있다.

따라서 현재의 순간, 현재의 삶에 집중하는 것 이상으로 중요한 일은 없다. 붓다는 생각이 현재에 머물지 않고 과거나 미래에 끌려 다니면서 망상에 가까운 온갖 생각들을 머릿속에 넣고 다니는 일을 '희론戲論'이라 칭한다. 희론에 빠져 자꾸 과거와 미래로 현재의 마음이 달아난다면 자기 통제가 어렵다. 통제되지 않는 마음은 불만족스럽고 괴롭다. 그래서 붓다는 희론을 경계하라 주문한다. 하지만 붓다의 이런 조언이 과거나 미래를 부정하면서 현재를 살라는 것으로 이해되어서는 결코 안 된다.

현재의 삶은 과거 및 미래의 생들과 연결되어 있으며 현재의 순간은 이러한 여러 과거와 미래가 만나는 유일한 순간이다. 그러므로 현재에 충실히 집중한다는 것을 명분 삼아 과거와 미래를 부정하는 일은 바람직하지 못하다. 사람들은 암울한 과거나 어둡고 불분명한 미래를 떠올리며 그로부터 도피하려 한다. 그렇게 오직 현재만 존재하는 듯 살아가지만 그런 현재는 공허하고 무의미하다. 부정적인 과거와 미래를 현재로부터 떼어놓으려 할수록 그들은 과거와 미래 때문에 고통받게 된다. 현재라는 순간은 과거 및 미래의 순간들과 인과적으로 관계를 맺고 있기에 결코 그로부터 단절될 수 없기 때문이다.

희론에 빠진 이들은 과거의 부정적 결과는 이미 지나가 버려 고칠 수 없고, 미래의 결과는 그간의 실패가 그대로 이어질 것이라 보기에 과거와 미래를 망각하려 한다. 또 이들은 과거와 미래가 모두 고정되어 있다고 여기기에 현재는 과거와 미래에 영향을 줄 수 없다고 생각하며 괴로워한다. 하지만 **모든 과거와 미래는 현재에서 이해되는 과거이고 미래이다. 현재에서 인과를 올바로 이해하는 성숙한 관점을 가지게 되면 과거와 미래는 달리 보이게 되고 그만큼 과거와 미래도 바뀐다. 즉 현재가 바뀌면 과거도 미래도 바뀌는 것이다.**

현재의 생을 어떻게 살아가는지에 따라 과거와 미래의 생들에 얽매이는 수준에도 차이가 난다. 당신이 과거의 생에서 어떤 카르마를 지었든 그것은 현재 당신의 삶에 반영되고 있다. 그러므로 현재에서 최선을 다해 문제를 풀어내면 당신의 과거는 구원받게 된다. 그 과거의 문제들은 더 이상 미래에 영향을 줄 수 없게 되었기 때문이다. 즉 현재 생에서의 내 카르마에 따라 과거뿐 아니라 미래의 삶 역시 구원받는 것이다.

우리는 현재의 순간, 현재의 삶에서 과거의 카르마로 인해 결정된 것들을 받아내면서 동시에 의지를 통해 새로운 카르마를 지어내고 있는, 완벽히 결정적이지도 또 비결정적이지도 않은 신비한 순간을 보내고 있다. 그러므로 우리는 다음과 같은 카르마 상담의 원리를 얻을 수 있다. **현재의 생을 잘 이해하고 올바로 살아가는 것이 카르마의 인과를 바로 세우는 가장 중요한 일이다.**

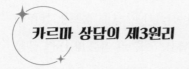

## 카르마 상담의 제3원리

현재의 생을 잘 이해하고 올바로 살아가는 것이 카르마의 문제를 푸는 가장 중요한 일이다.

붓다와 동시대에 존재했던 여러 신흥 사상가 중 아지따 께사깜발린이라는 유물론자가 있었다. 그는 죽고 나면 모든 것이 끝이라며 사후에도 상속되는 카르마의 인과를 부정한다. 카르마의 인과가 윤회 과정을 통해 반영된다고 보지 않는 유물론자에게는 오직 현재 생을 즐겁게 사는 일만이 중요하다. 실제로 그는 인생의 목적을 오직 쾌락에서 찾아야 한다고 주장한다. 또 다른 사상가인 막칼리 고살라는 모든 것은 정해져 있기에 오랫동안 윤회하고 나면 저절로 해탈하게 될 것이라 주장했다. 따라서 현재의 삶에서 제대로 카르마를 지으려는 노력은 큰 의미가 없다. 어차피 내가 어떤 삶을 살던 해탈은 시간이 흐름에 따라 정해져 있는 수순이기 때문이다.

붓다는 이렇게 현재 생에서 짓는 카르마의 중요성을 등한시거나 카르마 인과가 가져다주는 도덕성을 간과하는 이들을 비판한다. 특히 그는 결정론적 태도로 현재의 노력을 소홀하게 만드는 막칼리 고살라를 '가장 쓸모없는 인간', '모든 가르침 중 최악의 것'이라는 표현까지 써가며 심히 비판했다. 붓다는 현재의 삶에서 의지를 올바로 발휘하여 선하게 살고자 최선을 다해야 한다고 주장했다. 그는 극단적인 쾌락 혹은 괴로

움에 빠지지 말고 선하고 도덕적인 카르마를 지으며 열심히 현재를 살아
가는 것이야말로 고통을 덜고 조화와 행복을 얻는 길이라는 가르침을
주었다.

# 5

# 카르마와 느낌

✳——— 과보를 반드시 야기하는 카르마의 핵심은 의지이다. 카르마의 인과 사슬을 엮어내는 의지는 단순한 의지가 아니라 선과 악의 성격이 분명한 의지이다. 다시 말해 의지의 도덕적 측면이 카르마의 인과를 담보하는 것이다. 반면 불교에서는 비고의적인 카르마가 과보를 낸다고 장담할 수 없다고 보듯이, 선도 악도 아닌 중립적이고 단순한 의지 또한 과보를 반드시 야기하는 것이라 말하지 않는다. 예를 들어보자. 친구와 밥을 먹기 위해 레스토랑에 가겠다는 뜻은 선하지도 악하지도 않은 그저 중립적인 의지이다. 이런 의지의 행동에 어떤 과보가 따를지는 분명하지 않고 또 중요하지도 않다. 단지 레스토랑에 간다는 것 자체에 책임을 물을 수는 없듯 말이다. 하지만 레스토랑에서 나오는 음식이 맛있어 보인 나머지 '내가 친구보다 더 많이 먹어야겠다.'라는 마음을 품고 급하게

식사를 했다면 여기에는 선하지 않은 의지가 개입되었다. 탐욕이란 번뇌가 함께했기 때문이다. 불교는 바로 이런 선하지 않은 카르마에는 그에 합당한 과보가 반드시 뒤따를 것이라 말한다. 이렇게 카르마의 인과에는 도덕적 측면이 반영된다.

불교의 도덕은 우리가 일반적으로 생각하는 도덕과 크게 다르지 않다. 남을 돕는 것은 선하고 남을 해하는 것은 악하다는 식의 보편적 도덕은 불교에서도 적용되는 기준이다. 다만 카르마 인과에서 선과 악을 가르는 불교의 도덕적 잣대에는 조금 다른 부분도 분명 존재한다. 불교는 궁극적으로 해탈을 지향한다. 따라서 불교에서 보는 카르마의 도덕적 기준에는 해탈에 도움이 되는지 아닌지도 함께 고려된다. 선은 해탈을 추구하는 데 도움이 되고 악은 그에 장애를 가져다준다. 즉 남을 돕거나 남에게 해를 주지 않는 것만큼이나 홀로 수행하거나 지혜를 구하며 공부하는 일도 불교에서는 매우 선한 일로 여겨진다. 그러므로 내적으로 마음을 정화하려는 노력이나 인격의 진보에 힘쓰는 일은 불교적 관점에서 보면 무엇보다 선하고 도덕적인 카르마이다. 반대로 남에게 굳이 피해를 주지 않더라도 마음을 제대로 관리하지 않고 인격을 수양하는 일에 게으르면 악한 카르마가 된다.

앞서 논했듯 불교의 카르마 개념은 행위를 뜻하는 것으로서 행위에 따른 과보와 분명히 구분된다. 만약 이 둘이 같은 개념이라면 내가 무엇인가를 행하면서 동시에 그에 따른 결과도 바로 받는다는 모순이 생긴다. 마치 아이스크림을 사자마자 바로 전부 녹아버리는 것과 같다. 붓다와 세친은 이를 각각 다음과 같이 설명한다.

> 악한 카르마가 성숙하기 전까지는 어리석은 자는 꿈처럼 여기며
> 악을 행한다. 그러나 그 악한 카르마가 마침내 성숙할 때, 그 어
> 리석은 자는 괴로움을 겪게 된다. 「담마빠다」

> 카르마로 인해 받게 되는 과보는 그 카르마와 함께하지 않는다.
> 왜냐면 카르마를 지을 때 바로 그 결과를 받지는 않기 때문이다.
> 「구사론」

특정한 카르마를 지은 후 그에 따른 결과를 받기까지는 시간이
흘러야 한다. 따라서 카르마의 인과가 펼쳐지는 과정은 시간의 흐
름을 고려해 카르마를 짓는 원인의 단계와 결과를 받는 과보의 단
계를 각각 구분하여 살펴볼 필요가 있다.

먼저 카르마를 짓는 원인의 단계이다. 이는 선이나 악의 성격이
분명한 의지를 통해 카르마를 짓는 단계이다. 선악의 카르마가 시
간이 흐름에 따라 결과의 단계로 이행하게 된다. 그런데 고의적인
카르마가 결과로 이행하는 중간 과정에서 중대한 변화가 일어난다.
과보로 전환되는 중간 단계에서 카르마 선악의 성격이 사라지면서
그 선악의 성격을 다른 요소가 이어받는 일이 벌어지기 때문이다.
그 요소는 바로 즐거움이나 괴로움의 '느낌'이다.

불교의 카르마 법칙에 따르면 의지를 통해 지어진 카르마가 과보

로 드러날 때는 '느낌'이 가장 핵심적 요인이 된다. 카르마 인과 과정에서의 핵심이 의지에서 느낌으로 바뀌는 셈이다. 불교는 카르마의 인과 과정을 '다르게 익어가는 것' 즉 '이숙異熟'이라 표현한다. 인과의 과정에서 선악의 성격이 분명하던 카르마가 좋고 나쁨의 느낌을 골자로 하는 다른 성질의 과보로 전환되기 때문이다. 이에 대해 세친은 다음과 같이 말한다.

> 다르게 익은 결과에서는 느낌이 가장 핵심적 요소이다.
> 〈중략〉
> 선한 카르마는 능히 즐길 만한 느낌의 이숙의 과보를 얻게 하여
> 일시적으로 고통에서 벗어나게 하거나 열반을 얻도록 도와 영원
> 히 고통을 건너게 한다. 「구사론」

선한 카르마는 일시적으로 고통을 덜거나 열반에 도움이 되는 좋은 느낌의 과보로 전환된다. 반대로 악한 카르마는 일시적으로 고통을 더하거나 열반에 장애가 되는 괴로운 느낌의 과보로 전환된다. 그러므로 엄밀히 말해서 카르마의 인과는 선인선과善因善果라기보다는 선인낙과善因樂果로, 악인악과惡因惡果라기보다는 악인고과惡因苦果로 이해해야 한다.* 좋은 느낌의 과보든 나쁜 느낌의 과보든 그것

---

* 흔히 카르마의 인과를 불교에서는 '선인선과', '악인악과'로 이해한다. 이에 대해 사쿠라베 하지메(櫻部建)는 엄밀히 따져볼 때 이는 부정확한 것이라 지적한다. 이런 경우 불교의 카르마

을 받는 일 자체는 선이나 악이라 말할 수 없기 때문이다. 선한 의지의 카르마가 곧바로 선한 결과로 이어지지 않고 악한 의지의 카르마 역시 바로 악한 결과로 이어지지 않는다. 만에 하나 그렇다고 인정한다면 카르마의 인과는 결정론이 되어 한번 선한 카르마를 짓고 나면 계속해서 선한 인과가 이어지고, 반대로 한번 악한 카르마를 짓고 나면 계속해서 악한 인과가 이어질 가능성이 생긴다. 즉 카르마 사상이 숙명론으로 변모될 위험이 생기는 것이다.

과거의 선한 카르마가 미래의 선한 결과를 담보하지 않고 반대로 악한 카르마도 미래의 악한 결과를 담보하지 않는다. 물론 선하거나 악한 카르마에 따른 결과가 다시 선하거나 악한 의지를 내고 카르마를 짓는 데 더 유리한 조건이 되어주는 것은 분명하다. 그러나 과거의 카르마에 따른 과보를 받은 일이 현재의 내 선택과 결정을 반드시 선하거나 악하게 만드는 것은 아니다. 다시 한번 강조하지만, 불교의 카르마 개념에 핵심은 의지이다. 우리는 지금 이 순간 어

---

사상은 숙명론이나 결정론을 옹호하는 것이 되어버린다며, 현재의 선악 행위는 결코 과거의 카르마가 초래한 결과가 될 수 없다고 강조한다. 사쿠라베 하지메·우에야마 슌페이, 정호영 역(2004), 『아비달마의 철학』, 서울: 민족사, p.36~37.; 사사키 겐쥰도 불교의 카르마 사상은 '선인낙과', '악인고과'로 이해되어야 한다고 주장한다. 진열 역저(1992), 『業研究-業의 原理와 그 再解釋』, 경서원, p.21.; 냐나틸로카(Nyanatiloka Mahāthera) 또한 우리가 짓는 현재의 카르마를 전생의 카르마에 따른 결과로 이해하는 것은 상당한 오해라며 이런 오해가 불교를 숙명론으로 보게 만든다고 비판한다. Nyanatiloka Mahāthera(1994), Fundamentals of Buddhism: Four Lectures, Buddhist Publication Society, p.43.

떤 과보를 받는 상황에 처하든, 선함과 악함의 갈림길에서 스스로 선택할 수 있는 내적 자유가 있다. 그 선택에 따라 선악의 인과가 계속 유지될 수도 있고 뒤바뀔 수도 있다. 예를 들어 좋은 환경에서 안정된 삶을 꾸리던 사람이 생산적인 것을 배우거나 인격을 다듬는 일에 몰두하기보다, 자신을 자극하고 흥분시킬 무엇인가를 찾아다니며 도박이나 약물에 손을 대거나 일탈한 성적 행위를 통해 쾌락을 추구할 수 있다. 이 경우 그가 앞서 받았던 즐겁고 좋은 과보의 상황과는 다르게 괴로운 과보가 뒤따를 것이다. 따라서 그는 지금보다 어려운 상황에서 다시 자신의 의지를 제대로 발휘하여 카르마를 지어야 하는 시험대에 서게 될 것이다.

그렇다고 이숙의 인과 과정에서 선악의 고의적 카르마가 과보와 아무런 관계가 없다고 보는 비결정론적 인과로 이해해서는 안 된다. 달리 익는 이숙의 인과 과정에서는 느낌을 통해 카르마와 결과 사이의 연속적 관계가 확보된다. 예를 들어 포도를 오크통에 넣고 오랜 기간 숙성시키면 포도는 본래의 모양과 맛을 버리고 완전히 다른 모양과 맛을 내는 포도주가 된다. 이렇게 열매로서의 포도가 익어서 액체로서의 포도주가 되지만 그렇다고 포도주에서 수박 맛이 나거나 자두 맛이 나는 것은 아니다. 비록 포도주의 맛이 포도와 매우 다르더라도 이것이 자두나 수박이 아닌 포도에서 숙성된 것임을 알 수 있다. 두 가지는 서로 인과적으로 연결되어 있기 때문이다. 카르마의 인과도 마찬가지이다. 카르마의 의지가 느낌에 반영되어 과보로 전달되며 선인낙과, 악인고과가 된다.

이렇게 카르마의 인과는 분명 선악의 카르마가 그에 합당한 고락의 과보로 이어진다는 법칙을 내재하면서 동시에 삶을 숙명적으로 만들지 않고 개인의 의지가 발휘될 영역을 남겨놓는다. 붓다는 이를 다음과 같이 말한다.

누군가가 "이 사람이 어떤 카르마를 지었든 간에 그 카르마의 결과를 그대로 다시 경험하게 된다."라고 말한다면 바람직하게 행위하고 수행하며 올바로 괴로움을 소멸할 기회마저 부정하는 것이 된다. 그러나 누군가가 "이 사람이 어떤 방식으로 겪어야 할 카르마를 지었든 간에 그에 대한 과보를 경험하게 된다."라고 말한다면 바람직하게 행위하고 수행하며 올바로 괴로움을 종식할 기회가 존재하게 된다. 「앙굿따라 니까야」

붓다는 자신이 지은 카르마와 완전히 동일한 인과를 재경험하는 것은 아니라고 분명히 말한다. 다만 자신이 지은 카르마에 합당한 과보를 어떤 방식으로든 경험하게 되는 것이라 말할 뿐이다. 예를 들어 내가 돈을 훔치는 카르마를 지었다고 그에 대한 과보로 반드시 다음 생에 또 돈을 훔치는 악한 카르마를 짓는 상황에 직면하게 되는 것은 아니다. 다만 그에 합당한 과보로서 타인에게 배신을 당하던가 힘든 사건 사고를 겪는 등의 고통스러운 과보를 받는 것이라 볼 수 있다. 전자는 악인악과이지만 후자는 악인고과에 해당한다. 깔루파하나David Kalupahana라는 유명한 불교철학자는 위의 붓다

가르침에 대해 불교의 카르마 인과는 결정론이 아니며 그저 인간의 행위에 영향을 줄 수 있는 환경이나 조건들이 카르마의 인과 상에서 주어짐을 설명하는 것으로 분석한다.[*]

의지가 적극적으로 발휘되어야 하는 카르마를 짓는 원인의 단계와 달리, 결과를 내는 단계에서는 내 의지가 전혀 개입될 수 없다. 만약 결과를 낼 때 나의 의지가 직접적으로 반영된다면 내가 원하는 대로 결과 또한 얻을 수 있다는 이야기가 된다. 하지만 인간은 단지 결과를 수용해야만 하는 존재이지 카르마의 인과를 배열하고 결정하는 존재가 아니다. 만약 인간에게 그런 능력이 있었다면 인과 자체를 통제하는 전능한 존재가 되어 불쾌하고 불만족스러운 고통을 겪지 않을 수 있을 것이다. 결과중심적으로 사는 이들은 이런 모순에 빠진다. 그들은 좋은 원인으로서 카르마를 잘 짓는 일보다 즐거운 과보를 얻기 위해 결과 자체만을 통제하려 애쓴다. 그런 전능한 존재도 아니면서 그를 흉내 내니 오히려 자기 통제력을 잃어버리는 악순환에 빠진다.

정리하자면 원인의 단계는 내가 통제할 수 있는 의지가 핵심이며 내가 선택하고 결정해야 하는 능동적인 단계이다. 하지만 결과의 단계는 이와 반대다. 결과를 받는 일은 내가 통제하거나 선택할 수 없는 부분으로 나는 수동적인 입장이 된다. 이렇게 수동적으로 수용해야 하는 과보는 선이나 악이 아닌 즐겁거나 괴로운 느낌의 사

---

[*] David Kalupahana(1976), Buddhist Philosophy, Honolulu: University of Hawaii Press, p.49.

태에 해당한다.

이제 결과의 핵심은 느낌이라는 사실에 좀 더 주목해보자. 앞에서 세친이 언급했듯 선한 카르마에는 좀 더 안정되고 좋은 느낌이 동반된, 열반에 도움이 되는 조건의 과보가 주어질 것이다. 그런데 이때의 즐길만한 좋은 느낌이란 단순한 쾌락이 아니다. 선한 카르마의 결실은 마약과 같은 약물을 통해 극한의 쾌락을 얻는 식으로 다가오지 않는다. 이는 단기적으로는 쾌락을 제공하지만 장기적으로는 더 심각한 고통으로 귀결되며 해탈의 길을 방해한다. 선한 카르마에 의한 좋은 느낌의 과보는 장기적으로 볼 때 고통을 떨치는 인과에 도움이 되는 것이면서 또한 심적 고통에서 벗어나 자유로워지는 해탈에 유리한 것이어야 한다. 그 반대도 마찬가지다. 과거에 지은 것이 악한 카르마라면 불쾌하고 불편한 느낌을 수반하면서 열반에 방해가 되는 과보를 야기할 것이다.

따라서 진정 행복을 얻고자 한다면 오히려 고통스럽고 불쾌한 일들에 더욱 주목하고 주의를 두며 이해하려 노력할 필요가 있다. 그것은 악한 카르마의 과보로 야기되는 부분이며 카르마 인과의 악순환을 야기하기 때문이다. 더욱이 인간은 행복(쾌)을 추구하고 불행(불쾌)을 피하려는 본성을 가진다. 악순환을 만드는 것들일수록 제대로 관심을 가지고 개선해야 하지만 불쾌를 피하고픈 우리의 자연적 성향은 이런 일을 어렵게 한다.

따라서 우리는 다음과 같은 카르마 상담의 원리를 얻게 된다. 내 삶에서 불편하고 불쾌한 느낌으로 다가오는 일에 관심을 기울이며 더 주의 깊고 명확하게 살펴보라! 내 인생에서 문제가 생기는 부분은 주로 회피하고 싶은 나쁘고 불쾌한 것들이다. 특히 이상하리만치 평소와 다르게 느끼고 생각하게 되는 타이밍, 충동적으로 선택하고 결정해 상황을 망칠 때의 부정적인 생각과 감정들에 주목할 필요가 있다. 주의를 두기 어렵고 불편한 이런 부분들은 미지의 영역으로 남아 번뇌가 활개를 치며 카르마 인과의 개선을 불가능하게 만든다.

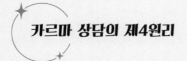

## 카르마 상담의 제4원리

불편하고 불쾌한 느낌으로 다가오는 일에 관심을 기울이며 더 주의 깊고 명확하게 살펴보라!

앞선 장에서 살펴보았듯 유년 시절에 맞닥뜨리는 주요 환경들은 과거 카르마에서 비롯된 것이다. 따라서 유년 시절의 경험이 자신에게 어떤 느낌의 사태로 다가왔으며 그것이 어떻게 성인이 된 지금까지 영향을 미치는지 검토하는 일은 카르마 상담의 필수작업 중 하나다. 아이가 양육자와 맺는 애착 관계는 개인의 성격 형성에 절대적인 영향력을 행사한다. 그렇게 유년 시절에 한번 틀이 잡힌 성격은 성인이 되어서도 잘 변하지 않으며 평생 그의 뒤를 따라다니며 특정 번뇌에 취약하게 하고 또 특정 양상의 카르마를 짓도록 만든다.

예를 들어 과거 생의 선한 카르마는 이번 생에서 정서적으로 안정되고 인격적인 부모를 만나는 조건을 마련한다고 생각할 수 있다.[*] 이런 조건으로 인해 아이는 부모와 안정 애착 관계를 맺으며 바람직한 성격 발달을 해나갈 수 있다. 안정 애착 경험은 성숙한 인격과 정서적 안정감을 얻는 핵심 요인이다. 이런 아이들은 자라면서 타인과 정서적으로 함께하

---

[*] 이는 설명을 위해 카르마의 인과를 단편적으로 단순화하여 가정한 예시로, 이를 카르마 인과의 절대 공식으로 일반화할 수는 없다.

며 남에게 마음을 열줄 아는 역량을 키움으로써 능동적이고 적극적인 사회 적응에 매우 유리해진다.

반대로 과거 생의 부정적 카르마는 이번 생에서 불안정 애착을 경험하는 유년 시절을 겪는 과보를 불러오리라 생각해 볼 수 있다. 자기 정체성에 혼돈을 겪을 정도로 정서가 불안하고 인격 수양이 덜 된 부모를 만나는 조건이 그러하다. 이 부모들은 자신의 감정을 이해하고 성숙하게 처리하기 어렵기에 아이의 정서에 악영향을 끼치기 쉽다. 그들은 자신의 내적 불안으로 인해 아이에게 무심하거나 반대로 필요 이상으로 밀착하려 들며 아이만의 심적 공간을 내어주지 않는다. 과도하게 아이를 통제하고 지배함으로써 부모인 자신의 내면에서는 찾을 수 없는 통제감을 아이를 통해 확보하려 한다. 이런 불안정 애착 경험은 아이가 성숙한 성격 발달을 하기 어렵게 만든다. 아이는 안정감을 느끼지 못해 쉽게 불안해지거나 열등감 또는 분노를 경험한다. 따라서 성인이 되어서도 불안하고 통제되지 않는 자기 내면에 무관심하고 그저 외부의 통제에만 매달리기 쉽다. 점점 더 결과집착적 태도로 살아갈 가능성이 커지는 것이다. 이러한 불안정 애착의 경험에서 벗어나기 위한 핵심 과제는 습관적으로 불안하고 불편해지는 마음을 통찰하며 그에 휘둘리는 자신을 객관적으로 바라보고 인정하는 것이다.

# 6

# 카르마와 인연

✳──────  불교의 카르마 법칙을 이해할 때 빼놓을 수 없는 개념 중 하나가 바로 '인연因緣'이다. 우리는 흔히 인연을 사람과 사람이 만나 맺어지는 관계 정도로만 이해한다. 그래서 서로 좋은 관계를 유지하는 사이를 가리켜 '좋은 인연'이라고 말하고, 서로 치고받고 싸우거나 상처를 주고받으면 '나쁜 인연'이라 말한다. 그런데 이런 해석은 불교의 인연 개념에 중요한 부분을 설명해주기는 해도 결코 그 전부는 아니다. 불교의 인연에는 이보다 훨씬 포괄적인 의미가 있다.

불교는 '인'과 '연'을 구분한다. '인'은 직접적인 원인이고 '연'은 간접적인 원인이다. 다시 말해 인과 연은 모두 원인이지만 직접적이냐 간접적이냐의 차이가 있다. 인은 우리가 일반적으로 생각하는 원인이고, 연은 그를 둘러싼 조건에 해당한다. 씨를 뿌리면 열매를 맺는다. 여기서 씨는 원인이고 열매는 결과다. 그런데 땅에 묻힌 씨앗이 온전히 나무로 자라 열매를 맺기까지의 과정을 보면 다른 간접적인 원인 즉 조건으로서의 연들도 매우 중요하다. 비가 와서 충분한 수분이 제공되어야 하고 태양이 잘 비춰 광합성이 일어나는 조건도 갖춰져야 한다. 또 씨앗이 묻힌 땅도 척박한 바위틈이나 소금기 있는 땅이어서는 안 되고, 기후 역시 극지방처럼 지나치게 추워선 안 된다. 이렇게 수분, 태양, 온도, 토질 등 여러 조건이 받쳐줄 때 비로소 씨앗이라는 직접적 원인은 열매라는 최종 결과물을 낼 수 있다.

인과를 맺는데 인은 결과의 성격을 결정하는 직접적이고 본질적인 요인이다. 콩 심은 데 팥 나지 않고 팥 심은 데 콩 나지 않듯 선한 카르마를 지었는데 괴롭고 부정적인 과보가 나올 수 없다. 그 반대도 마찬가지다. 다만 콩 심은 데 제대로 콩이 나고 팥 심은 데 제대로 팥이 나려면 씨앗만으로는 부족하고 반드시 씨를 길러주고 보살펴주는 여러 조건, 즉 연들이 뒷받침되어야 한다. 인이 결과의 성격을 결정하는 직접적 원인이라면, 연은 그 인과의 성격을 바꿀 정도는 아니지만 인과가 제대로 이루어지도록 만드는 조력으로서의 원인이다. 이 둘은 상호 의존적이고 보완적이기에 어느 하나가 없으면 다른 하나도 결과를 낼 수 없다.

폭넓게 사안을 보지 못하는 이들은 종종 인과를 따질 때 직접적 원인, 즉 '인'만 고려한다. 예를 들어 자신이 어떤 결과를 성취하고자 할 때 오직 자신이 얼마만큼 노력했는지, 즉 직접적 원인만 따진다. 그래서 자신이 뜻한 대로 좋은 결과를 얻으면 열심히 노력한 자신이 잘난 덕분이라 생각하기 쉽다. 반대로 나쁜 결과를 얻으면 다음의 두 가지 극단에 빠진다. 첫째, 운이 나쁜 것으로 자신을 알아주지 않는 세상 탓을 한다. 둘째, 자신이 못난 것으로 심한 열등감에 빠진다. 이 두 가지 부정적인 극단적 사고는 결국 결과중심적으로 인과를 바라보는 관점과 맞닿아 있다. 자신이 얻은 결과가 어떤 조건들의 조력이나 방해를 받았는지 제대로 보지 못하면 부정적 결과에 대한 인과를 잘못 이해할 가능성이 커진다. 그들은 자신의 좁은 시야로 볼 때 합당한 결과가 나오지 않은 이 세상에 과연 인과라는 것이 존재하는지 의문을 품거나 거부하며 결과중심적 사고를 강화한다.

붓다는 모든 존재가 인연에 의해 생겨나고 인연에 의해 소멸한다는 연기의 진리를 펼쳤다. 불교에서 인연법이 곧 연기의 진리로 이해되는 이유다. 이 인연법은 단순히 자신이 무엇을 했는지만을 살펴서는 삶의 인과를 제대로 이해할 수 없음을 알려준다. 인 못지않게 연도 중요하다. 자신이 원하는 좋은 대학, 좋은 학과에 가기 위해 정말 열심히 공부했다고 가정해보자. 이는 아주 훌륭한 인, 즉 좋은 카르마를 지은 것이다. 그런데 그것만으로는 부족하다. 하필 자신이 입학 원서를 넣는 해에 해당 학과에 많은 학생이 몰렸고 그만큼 우수한 학생들도 더 많이 지원해 경쟁이 치열해질 수 있다. 또운 나쁘게도 그해에 교육 정책이 바뀌어서 자신에게 유리한 진학요소들에 대한 반영 비중이 줄고 오히려 불리한 요소들의 비중이

늘었을 수도 있다. 심지어 자신의 부모님이 다른 학과나 인기 학과에 가라고 압력을 넣어 불가피하게 지원조차 하지 못할 수도 있다. 그뿐 아니다. 정말 공부도 열심히 하고 자신도 있었지만 막상 시험을 치는 날에 컨디션이 나빠 제 실력을 발휘하지 못하는 일이 벌어질 수 있다. 더 안타깝게는 정말 열심히 공부했지만 다른 경쟁자들역시 열심히 공부하고 더불어 족집게 과외까지 받아 나보다 유리한 고지를 점했을 수도 있다. 이렇게 원하는 학과에 합격하는 일만 보더라도 자신의 노력만이 유일한 고려 요소는 아님을 알 수 있다. 그 못지않게 다른 여러 조건 즉 연들도 함께 지지해 주어야 한다.

반면 자주 있는 일은 아니지만 설사 인이 조금 부족해도 다른 연들이 잘 받쳐주어 결과를 내는 일도 존재한다. 다른 이들에 비해 조금 덜 노력했지만 공부 머리가 너무 좋아서, 혹은 입시 제도가 자신에게 유리하게 변경되어서, 유독 그해에만 해당 학과의 경쟁률이 낮아서 원하는 학과에 진학할 수 있다.

인과를 올바로 보고 이해하려면 인과 연을 반드시 함께 고려해야 한다. 문제는 직접적인 의지를 내어 노력할 수 있는 인은 내가 통제할 수 있는 부분이지만, 간접적인 원인으로서의 연들은 그렇지 않다는 점이다. 나의 재능, 내가 처한 환경이나 시대적 요건, 나를 돕거나 혹은 나에게 손해를 입히는 지인이나 주변 사람 등 이 모든 조건은 분명 내 통제 범위 바깥에 있다.

연에 대해 내가 할 수 있는 것이 없다면 결국 결과를 올바로 내기 위한 나의 노력은 그 의미가 미미하다고 생각해야 할까? 여기서 불교의 카르마 법칙은 좀 더 장기적으로 보라 주문한다. 나의 노력, 즉 카르마는 결코 그냥 사라지는 법이 없다. 결과를 내는 데 영향을 미치는 조건들 또한 우연히 지금 내게 주어진 것이 아니다. 그 연들 역시도 자신의 과거 카르마에 의한 과보로 드러난 것들이다. 선악의 성격이 분명한 나의 의지는 직접적 원인으로서의 카르마이며, 이는 최종의 과보를 야기하는 인과 과정에서 세력이 약하거나 중립적인 다른 여러 카르마를 간접적인 원인으로 불러들인다. 이렇게 인과 연이 함께 어우러져 작용함으로써 바야흐로 하나의 최종적이고 완성된 과보가 나타날 수 있게 된다.

비록 간접적이기는 하지만 연도 엄연히 원인이다. 우연처럼 보이는 조건들도 분명 인과의 일부이다. 당신이 입시를 위해 국어나 역사 공부를 정말 열심히 했으나 안타깝게도 불합격했다고 가정해 보자. 그러면 당신의 직접적인 의지로 지은 카르마는 결실을 보지 못한 것이다. 그런데 몇 년 후 당신이 공무원 시험을 준비하게 되었고 시험 과목에 국어와 국사가 포함되어 있다면 과거 열심히 공부한 것들이 도움이 될 것이다. 즉 과거의 노력이 헛되이 사라진 것이 아니라 예상치 못하게 지금의 상황에서 좋은 결과를 내는 연으로 작용한다. 이렇게 과거에 결실을 보지 못한 직접적 원인의 카르마는 시간이 흘러 다른 인의 결과를 내는 인과에 간접적 원인인 연으로 돌아와 참여할 수 있게 된다.

따라서 장기적 관점에서 보면 연 또한 나의 과거 카르마에서 온 것으로 통제할 수 있는 부분이었다. 다만 지금 짓는 카르마가 아니라 과거에 지은 것일 따름이다. 이는 **매사에 최선을 다하며 선하게 카르마를 짓는 일**만이 결국 인으로서든 연으로서든 좋은 결실을 내는 상황을 조성하는 유일한 길임을 알려준다. 과도하게 결과에 집착하지 않고 인과의 과정에서 선한 카르마를 지으려는 태도 자체는 내 의지로 통제할 수 있는 부분이다. 이를 통해 좋은 카르마를 차곡차곡 쌓아둘 필요가 있다. 그러고는 나의 노력이 반드시 그에 부합하는 방식으로 결과를 낼 것이라 믿으며 마음을 비우려 노력해야 한다. 설령 그 카르마가 내가 기대한 바대로 당장 결실을 보지 못하더라도 가장 적절한 때에 알맞은 연으로 다른 인이 결과를 내는 데 도움이 되는 과보로 나타날 것이기 때문이다. 즉 고의적 카르마가 적절한 연들을 만나지 못해 지금 바로 꽃을 피우지 못하더라도 다른 기회, 다른 시간에서 내가 기대하는 방식과는 조금 다른 모습으로 인과를 이어갈 수 있는 것이다.

안타깝지만 그 이상을 바라며 연을 완벽히 내 통제 아래 둘 수는 없다. 나의 의지와 노력에 따른 결과를 배치하는 것은 나의 일이 아니다. 인과를 모두에게 공정하고 엄격하게 적용하는 일은 카르마의 법칙에 맡겨야 한다. 불교는 이 세상이 그런 카르마의 법칙에 따라 돌아가고 있다고 설명한다. 이는 붓다도 예외가 아니다. 석가모니 붓다는 카르마의 인과 진리를 자신이 만든 것이 아니라 이미 세상에 존재하고 있는 것을 자신이 발견하고 깨달았을 뿐이라 말한다. 그의 제자가 이미 지은 카르마로 인해 과보를 받게 될 때 해탈한 존재인 붓다일지라도 그에 어떠한 영향도 미칠 수 없었다.

붓다라도 카르마의 법칙 아래에서 이 세간에 존재하는 것이다. 다만 그는 이에 대한 이해가 온전하여 문제를 일으키는 번뇌에 빠지지 않고 또 잘못된 카르마를 짓지 않을 뿐이다.

그러므로 결과중심적으로 사고하며 자신만이 카르마의 법칙의 예외가 되기를 기대하는 것은 어리석은 일이다. 카르마의 법칙은 오직 당신만이 아닌 모두를 위해 가장 질서 있게, 모두의 인과 연을 고려하여 가장 최상의 결과를 조화롭게 배열한다. 이 세상은 모두가 연결된 연기의 세상이기 때문이다. 자신이 한만큼 적절한 과보를 다시 받게 되는 것이 카르마의 인과이고 그것은 인과 연을 통해 그렇게 된다. 자기중심적 관점에서 보면 억울하게 느껴지는 결과도 더 넓은 관점에서 보면 가장 최적이면서 매우 타당한 결과인 셈이다.

따라서 원인과 결과의 관계는 일대일 대응 관계가 아님을 알 수 있다. 원인 하나가 곧바로 하나의 결과에 대응하지 않는다는 말이다. 그러므로 자신이 무엇을 했는지만 바라보면 인과가 잘 보이지 않는다. 원인과 결과를 일대일 대응으로 여기며 삶의 인과를 일차원적으로 이해하는 것은 자기중심적 사고이자 결과중심적인 사고다. 자신의 노력과 결과의 관계만 생각하는 방식으로는 인과를 제대로 이해할 수 없다. 결과는 인과 여러 연들 즉 직접적인 원인과 간접적인 원인들이 함께 조화를 이루며 나타난다. 그리고 그 결과는 다시 다른 결과의 연이 되어줄 수 있다.

원인과 결과의 관계는 일대일의 대응 관계가 아닌 다대다의 대응 관계이다. 우리가 어떤 상황에 처하든 그것은 다양한 인과 연이 작용한 인과의 결과다. 거기에는 여러 카르마의 과보가 함께 어우러져 드러난다. 따라서 어떤 상황이든 100% 좋거나 100% 나쁠 수만은 없다. 어떤 결과에 직면하고 또 어떤 상황에 처해도 거기에는 나름의 일장일단이 있고, 좋은 카르마의 인과와 그렇지 않은 카르마의 인과가 함께 섞여 있을 수 있다. 그래서 시련이 닥쳐도 그것을 극복할 연들이 함께 주어지는 경우가 있고, 또 좋은 일이 생기더라도 이를 반감시키는 부정적인 일이 함께 생길 수 있다. '하늘이 무너져도 솟아날 구멍이 있다.'란 속담이나 그와 반대로 '좋은 일에는 마가 끼는 법.'이란 말이 그래서 가능하다.

이렇게 카르마의 인과는 매우 복잡하게 얽혀 있는 것으로 결코 단순하게 이해될 수 없다. 어떤 카르마는 지금 과보를 생성하고 어떤 카르마는 그렇지 않으며, 또 어떤 카르마는 인이 되고 어떤 카르마는 연이 된다. 다양한 연들이 인과 작용하며 인과를 엮어나간다. 이에 대해 남방 불교에서는 다음과 같이 카르마의 종류를 네 가지로 구분하여 설명한다.

> 생산적인 카르마, 지지적인 카르마, 방해의 카르마, 파괴적인 카르마 등의 네 종류의 카르마가 존재한다. **『청정도론』**

여기서 생산적인 카르마란 직접적 원인으로서 인과의 성격을 결정하며 그 인과가 발생하게 하는 카르마, 즉 인에 해당한다. 둘째의

지지적인 카르마는 인처럼 직접적으로 카르마의 결과를 만들어내지는 못하지만 그 카르마의 인과가 발생하도록 돕는 역할을 하는 것으로 연에 해당한다. 방해적인 카르마 역시 카르마의 결과를 직접 만들어내지는 못하지만 지지적 카르마와 반대로 해당 카르마의 인과가 발생하지 못하도록 좌절시키고 방해하는 역할을 한다. 이 역시 연에 해당한다. 마지막으로 파괴적인 카르마는 일어날 법한 카르마가 존재할 때 그것의 세력이 미약하다면 일어나지 못하도록 차단하고 파괴하는 기능을 함과 동시에 그 파괴된 자리에 자신의 카르마가 과보가 되는 기회를 만든다. 따라서 이는 인과 연 모두 될 수 있다.

이렇게 모든 카르마의 인과에는 인과 연이 함께 작용하고 있으므로 동일한 카르마를 짓더라도 누가 그러한 카르마를 지었냐에 따라 과보는 달라질 수 있다. 각자가 쌓아온 카르마의 양과 질이 다르기 때문이다. 붓다는 이를 다음과 같이 설명한다.

어떤 사람은 심각하지 않은 악한 카르마를 짓더라도 다음 생에 지옥에 떨어지는 반면 어떤 사람은 그와 동일하게 악한 카르마를 짓더라도 그저 이번 생에서 과보를 받는 것으로 인과를 경험한다. 〈중략〉 어떤 사람은 몸과 마음을 닦지 않으며 생활을 잘 꾸리지 않았고 또 지혜를 구하지 않고 덕을 쌓지 않아 하찮은 존재로서 살아왔기에 심각하지 않은 악한 카르마에도 괴로워하게 되는 것이다. 그는 심각하지 않은 카르마를 지었지만 그 카르마가 지옥으로 인도한다. 〈중략〉 어떤 사람은 몸과 마음을 닦으면서 생활을 잘 꾸리고 지혜도 구하면서 덕도 많이 쌓아 고귀한 존재로 되었다. 그는 사소한 악한 카르마를 지었더라도 지금 여기에서 그에 따른 과보를 경험할 뿐이다. 그래서 다음 생에서는 털끝만큼도 그에 따른 과보를 다시 경험하지 않을 것이다.

『앙굿따라 니까야』

이렇게 붓다는 동일한 카르마를 짓더라도 과거 자신이 쌓아놓은 카르마에 따라 각각 다른 시기, 다른 성격의 과보를 경험하게 될 것이라 말한다. 이는 물이 조금밖에 안 든 컵에 소금을 한 숟가락 넣는 일과 강물에 소금을 한 숟가락 넣는 일이 물맛을 짜게 만드는데 엄청난 차이를 주는 것과 같다. 마찬가지로 카르마의 인과를 따질 때는 직접적 원인만이 아니라 다른 조건들 즉 연들도 반드시 함께 고려해야 한다는 사실을 붓다는 가르치고 있다.

우리가 살아가면서 어떤 사람이 기대했던 혹은 노력했던 것 이상의 결실을 누리는 모습을 볼 때가 있다. 여기에는 매우 다양한 인과 연의 카르마 인과가 작용하고 있다. 지금의 관점에서만 보면 이것이 매우 불공평하게 보여도 실은 카르마의 인과가 복잡다단하게 펼쳐지고 있는 것이다. 이처럼 복합적인 인연법을 이해하면 일상에서 조금이라도 더 좋은 카르마를 짓고자 노력하는 일이 얼마나 중요한지를 절감하게 된다. 이런 카르마의 인연법은 우리에게 다음의 중요한 카르마 상담의 원리를 알려준다. 인뿐만 아니라 연들을 얼마나 깊이 이해하느냐가 고통의 문제를 제대로 다루기 위한 핵심 과제이므로 삶의 조건을 깊이 검토할 필요가 있다.

내가 이미 저지른 과거의 좋지 못한 카르마의 인과는 분명 나에게 부정적인 과보로 다시 돌아올 것이다. 허나 이미 지은 부정적 카르마의 인과가 내게 해를 입힐 것이라 과도하게 절망하거나, 그것이 무서워 아무런 관계를 맺지 않으려 움츠러드는 것 또한 바람직하지 못하다. 설사 내가 과거에 실수했더라도 이를 상쇄할 만큼 좋은 카르마들을 지어놓는다면 부정적인 인과로부터 치명상을 피할 수 있는, 다시 말해 좀 더 수월하게 넘어갈 수 있는 조건들을 마련할 수 있기 때문이다. 비록 올 것은 오고 겪을 것은 겪겠지만, 선하고 좋은 카르마들이 많이 쌓이면 쌓일수록 어떤 어려운 상황이 주어지더라도 이를 극복하고 더 나은 단계로 도약할 수 있도록 돕는 연들도 함께 마련되면서 그 상황을 극복할 수 있을 것이다.

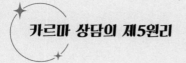

## 카르마 상담의 제5원리

인뿐만 아니라 연들을 얼마나 깊이 이해하느냐가 고통의 문제를 제대로 다루기 위한 핵심 과제이므로 삶의 조건을 깊이 검토하라!

불교는 인과 연들을 폭넓게 파악하면 할수록 지혜로워진다고 말한다. 인연법은 연기의 진리이고 진리에 대한 이해는 곧 지혜를 의미한다. 따라서 내가 어떤 조건들로 인해 고통의 문제에 빠졌는지를 잘 이해하는 것은 지혜를 갖추는 일이다. 지혜는 무명이라는 근본 번뇌로 야기되는 고통의 근원적 해결책이다.

모든 인생에는 부침이 있어 좋은 날과 어려운 날이 공존하기 마련이다. 특히 삶에서 몇 번 겪기 어려운 절체절명의 위기의 순간에서는 누가 무슨 이야기를 했는지, 어떤 모습을 보였고 어떤 영향을 미쳤는지에 따라 인생의 향방이 달라지기도 한다. 그 순간은 생각과 감정이 심히 요동치고 있어 내가 변화하지 않고는 버틸 수 없는 시기이기 때문이다. 이때 경험하는 강렬한 통찰이나 인상은 뇌리에 진하게 남아 나의 기존 세계관을 순식간에 바꾸어버린다. 이때를 제대로 넘기지 못하고 큰 실수를 저지르면 평생 지우기 힘든 상처를 안고 엉망으로 삶을 살아갈 수도 있다. 반대도 마찬가지다.

물론 이런 절대적 찰나의 순간이 아니더라도 자신을 격려하고 지지해주고 또 물심양면으로 도움을 주는 사람을 곁에 두면, 정서적 안정감을 되찾아 어려운 순간들을 잘 넘길 심적 동력을 얻고 정신적으로도 성장하게 된다. 따라서 인생에서 어떤 부모, 스승, 친구, 선배, 동료 등이 나의 연으로 주어졌는지를 잘 이해할 필요가 있다. 조건, 즉 연 중에서도 가장 중요한 것이 바로 사람이다.

안타깝게도 우리는 어떤 연들이 어떤 순간에 나에게 도움 혹은 독이 될지 알지 못한다. 그런 것들은 내 통제 범위 바깥이며 살면서 마치 우연처럼 다가온다. 그러나 불교의 카르마 사상은 그것을 우연이 아닌 카르마 인과의 일부로 보라 말한다. 그 역시 카르마 인과의 일부로서 카르마의 법칙에 따라 형성되므로, 건강하고 행복한 미래를 만드는 근본적인 대책은 결국 지금 내가 할 수 있고 통제할 수 있는 부분들에 집중하며 매 순간 진지하고 바르게 삶을 살아내는 것이다.

# 7

## 카르마 인과의 시기와 종류

＊───── 불교의 카르마 사상은 모든 것이 다 결정돼 있다는 극단적 결정론도 아니고 반대로 결정돼 있는 것이 전혀 없다는 극단적 비결정론도 아닌 중도적 사상이다. 카르마의 인과는 분명 존재하므로 내가 지은 과거의 카르마에 의해 지금 혹은 앞으로 내가 받을 고락의 어떤 결과들은 이미 결정된 것일 수 있다. 예를 들어 음식이 너무 맛있어 평소의 몇 배를 먹었다면 가까운 미래에 반드시 탈이 나 괴로워지기 마련이다. 이런 탐욕의 카르마를 지어 놓고 아무런 문제도 없으리라 말하는 것, 즉 미래의 어떤 결과도 정해지지 않았노라 말하는 것은 어불성설이다. 따라서 내가 과거에 지은 카르마 중 일부는 그 성격에 따라 언제 어떤 과보가 될지 결정되어 있다고 보는 것이 타당하다. 다시 말해 인과 연들로 촘촘히 구성되는 카르마의 인과에서 과거의 어떤 카르마는 가까운 미래에 특정

한 과보로 드러날 것이 이미 정해졌을 수 있다.

이는 불교가 성자들의 미래에 관해 설명하는 부분에서 잘 드러난다. 불교에서는 깨달음을 얻은 성자들도 그들의 수행 도달 경지에 따라 네 가지로 각각 구분한다.* 가장 높은 경지부터 나열해 보면 우선 윤회를 종식한 해탈의 존재로서 '아라한<sup>阿羅漢果</sup>'의 경지, 더 이상 인간 세상 등 욕망이 가득한 세계에서는 태어나지 않아도 되는 '불환<sup>不還</sup>'의 경지, 앞으로 딱 한 번 더 욕망의 세계에 태어나 수행을 닦아야 하는 '일래<sup>一來</sup>'의 경지, 마지막으로 이제 막 깨달음의 성자의 길에 접어들어 최대 일곱 번 이내로 욕계에 다시 와서 깨달음의 수행을 마무리해야 하는 '예류<sup>豫流</sup>'의 경지가 그것이다. 이렇게 불교는 성자의 각 단계에 따라 그들이 앞으로 윤회를 통해 경험해야 하는 세상의 성격이나 윤회의 횟수 등이 결정되어 있다고 밝힌다. 그들의 수행력과 그간 쌓은 카르마에 따라 이미 미래에 경험하고 배워야 하는 내용이 일정 부분 결정되어 있지 않다면 상정할 수 없는 주장이다.

그러나 분명한 것은 앞으로 주어질 모든 결과가 다 결정된 것은 아니라는 점이다. 이는 오직 일부일 따름이다. 오히려 더 많은 나의 미래가 아직 결정되지 않았기에 붓다는 카르마의 본질을 의지로

---

* 이는 초기 불교와 아비달마 불교의 사향사과(四向四果)를 설명하는 것으로, 명확히 이야기하면 네 가지 수행 단계[向]와 도달 경지[果]로 각각 구분할 수 있다. 다만 설명의 편의를 위해 줄여서 네 가지 경지에 대해서만 언급하고자 한다.

보며, 고의적 카르마를 지으면 그에 따른 결과를 얻을 수 있노라 말한다. 그뿐만 아니라 설령 결정된 미래가 존재한다 하더라도 지금 내 노력에 따라 미래를 구성하는 여러 조건을 상당 부분 변화시킬 가능성도 존재한다. 즉 결정된 과보를 경험하는 강도나 세부적 내용 등에서 차이가 날 수 있다. 카르마의 인과는 무수한 인과 연들이 함께 어우러져 작용하는 종합적이고 복합적인 예술이기 때문이다.

실제로 불교는 자신이 지은 과거의 카르마 중에서 그 결과가 어떻게 드러날지의 시기가 구체적으로 결정된 카르마와 그렇지 않은 카르마가 있다고 말한다. 과보의 시기가 정해진 카르마는 '정업正業'이라 칭하고, 반대로 과보의 시기가 정해지지 않은 카르마는 '부정업不定業'이라 칭한다. 다만 과보의 시기가 정해지든 정해지지 않든 고의적 카르마라면 이숙의 과정을 거치며 언젠가는 그에 따른 결과, 즉 좋고 나쁨의 느낌을 핵심으로 하는 과보를 반드시 불러온다.

과보가 정해진 카르마인 정업은 다시 세 가지 종류로 나뉜다. 이번 생에서 지은 카르마 중 이번 생에서 과보를 받는 것이 첫째, 다음 생에서 바로 받는 것이 둘째, 다음 생을 넘은 다다음 생 중 하나에서 받는 것이 셋째다. 이렇게 과보의 시기가 결정된 카르마들도 바로 지금 혹은 이 생에서 반드시 결과를 내는 것은 아니며 그 과보를 받는 시기도 천차만별이다.

또 한 생에서 과보로 드러나게 될 과거의 카르마들은 똑같은 비중과 중요도를 가지지 않는다. 예를 들어 많이 잘못했다고 느낀 행위는 기억에 또렷이 남아 죄책감과 수치심을 느끼게 하지만 조금 잘못했다고 느끼는 행위는 시간이 지나면 기억조차 제대로 나지 않게 되는 것과 같다. 마찬가지로 나의 잘못된 과거의 행동들이 전부 동일한 수준으로 나에게 악영향을 미치거나 과보가 되지는 않으며 그 반대도 마찬가지다.

그러므로 불교의 카르마 사상은 이번 생에 과보를 가져오는 카르마를 중요도에 따라 '본질적인 카르마'와 '부수적인 카르마'로 구분한다. 본질적인 카르마는 한 생을 야기할 정도로 영향력이 큰 카르마이다. 이는 다음 생에서 인간으로 태어날지 동물로 태어날지 지옥에서 태어날지 등 한 생의 종을 결정하고, 수명과 같은 핵심적 삶의 조건을 결정하는 강력한 카르마이다. 이는 다음 생에서 그가 어떤 형태의 삶을 받던 매우 큰 영향력을 행사한다. 그러므로 본질적 카르마는 해당 삶을 관통하며 지속적으로 나에게 문제가 되는 반복적이고 고질적인 문제를 가져다준다. 그런 점에서 본질적 카르마는 온 생을 바쳐 풀어내야 할 만큼 강력하고 핵심적인 삶의 과제이자 문제라 할 수 있다.

그런데 우리의 삶에는 오직 하나의 본질적인 카르마만 영향을 미치는 것이 아니다. 이를 두고 세친은 다음과 같이 말한다.

> 비록 한 가지의 커다란 카르마[引業]가 그에 상응하는 한 생을 야기한다 하더라도 그 생을 원만하고 다양하게 채우는 것은 다수의 카르마들[圓滿業] 때문임을 인정한다. 비유하자면 화가가 그림을 그릴 때 먼저 한 가지의 색으로 밑그림을 그려놓은 후 그

다음에 여러 가지 색으로 칠을 하는 것과 같다.「구사론」

삶이라는 하나의 복합적인 결과에는 그 삶을 직접 야기하는 본질적 카르마 외에 다양한 부수적 카르마들도 함께 영향을 미치고 있다. 이는 마치 하나의 완성된 과보가 드러나기 위해 그 과보의 직접적 원인으로서의 카르마 외에 다양한 연들 즉 간접적 원인으로서의 카르마들이 요구되는 것과 같다. 비록 한 생을 야기할 만큼 커다란 영향력을 가진 카르마는 아닐지라도 본질적인 카르마를 보조하여 삶의 내용을 다채롭게 채우는 부수적인 카르마들이 있다.

보조적인 카르마들이라고 해서 삶에 미치는 영향력이 다 동일한 것은 아니다. 그들 중 어떤 것은 좀 더 크게 영향을 미칠 것이고 어떤 것은 좀 덜할 것이다. 밑그림이 그려진 그림에 채색할 때 모든 색이 똑같은 양으로 필요한 것은 아니듯, 보조적인 카르마들도 인과의 성격에 따라 내 삶에 개입하고 영향을 미치는 정도가 다르다.

다음 생을 야기할 만큼 명확히 크고 중요한 본질적 카르마가 정해지면 그에 따라 삶을 채우는 다른 보조적인 카르마들도 과보로 드러날 시기와 내용이 함께 정해진다. 그러기에 모든 윤회의 개체는 해당 생에서 자기만의 고유한 환경과 조건을 가지고 태어나 살아갈 수 있다. 아무것도 결정된 것이 없다면 불가능한 일이다. 하지만 시간이 지날수록 개인은 성장하고 점점 자발적으로 생을 꾸리는 노력을 해야 할 시기에 다다른다. 이 시기에 어떤 카르마를 짓는지에 따라 현재 생의 남은 미래와 다음 생의 미래에 변화를 도모할 수 있다. 즉 과보의 시기가 정해지지 않은 수많은 카르마가 새롭게 인과에 참여하면서 그에 걸맞은 상황과 조건들 또한 결정되는 것이다.

이렇게 다양한 카르마의 인과 요인들이 집합된 우리 삶은 집을 짓는 일에 비유할 수 있다. 집을 짓기 전에 먼저 집터를 결정해야 한다. 무엇보다 집터가 마련되어야만 집 짓는 일을 시작할 수 있기 때문이다. 주어진 집터의 모양은 내가 바꿀 수 없는 것으로 결정된 부분에 해당한다. 마치 지금의 생이 마음에 들지 않는다고 새로운 생을 원할 수 없듯, 마음에 들지 않는다고 집터의 모양을 내 뜻대로 바꿀 수는 없다. 집터의 모양은 집을 짓는 전체 과정에서 계속 영향을 미치고 신경을 써주어야 하는 근본적인 과제에 해당한다. 주어진 집터의 조건 속에서 집을 짓는 작업이 시작되면, 좋은 집을 짓기 위해 내가 결정하고 선택할 수 있는 세부적인 부분들이 하나둘씩 생기기 시작한다. 다만 세부적인 선택과 결정에도 나의 의지가 얼마만큼 개입할 수 있는지에는 차이가 있다. 집의 기둥을 세우는 일은 집터의 모양에 크게 영향을 받는다. 이 역시 집의 근간이 되는 중요한 부분이므로 기둥을 바꾸는 일은 상대적으로 무척 어려운 작업이다. 반면 기초 작업이 끝난 후 시작되는 인테리어는 집터의 영향을 비교적 적게 받는다. 집을 짓는 사람의 감각과 선택에 따라 천차만별의 인테리어를 연출할 수 있다. 설사 집터의 모양이 반듯하지 않거나 작더라도 어떤 의도와 감각으로 선택하고 결정하느냐에 따라 얼마든지 개성적이고 멋진 집을 지을 수 있다.

과거에 행한 여러 카르마가 지금 내 삶에서 인과를 형성한다. 그

중 어떤 카르마는 삶을 관통하는 핵심적인 문제를 안겨주고 어떤 카르마는 소소한 문제를 내어 준다. 다시 말해 본질적인 카르마를 짓도록 부추긴 특정 번뇌는 다른 번뇌보다 훨씬 지속적으로 나를 괴롭히고 문제를 일으키도록 추동할 것이다. 그러므로 우리는 다음과 같은 중요한 카르마 상담의 원리를 얻을 수 있다. 카르마의 인과 상에서 우리는 다양한 삶의 과제를 받게 되며, 올바로 그 과제들을 해결하기 위해서 각 과제의 중요성과 심각성을 잘 구별하여 대처할 필요가 있다.

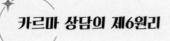

## 카르마 상담의 제6원리

카르마의 인과 상에서 우리는 다양한 삶의 과제를 받게 되며, 올바로 그 과제들을 해결하기 위해서 각 과제의 중요성과 심각성을 잘 구별하여 대처해야 한다.

우리는 살면서 내 인생을 관통하는 굵직한 과제가 있다는 생각을 하지 않는다. 그저 그때그때 문제가 주어지면 그 문제와 씨름할 뿐이다. 물론 이는 현재를 충실히 사는 하나의 방식일 수 있다. 하지만 카르마의 법칙은 살면서 한 번쯤은 삶과 거리를 두고 인생에서 일어나는 크고 작은 여러 사건의 근원적이고 본질적인 원인에 대해 고민해보라 조언한다. 그런 본질적인 삶의 과제를 찾아낸다면 인생에서 겪는 여러 문제의 패턴을 알게 되고, 그 패턴을 관통하는 핵심 원인을 찾아낼 수 있다. 바둑에서 대마를 잡으면 승기를 잡는데 훨씬 유리해지는 것처럼, 생에 걸쳐 나에게 고통을 주는 본질적 문제를 이해하고 선택과 집중을 통해 해결을 도모함으로써 그에 부수되는 여러 문제 또한 직간접적으로 해결의 실마리를 찾게 될 것이다.

카르마의 인과를 심리적 인과라 보는 불교는 삶의 본질적 과제가 무엇인지 알려면 자신의 마음을 보라 주문한다. 내게 고통을 주고 문제를 일으키는 카르마의 인과는 번뇌에 의해 일어난 것이기 때문이다. 그런 본질적인 카르마의 인과를 야기한 번뇌는 쉽게 해결되지 않고 내 삶 전체에 걸쳐 문제를 끊임없이 일으키므로, 이것이 나의 주변 조건들과 어떻게 결합해 문제를 악화시키는지를 파악해야 한다. 그러한 작업이 결국 내 삶을 지혜롭고 성숙하게 만든다. 이는 내가 이 생을 부여받은 핵심 원인이자 이유이며, 이를 알아가고 해결해가는 과정에서 삶의 의미와 교훈을 얻을 수 있을 것이다.

# 8

# 카르마와 꿈

✳─────── 불교의 카르마 인과는 심리적 인과이고 카르마 사상은 곧 마음의 사상이다. 따라서 카르마 인과를 제대로 이해하려면 마음을 잘 알아야 한다. 불교는 마음에는 기본적으로 '아는 능력'이 있다고 본다. 그래서 마음을 가진 우리는 항상 무엇이든 경험하며 살게 된다. 대상을 알아보며 구별하는 마음이 있기 때문이다. 마음은 좋은 경험이든 나쁜 경험이든 기쁜 경험이든 끔찍한 경험이든 가리지 않고 안다. 불교에서는 이 아는 능력을 오직 생명을 지닌 존재만이 가지는 고유한 특성이자 생명 그 자체의 조건으로 이해한다. 마음이 없는 물질로만 구성된 무생물은 아는 능력이 없다. 무생물과 달리 생명은 외부 환경을 알아보고 자신의 생존에 유리한 조건을 찾으며 그에 맞추어 진화한다.

불교는 아는 능력을 가진 마음이 다음의 세 가지 기능을 동시에 수행한다고 본다. 첫째, 마음은 카르마와 여러 심적 현상들이 모이고 일어나는 곳이다.[心, citta]. 한 번 지어진 카르마는 고의적이든 비고의적이든, 선하든 악하든, 아니면 그저 그렇든 그냥 사라지는 법 없이 무조건 마음에 쌓이며 또 그 마음에서 여러 심적 현상들이 같이 일어나게 된다. 마음은 카르마를 기억의 형태로 쌓아놓고 있다가 다른 카르마를 짓게 될 때 그것의 연이 되게 하거나 그 인과에 참여하도록 한다.

둘째, 생각을 촉발한다. 즉 마음은 생각 기관이다[意, manas]. 눈, 코, 입, 귀, 피부 등의 감각 기관을 통해 어떤 정보가 입수되면 마음은 그것을 감각하고 종합하여 다시 생각하게 만드는 생각 기관인 것이다. 인간이 생각하는 존재인 이유는 마음을 가졌기 때문이다. 눈으로 본 것, 귀로 들은 것, 코로 냄새를 맡은 것, 입으로 맛을 본 것, 피부로 느낀 것 등은 물론 심지어 내가 생각한 내용도 다시 내 마음의 감각 대상이 되면서 또 다른 생각으로 발전할 수 있다.

셋째, 마음은 의식하여 구별하는 기능을 한다. 그런 점에서 마음은 곧 의식 그 자체이다[識, 산스크리트어 vijñāna, 팔리어 viññāa viññāṇa]. 의식을 가진 우리는 무엇이든 보면 구별하여 알게 된다.

이제 우리가 카르마를 지었을 때 마음에서 어떤 일이 일어나는지 살펴보자. 내가 지은 카르마는 그것이 어떤 행위였든 반드시 마음에 저장된다. 저장된 카르마는 마음에서 달리 익어간다. 그런데 마음은 생각을 촉발하는 기관이기도 하다. 그러기에 마음속에 저장된 카르마는 언제든 다시 마음의 대상이 되어 이런저런 생각으로 전환될 수 있다. 즉 내 마음에 저장된 과거의 카르마가 마음속에서 어떤 인연으로 인해 불려 나와 마음의 감각 대상이 되고, 의식인 마음은 다시 이를 식별하며 호불호를 자동적으로 따지고 또 다른 생각이 되도록 하는 것이다.

그러므로 악하고 부정적인 카르마를 지었거나 그런 경험을 했다면 문제가 생기기 마련이다. 마음속에서 기억이나 종자의 형태로 쌓여 있던 카르마가 다시 기억이나 인상의 형태로 드러나면서 불쾌하고 불편한 느낌과 부정적인 생각을 야기하기 때문이다. 좋지 않은 기억을 자꾸 꺼내어 반추하면 우울감이 증폭되고, 억울한 기억을 자꾸 떠올리면 분노가 차오르며 괴로움을 겪게 되는 것과 마찬가지다. 이렇게 불편한 마음은 기본적으로 내가 지은 카르마 즉 경험 기억이 마음에 존재하지 않는다면 일어나지 않는다.

기억은 나의 통제 영역 바깥이다. 마음이란 감각기관은 잡히는 무엇이든지 보고 구별하며 알아차리고 저장하고 일으키기 때문이다. 그래서 부지불식간에 과거의 내 악한 행위가 마음속에 떠오르면 이런저런 부정적 생각으로 번져 번뇌의 먹잇감이 되기 쉽다. 내가 원하는 기억들만 선택해서 마음속에 저장할 수도 없고 또 떠올릴 수도 없다. 의식으로서의 마음은 표면의식만이 전부가 아니기 때문이다. 내 마음에는 표면의식만으로는 통제되지도 또 이해되지도 않는 훨씬 넓은 심층의식이 자리한다. 따라서 표면의식의 의도대로 좋고 즐거운 경험이나 행위만을 선택해서 기억하거나 생각하게끔 통제하기에는 크나큰 한계가 있을 수밖에 없다.

심층의식의 존재는 번뇌가 일상에서 어떻게 우리의 마음에서 마음껏 활동할 수 있는지를 설명해준다. 불교에 따르면 번뇌는 일반 의식으로 알아차리기 어려운 미세한 작용을 한다. 번뇌는 개인의 마음을 항상 은밀하고 끈질기게 쫓아다니며 문제를 일으키고 근심을 야기하는 특징이 있다. 따라서 내가 번뇌를 없애려 마음을 먹어도 금방 그렇게 되지 않는다. 미세하면서 혼란스러운 번뇌를 제대로 떨치기 위해서는 표면의식을 넘어 더 깊은 마음의 영역을 이해하고 정화하는 노력이 필요하다. 선하고 긍정적인 카르마를 내 의지로 온전히 짓기 어려운 이유이다.

우리는 깨어 있다고 생각하는 의식 상태 외에도 다양한 의식 상태에 놓인다. 예를 들어 깨어 있는 낮 시간의 경험 외에 잠을 자는 밤 시간의 경험도 의식의 경험이라 할 수 있다. 티베트 불교에 따르면 마음 즉 의식의 상태는 여섯 가지로 구분되는데 그중 하나가 꿈속의 의식 상태, 즉 미람 바르도Rmi-lam Bardo이다. 꿈의 의식도 일상이나 명상 상태에서의 의식처럼 엄연히 하나의 의식이기에 티베트 불교는 꿈의 의식을 다루는 일을 중요하게 여긴다. 티베트 불교의 일부 종파에서는 꿈을 의식하며 꿈의 내용에 영향을 줌으로써 마음을 정화하고 깨달음을 얻는 수행을 한다.

인간은 누구나 꿈을 꾼다. 꿈을 꾸지 않는다고 말하는 이들도 사실은 꿈을 꾸기 마련이다. 단지 일어났을 때 기억하지 못할 뿐이다. 우리는 때때로 강력한 정감을 가진 꿈을 꾸기도 한다. 그래서 한밤중에 일어나 식은땀을 흘리며 꿈을 상기하곤 한다. 그런 강렬한 꿈은 일상의식에서의 경험만큼이나 강렬하게 뇌리에 남아 다음 날 내 일상의 컨디션에 영향을 주기도 한다.

꿈에서의 경험 즉 내가 꿈에서 행한 일들도 하나의 기억으로 마음에 저장된다. 마음은 어떤 의식 상태였는지를 또 어떤 종류의 경험인지를 가리지 않고 파악하고 기억하는 작용을 하기 때문이다. 강렬한 꿈은 강렬한 대로, 기억이 제대로 나지 않는 희미한 꿈은 희미한 대로 우리의 마음에 저장된다. 일단 마음에 저장된 꿈의 내용은 우리에게 알게 모르게 영향을 미칠 가능성이 생긴다. 그 역시 일반적인 행위와 같이 기억의 대상이 될 수 있기 때문이다.

꿈의 경험이 다른 일상의 경험처럼 우리에게 영향을 줄 수 있는 잠재력을 가지는 한 이 역시 카르마 인과의 일부분으로 이해할 필요가 있다. 꿈은 비록 고의적으로 카르마를 지을 수 있는 의식의 영역은 아니지만, 일단 꿈의 내용이 마음에 저장되고 나면 내게 직간접적으로 영향을 미칠 수 있기 때문이다. 꿈에서의 경험은 직접적 인과를 야기하지는 않더라도 일상에서 내가 어떤 선택과 판단을 하는 데 영향을 미치는 조건이 되어줄 수 있다. 꿈에서의 경험과 행위는 의지가 부재하므로 인은 아니더라도 연은 될 수는 있는 것이다.

따라서 꿈은 카르마 인과의 일부가 펼쳐지는 공간이자 카르마의 인과를 이해하는 하나의 경로로 이해할 수 있다. 특히 꿈은 표면의식이 작동하는 공간이 아니므로 내 마음이 적나라하게 드러난다. 그러기에 내 마음을 보다 심층적이고 솔직하게 알아볼 기회를 제공한다. 오늘날 심리학에서 꿈을 무의식을 이해하는 핵심 경로로 여기는 이유이다.

　프로이트는 꿈을 무의식으로 들어가는 왕도로 보았다. 꿈은 의식이 일상에서 그다지 주의를 두지 않는, 그러나 내 마음에서 매우 중요한 혹은 불편하고 어두운 진실들을 가감 없이 드러내는 무의식의 활동 공간이기 때문이다. 프로이트는 꿈이 간접적이고 우회적인 방식으로 개인의 무의식을 드러내기에 꿈을 분석하고 풀어내는 일은 개인의 마음을 올바로 이해하는데 중요한 수단이 된다고 주장한다. 카를 융은 프로이트보다 꿈에 좀 더 폭넓은 의미를 부여한다. 그는 꿈이 그 자체로 하나의 목적성을 가진다고 본다. 꿈은 개인이 올바른 삶의 트랙에서 벗어날 때 이를 바로잡기 위한 방향을 제시하거나, 마음이 결핍되고 편향되어 있을 때 보상적 메시지를 전달하며 균형을 잡으려 하는 등 삶에 필요한 메시지를 담고 있다는 것이다. 이런 심리학자들의 꿈에 대한 이해는, 꿈의 경험이 내 삶의 인과에 폭넓게 영향을 줄 수 있는 카르마 인과의 일부라 간주하려는 시도에 힘을 실어준다.

　불교 경전에도 꿈 이야기가 여러 번 등장한다. 석가모니 붓다의 어머니인 마야 부인은 태몽으로 매우 상서로운 코끼리 꿈을 꾸었다고 한다. 반면 석가모니가 출가하기 전날 밤 그의 부인 야쇼다라는 손발이 잘리고 산이 요동치는 악몽을 꾸었다고 전해진다. 주목할 부분은 붓다가 자신은 물론 타인의 꿈을 해석하는 데 탁월한 역량을 보여준다는 점이다. 붓다가 되기 전의 고타마 싯다르타는 왕자신분을 버리고 출가를 해야 할지 말아야 할지 번민하던 차에 히말라야의 산을 베개로 하여 누워 있다거나, 똥오줌이 가득한 산에 오르는데도 몸이 하나도 더럽혀지지 않는 등의 특징적인 다섯 가지 꿈을 꾸게 된다. 그는 이 꿈들이 일관되게 자신이 출가하여 큰 깨달음을 얻는 붓다가 되리라는 메시지를 전하고 있는 것으로 해석한다. 그래서 결국 출가를 결정한다. 자신의 인생에서 매우 중요한 변화의 순간을 맞은 붓다가 인상적인 장면들이 담긴 꿈을 연달아 꾼 것도, 그 꿈에 담긴 의미를 자신에게 긍정적인 방향으로 해석해 낼 능력을 갖춘 것도 모두 그가 쌓아온 카르마 인과의 일부로 이해할 수 있다.

또 붓다는 코살라국의 파세나디 왕의 꿈을 해석해주기도 한다. 왕은 어느 날 매우 심각하고 혼란스러운 꿈들을 연달아 꾸고는 이것이 불길한 운명이 닥칠 징조라 짐작하며 두려워한다. 하지만 붓다는 지금 당장 어떤 일이 일어날 것처럼 이 꿈을 결정론적으로 해석하지 않는다. 오히려 왕에게 이 꿈은 나라가 도덕적으로 매우 타락하고 있는 현재 상황을 보여주는 것이라 설명한다. 즉 현재의 악한 카르마에 의해 먼 미래에 괴로움의 과보가 나라에 닥칠 수 있다는 경고의 메시지로 꿈을 이해하도록 도운 것이다. 왕은 이러한 붓다의 해석을 받아들여 자비의 마음을 내게 되었고 붓다의 헌신적인 재가 신자가 된다.

이렇게 붓다는 자신과 타인의 꿈을 다루며 자신은 물론 타인의 삶에도 도움을 주었다. 그러나 그는 꿈을 숙명적으로 받아들이는 일만큼은 경계한다. 그는 다음과 같이 말한다.

> 주술, 꿈의 해몽, 징조를 점치는 일, 점성술 등을 해서는 안 된
> 다. 나의 제자는 동물의 소리로 점치거나 임신을 시킨다는 술법
> 이나 치료를 한다는 술법에 몰두해서는 안 된다. 「숫타니파타」

위의 문구를 보면 붓다는 분명 꿈의 해몽을 하지 말라 주문하고
있다. 그런데 붓다가 지적하는 '꿈의 해몽'이란 꿈을 과도하게 결정
론적으로 받아들여 꿈에서 보인 징조를 자신의 정해진 숙명이라
간주하는 극단적인 해석을 의미한다. 그렇지 않고 모든 꿈에 대한
해석을 금지한 것으로 이해하면 당장 자신과 타인의 꿈을 해석했
던 스스로의 행위를 부정하는 꼴이 된다. 사실 붓다야말로 누구보
다 꿈에 대한 올바른 해석을 통해 현재 상황을 이해하고 자신이
나아가야 할 방향에 조언을 얻은 인물이라 할 수 있다.

이러한 붓다의 사례와 카르마 인과의 원리를 오늘의 심리학에 비
추어 접목하고 응용함으로써 우리는 다음과 같은 카르마 상담의
원리를 도출할 수 있다. 꿈 또한 카르마 인과의 일부로서 마음을
이해하는 데 도움이 될 수 있다.

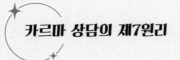

## 카르마 상담의 제7원리

꿈 또한 카르마 인과의 일부로서 마음을 이해하는 데 도움이 될 수 있다.

내 마음 깊이 자리하고 있는 여러 기억 중 어떤 것이 어느 순간에 표면의식에 떠올라 나에게 영향을 줄지 우리는 예측할 수 없다. 이는 내 통제 영역 밖이다. 마찬가지로 꿈에서 내가 어떤 경험을 할 것인지를 통제할 수도, 알 수도 없다. 그저 꿈의 경험도 기억의 일부가 되며 이 기억은 나의 일상에 영향을 미칠 수 있을 뿐이다. 그러므로 내 마음을 잘 알아보기 위해 혹은 고통의 문제를 다루기 위해 성숙한 해석으로 꿈을 제대로 소화하려는 노력은 카르마의 인과를 다루는 하나의 작업이 될 수 있다.

우리는 종종 특징적인 꿈을 꾸었을 때 이를 미래의 특정한 숙명을 예언해주는 것으로 수용하려는 결정론적 태도를 보이곤 한다. 물론 앞서 설명했듯 과거의 카르마가 현재나 미래에 어떤 식으로든 과보로 드러나게 된다는 점에서 카르마의 인과 상 결정적인 부분이 전혀 없다고 할 수는 없다. 마찬가지로 꿈도 간혹 미래의 어떤 유력한 조짐을 미리 보여주는 기능을 수행하리라 생각하는 것이 이상한 것은 아니다.

다만 카르마의 인과에서 의지를 본질로 간주하는 불교에 따른다면 꿈의 해석 역시 숙명적인 방식보다는, 심리적이고 인격적인 교훈과 카르마 인과가 제시하는 방향성을 담은 것으로 해석하려 노력하는 것이 바람직하다. 카를 융은 꿈에서 자신의 앞날처럼 보이는 어떤 장면을 경험할지라도 이를 자신의 미래에 펼쳐질 주요한 가능성 중 하나 정도로 이해하는 것이 바람직하다고 설명한다. 그는 꿈이 유일한 하나의 미래가 아닌 미래의 여러 가능성 중 개연성 높은 한 가지를 보여주는 예시로 이해한다. 오히려 융은 꿈을 신비적으로 해석하기보다 대체로 심리적 관점에서 그 의미를 해석하길 권했다.

꿈은 자신의 무의식 혹은 자신이 제대로 보지 못하고 있는 심리적 부분들을 드러내는 경우가 많다. 따라서 꿈의 도움을 받으며 자신의 마음에 결핍된 부분을 인식하고 해소해나간다면 카르마의 인과를 다루는 데 많은 도움이 될 것이다.

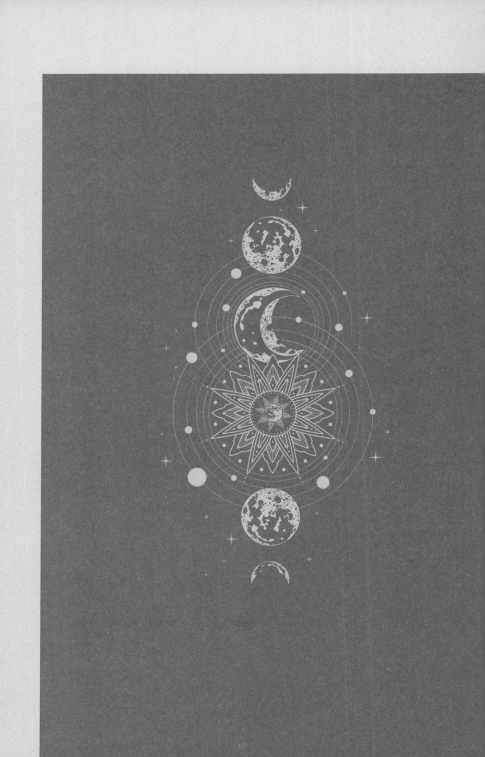

# 3

통찰과 치유의——

카르마 상담

카르마 인과의 법칙은

자신에게 벌어진 일에 있어

수용해야 하는 부분과

노력하여 고쳐나가야 할 부분,

이 둘 사이의 분명한 구별을 요구한다.

그리고 후자에 초점을 맞추어

좋은 카르마를 짓기 위해

최선을 다하라고 말한다.

✳——————  우리는 살아가면서 불합리해 보이는 여러 경험을 하
게 된다. '누구는 더 좋은 부모, 더 좋은 환경, 더 좋은 재능을 타고
났는데 나는 왜 이럴까.', '누구는 사람들에게 사랑받고 존중받으며
또 멋지고 예쁜 이성도 만나는데 나는 왜 이럴까.', '누구는 로또에
당첨되고 주식 대박이 날 정도로 운이 좋은데 나는 왜 이럴까.' 등
등. 이성적으로는 잘 설명되지 않는 부조리들이 즐비한 상황에서 이
삶이 전부이고 유일하며 마지막이라 믿으면 이 모든 것들이 불만족
스러워진다. 이번이 끝인 이 생의 결과만이 중요하기에 어떻게든 남
들만큼 혹은 남들보다 더 나은 결과를 가지려 몸부림치기 십상이
다. 또 남의 것과 자신의 것을 비교하게 되면서 점점 자기 통제력을
상실하고 고통에 처한다. 단 한 번뿐인 삶의 결과에 집착하면서 좁
은 시야로 자신에게 펼쳐지는 여러 부조리한 사태들에 즉각적 혹은
충동적으로 호불호의 반응을 보이도록 내몰리기 때문이다.

카르마의 법칙은 불합리하게 드러나는 결과 이면의 본질, 즉 카
르마의 인과가 놓여 있음을 보아야 한다고 말한다. 이러한 카르마
사상에 토대를 두는 대화, 즉 카르마 상담은 고통스러워하는 이들
에게 그들이 경험하는 부조리한 결과에 얽힌 진실한 인과를 생각
해보도록 돕는 작업이다. 카르마의 인과를 자기 삶에 대입시켜 사
유하다 보면 반드시 성숙한 통찰이 발생하며 치유의 효과를 볼 수
있다. 불편한 경험에만 매몰되지 않고 잠시 거리를 두면서 나 자신
과 내 삶을 돌아볼 수 있기 때문이다. 결과를 넘어 어떤 심리적 원
인으로 문제가 발생했는지 자각하게 되면 마음을 정화할 수 있다.

거리를 두고 바라볼 수 있는 능력, 즉 메타 인지 역량의 확보는 모든 심리 치료의 핵심 요건이며 동시에 지혜와 통찰을 제공하는 근본적 요인이다.

카르마는 아직 현대인에게 널리 수용되는 개념이라 할 수는 없다. 그런 점에서 혹자는 카르마 상담이 결코 보편적일 수 없다는, 다시 말해 카르마 개념에 친숙한 불교도나 영성인들에게만 적용되는 상담이라는 비판을 제기할 수 있다. 그러나 나의 상담 경험으로 볼 때 반드시 그렇지만은 않다. 타 종교인이나 무종교인도 카르마 인과에 관심을 갖는다. 이들도 카르마를 올바로 사유하고 이해하면서 의미 있는 치유 효과를 경험하는 경우가 적지 않다. 반면 불교도나 영성인이라 하더라도 카르마를 올바로 이해하고 있지 않거나 혹은 알고 있더라도 자신이 아는 것과 다르게 적용하며 사는 경우도 많다. 그런 경우 문제가 되는 카르마 신념을 수정하도록 돕거나 혹은 부적절한 실천적 부분들을 바로잡는 상담을 시도하면 십중 팔구 그에 따른 긍정적인 결과를 얻는다. 그러므로 내담자의 종교나 영성 관심도와 상관없이 카르마 상담은 가능하다고 생각한다.

물론 상담하다 보면 카르마나 윤회라는 용어에 거부감을 느끼는 이들도 만난다. 그런 이들에게는 굳이 카르마나 윤회를 설명하려 노력하지 않는다. 카르마 상담의 진정한 본질은 내담자가 자신의 경험과 거리를 두고 고통과 고통스러운 삶을 조건적이고 인과적으로 바라보도록 돕는 일이다. 부모, 형제, 연인, 배우자, 혹은 성공 등 내 삶에서 중요다고 생각하는 부분을 한 발짝 떨어져 하나의 조건으로 바라보고, 더 나아가 삶의 인과에 도덕적인 측면이 반영되어 있음을 이해하도록 돕다 보면 어느새 카르마에 대해 들을 마음의 준비가 되기도 한다. 그래서 처음에는 거부감이 컸던 카르마를 자연스레 논할 수 있는 여건이 조성될 수도 있다.

참고로 2009년 퓨 리서치 센터에서 실시한 조사에 따르면 기독교 국가라 할 수 있는 미국의 국민 중 24%가 윤회를 믿고, 미국 기독교인들의 22%도 윤회를 믿는다고 한다. 적지 않은 기독교인들이 자기 종교의 교리와는 다른 윤회 및 카르마의 인과를 타당하게 받아들인다는 것이다. 퓨 리서치 센터는 미국인의 종교적 신념과 실천이 기존의 전통적 종교에 완벽히 부합하지는 않게 되었다며, 이제는 다종교적 실천과 여러 종교 전통의 혼합 및 융합이 이루어지는 시대가 되어가고 있다고 분석한다.[*]

불교학자 칼루파하나는 붓다가 제자에게 카르마의 인과를 가르치면서 악한 자라 할지라도 지금 이 순간 자신의 인격을 바르게 바꾸려 노력할 경우 더 나은 미래의 생을 얻을 것임을 설파했다며, 이로 인해 후대의 불교는 도덕적 삶을 더욱 강조할 토대를 얻었다고 설명한다.[**] 마찬가지로 카르마 상담의 진정한 목적은 인격의 진보이다. 여기서 말하는 인격의 진보에는 다음의 세 가지 조건이 요구

---

[*]   Pew Research Center(2009), "Many Amercians Mix Multiple Faiths", The Pew Forum on Religion & Public Life, pp. 1-2.

[**]   David Kalupahana(1976), Buddhist Philosophy, Honolulu: University of Hawaii Press, pp.50-51.

된다. 첫째, 스스로가 자기 운명의 주인공이자 개척자로서 의지를 발휘하려 노력하는가. 둘째, 무조건적 의지 발휘가 아닌 내게 주어진 조건들을 인과의 일부로 바라보며 의지를 분별력 있게 발휘하는가. 셋째, 분별력 있는 의지의 발휘에 도덕성이 반영되는가. 이 세 가지 조건이 담보되는 인격의 진보는 마음의 건강을 지켜줄 것이다. 그것이 문제 상황을 드라마틱하게 개선해서라기보다, 상황을 바라보는 자신의 관점을 바꾸고 고통을 담아내는 마음의 그릇을 키워주기 때문이다.

이번 장에서는 카르마 상담의 원리들을 적용한 총 일곱 가지 상담 사례를 소개한다. 사례의 주인공들은 불교도, 개신교도, 천주교도, 무종교인, 종교는 없으나 영성에 관심이 많은 이 등 다양한 영적 배경을 가지고 있다. 한 가지 미리 말해둘 것은 여기에 소개된 상담은 모두 장기 상담이었다는 점이다. 여기에는 두 가지 이유가 있는데 하나는 상담 초반부터 카르마란 주제를 직접 다루며 논하기 어려웠다는 점이다. 그들의 현재 삶과 고통에 대해 충분히 이야기하다 보면 자연스럽게 카르마에 대해 논할 타이밍이 생기고, 그런 타이밍이 주어질 때 비로소 카르마 상담으로 이끌 수 있다. 다른 하나는 카르마의 인과를 알고 이것이 현실을 바라보는 자신의 관점에 침투될 정도가 되려면 최소 수개월이 소요되기 때문이다. 그들의 마음속에 억지로 카르마를 구겨 넣을 수는 없다. 그래서 특수한 사례를 제외하고는 카르마를 논하는 상담은 단기간에 이뤄지기 어렵다.

참고로 소개된 모든 사례는 내담자의 게재 허락을 받은 것으로, 프라이버시 보호를 위해 가명을 사용하고 일부 정황이나 내용을 각색했다. 또 길었던 상담의 전 과정을 제한된 지면에서 세세히 밝히기 어렵기에 카르마 상담의 면모를 두드러지게 보여줄 수 있도록 압축적으로 기술했음을 미리 밝힌다.

# 1

## 버림받음이 두려운 50대 수현

✳──── 50대 후반에 두 자녀를 둔 주부 수현은 어머니의 정신 건강을 염려하는 딸의 소개로 상담을 받게 되었다. 그녀는 병원에서 우울증 진단을 받고 약을 복용하고 있었다. 그녀는 자신이 무가치한 존재처럼 느껴졌고 삶에서 어떤 의미도 찾을 수 없었다. 다만 독실한 기독교 신자로서 자식들을 위해서라도 자신이 극단적인 생각을 하지 않도록 해달라고 열심히 신에게 기도하며 하루하루를 버티고 있었다.

수현의 우울감이 눈에 띄게 심해진 시기는 아들과 딸이 자신의 품을 떠나가면서부터였다. 대략 3년 전 아들은 회사에 취직하면서 독립했고 딸도 그즈음 시집을 갔다. 자녀들이 떠나간 집에 덩그러니 남편과 자신만 남게 되었음을 실감하자 그녀는 마치 세상에 혼자 남겨진 듯 외롭고 허무했다. 활기를 잃어버린 그녀는 점점 우울해지면서 집 밖에 나가는 것조차 버거워졌다. 그런 수현을 무척 걱정하던 딸이 상담을 권유했다.

다소 이른 나이에 결혼한 수현은 시집살이를 매우 심하게 했다. 시어머니는 외동아들이 자신의 삶에 전부인 듯 살아왔다. 시부모님의 사이가 무척 좋지 않았기에 시어머니는 아들에게 심적으로 많이 의존했고, 금지옥엽 키우는 아들의 존재에서 삶의 의미를 찾곤 했다. 그런 아들이 다른 여자를 만나 결혼했을 때 그 며느리가 마냥 곱게 보일 리 만무했다. 시어머니에게 며느리는 아들을 빼앗아 간 미운 존재로 느껴졌다.

수현은 결혼 후 약 15년을 시댁에서 살면서 시어머니의 잔소리와 모진 구박을 감내해야 했다. 남들과 갈등하기보다 타인의 요구를 수용하는 순종적 성격의 수현은 시어머니에게 대들거나 따지기보다는 그냥 맞추어 주면서 눈치만 보고 살았다. 하지만 이런 상황이 너무 힘들었고 가끔 '그냥 삶을 놓아버릴까.' 하는 생각도 들곤 했다. 그때마다 자신의 상처받은 마음을 남편에게 토로하며 풀어내려 했으나, 남편은 자신의 어머니에 대한 험담처럼 들리는 아내의 이야기를 듣기 싫어했다. 점점 그녀는 남편에게 의지할 수 없다는 생각을 하게 되었고 그만큼 더욱 자식들만 바라보고 버텼다. 그런데 그런 자녀들이 곁을 떠나자 그녀는 이루 말할 수 없는 고립감과 외로움을 느끼게 된 것이다.

그녀는 상담에서 남편에 대한 분노를 봇물 터지듯 쏟아내었다. 남편을 보면 자꾸 자신을 모질게 대한 돌아가신 시어머니가 떠올랐고 그때마다 참을 수 없는 분노가 올라왔다. 그러면서 남편은 도대체 왜 자신을 이런 집구석에 데려와 고생시키면서도 정작 자신의 상처를 알아주고 보듬어주려 시도조차 않았는지 이해할 수 없다고 토로했다.

남편에 대한 분노가 컸던 반면 자녀들에게는 미안한 마음이 컸다. 젊은 시절 자신이 심리적으로 너무 힘들고 괴로워 어린 자녀들을 제대로 돌보지 못했고, 또 아이들에게 과도하게 의존하면서 심적으로 많은 짐을 지웠다는 사실을 떠올리며 큰 죄책감을 느꼈다. 그녀는 어린 자녀들에게 남편에 대한 불만을 쏟아내며 험담하곤 했다. 그리고 종종 "너희는 절대 엄마를 버리지 않을 거지?"라며 강요하듯 말해온 사실도 기억해냈다. 아이들이 아버지에게 반항하고 어머니인 자신의 편을 드는 모습을 볼 때면 희열을 느끼곤 하던 기억도 떠올랐다. 상담을 통해 이러한 과거의 실수가 자꾸 상기되면서 아이들에 대한 죄책감이 더욱 강해졌다.

수현의 유년 시절 집안 상황은 녹록지 않았다. 아버지 사업이 어려워져 어머니도 일을 나가야 했다. 그녀는 어린 시절부터 하루 종일 어머니와 떨어져 주변 이웃들의 손에 자라면서 양육자와 안정 애착을 맺는 경험을 제대로 할 수 없었다. 남의 손에 보살핌을 받던 그녀는 자신도 모르게 남에게 순종하고 또 눈치를 보아야 생존할 수 있다는 생각을 자연스레 하게 됐다. 그녀가 어떤 상황에서도 남과 갈등하지 않고 관계를 잘 유지해야 한다는 사실에 집착하는 이유였다. 때론 권리를 정당하게 주장해야 하는 부분에서조차 갈등이 예상되면 자신의 권리를 포기하고 남들의 요구에 맞추어주곤 했다. 그런 성격이 결혼 후 시어머니와의 관계에서도 고스란히 반영되었다.

수현은 자신이 누군가에게 버림받을 거라 생각되면 아주 끔찍한 기분이 든다고 고백했다. 그래서 늘 시어머니, 남편, 아이들과도 관계 단절이 되지 않을까 하는 근원적 불안을 느끼곤 했다. 유년 시절 늘 이 집 저 집을 전전하며 낯선 사람들 손에 적응하며 자라야 했던 그녀는 중요한 사람과 영원히 분리될 것만 같은 불안이 항상 마음속에 존재한다는 것을 자각했다. 이미 남편과 심리적으로 단절되며 버림받음에 대한 두려움을 안고 있던 그녀에게 유일한 의존 대상이었던 아이들까지 떠나가자 자신이 진정 이 세상에서 버림받았다는 생각과 불안이 엄습했다. 그녀는 소중한 가족들이 자신을 버리지 못하도록 어떤 영향력도 행사할 수 없는 자신이 초라하고 한심스러웠다.

신실한 기독교인이었던 그녀는 한 번도 카르마 개념을 제대로 생각해본 적이 없었다. 그러나 기본적으로 타인의 견해에 수용적인 그녀는 상담을 통해 카르마라는 개념으로 자신의 삶을 바라볼 수 있다는 제안에 관심을 보였다. 고통스러운 자신의 현실을 이해시켜 줄 해석을 그녀는 반겼다. 그렇게 그녀의 삶을 카르마의 인과 관점에서 돌아보는 작업이 시작되었다.

카르마의 관점에서 보면 불안정 애착의 경험을 한 유년 시절은 과거 생으로부터 넘어온 자신의 카르마 과보의 일부로, 그녀 삶에 주어진 하나의 조건에 해당한다. 이는 그녀가 통제하거나 선택할 수 있는 부분이 아니다. 그녀는 이 타고난 조건 속에서 유년 시절을 보내며 버림받음에 대해 심히 불안을 느끼는 성격을 형성하게 된다. 그래서 종종 타인의 눈치를 보며 어떤 갈등의 소지도 없음을 느낄 때라야 비로소 안심할 수 있었다. 작은 갈등도 관계 단절로 이어질 것이라는 파국적 결말을 예상케 하며 불안하게 만들었기에 그녀는 타인이 보이는 작은 반응에도 매우 민감했다. 혹여 그들에게서 갈등의 조짐이 보이면 자신이 손해 보더라도 갈등을 피하는 것이 편했다. 이런 수현의 성격은 배우자를 선택할 때도 항상 자신을 이끌어주고 맹목적으로 의존할 수 있는 남성을 찾도록 만들었다. 유년 시절의 경험에서 시작된 인과의 연속적 흐름이 결국 자기주장과 책임감은 강하지만 공감 능력은 다소 부족한 지금의 남편을 만나게 한 것이다.

버림받음에 대한 두려움은 그녀 내면에 자리한 본질적 번뇌라 할 수 있었다. 이 심적 문제는 결혼 후에도 계속 그녀의 상황을 어렵게 만들었다. 그녀는 시어머니에게 버림받는다는 생각을 마주하기 두려웠기에, 솔직하게 자신의 의견을 이야기하며 상황을 개선하려는 노력조차 시도할 수 없었다. 마찬가지로 남편이 자신의 힘든 이야기를 들어주지 않을 때도 그저 미온적으로 소통을 단절하는 식으로만 대응했다. 그럴수록 그녀는 심리적으로 고립되며 아이들에게만 절대적으로 의존하게 되었다. 아이들만이 유일하게 자신을 버리지 않을 것이라 생각했기 때문이다.

상담을 통해 일련의 삶의 흐름을 카르마 관점에서 분석하면서 수현은 자신의 삶을 관통하는 중요한 심적 과제를 생각해볼 수 있었다.(**카르마 상담의 제6원리**) 지난 삶의 과정에서 그녀를 가장 불편하고 괴롭게 만드는 요인에 집중하면서(**카르마 상담의 제4원리**) 우리는 혼자 있는 시간에도 불안하지 않을 수 있는 자족적이고 성숙한 인품을 갖추는 것이야말로 그녀 삶의 진정한 과제임을 도출했다. 타인에게 버림받아 홀로 남게 된다는 사실은 그녀가 가장 불편해하면서 또 생애에 걸쳐 자신을 괴롭히는 문제였기 때문이다.

불교에서는 타인에게 의존하고 집착하게 만드는 근본 번뇌를 갈애渴愛라 한다. 붓다는 일찍이 갈애로 인해 대상에 집착하게 되며 사람들과 헤어지고 이별하는 것을 고통의 중요한 양상[愛別離苦]으로 파악한 바 있다. 타인과 함께하는 시간이 귀중하다 하지만 우리 인생에는 고독의 시간도 주어지기 마련이다. 이 상황을 겁내며 타인이 자신을 버리지 못하도록 통제하려 들수록 심적 곤경은 더 커진다. 붓다는 무소의 뿔처럼 혼자서 삶을 헤쳐나갈 수 있는 자세를 가져야만 진정 갈애를 극복할 수 있노라 가르쳤다. 수현은 붓다의 이러한 가르침이야말로 지금 자신에게 필요한 이야기라 여기며 적극 수용하려 노력했다.

카르마의 관점에서 삶을 돌아보던 그녀는 어느새 자신이 그렇게 욕하던 시어머니와 같은 실수를 반복하고 있다는 사실을 깨달았다. 시어머니도 자신처럼 아들, 즉 자식에게 많이 의존하는 삶을 살았다. 그러기에 아들의 여자를 며느리가 아닌 경쟁상대로 여겼다.

이런 자각은 수현으로 하여금 시어머니 역시 아들에게 버림받지 않을까 하는 불안함을 느꼈을 수 있다고 생각하게 했다. 실제 시어머니도 자신처럼 남편과의 관계가 매우 좋지 못했고 유일한 아들에게 의존할 수밖에 없었을 것이다.

이렇게 자신이 시어머니와 중요한 문제를 공유하고 있었다는 자각이 생기자 분노의 마음 대신 연민의 마음이 올라왔다. 그녀는 언젠가 아들이 결혼하여 며느리를 데리고 오는 상황을 떠올려 보았다. 그러자 마음속에서 묘한 불편함과 질투심이 떠오름을 느끼게 된다. 그녀는 결국 그렇게 비난하던 시어머니와 자신이 크게 다를 바 없다는 사실을 인정할 수 있었다. 그러면서 자신은 시어머니보다 더 성숙하고 독립적인 삶을 살아야만 한다는 각오를 다진다.

상담은 그녀의 삶을 인연의 측면에서 보는 작업으로 나아갔다. 옷깃만 스쳐도 인연이라는 불교 카르마 사상에서 보면 지금 이 생의 중요한 인연은 과거 혹은 미래 생에서도 마찬가지로 중요한 인연일 수 있다. 오늘 나를 힘들게 하거나 즐겁게 하는 대상이 다른 생에서는 내가 그들을 힘들게 하거나 즐겁게 하는 대상이 될 수 있다. 자신과 타인의 전생을 보는 능력을 가진 것으로 알려진 붓다는 제자들에게 종종 전생과 현생에서 인연이 뒤바뀐 사례들을 설하곤 했다.

행한 대로 돌려받는 것이 카르마의 인과이다. 따라서 기나긴 윤회 속에서는 늘 인과의 작용과 반작용, 즉 균형이 맞추어진다. 이러한 인연의 관점에서 자신의 가족들을 바라보자 수현은 아이들에 대한 죄책감을 덜고 희망을 품을 수 있었다. 그녀는 지금 이 생에서 아이들에게 많은 도움을 받았으나, 이는 역으로 과거 자신이 그들에게 도움을 준 중요한 인연이었다고 생각해 볼 수 있다. 또한 다음 생에서도 아이들과 좋은 인연을 이어가며 이번 생에서 자신이 잘못한 부분을 만회할 기회가 있겠다는 생각도 할 수 있었다. 이런 관점은 수현에게 많은 위안을 주었다.

수현은 자녀들과는 다음 생에서도 인연을 이어가고 싶어 했으나 남편과는 그러고 싶지 않다고 고백했다. 그러나 나는 윤회를 통해 인연을 배열하는 것은 어디까지나 카르마 법칙의 몫이기에 그녀의 희망은 통제 불가한 영역임을 알려주었다. 대신 카르마의 법칙에 따라 어떻게 하면 남편과 부정적인 인연을 이어가지 않을 수 있을지 살펴보길 권했다. 유일한 방법은 오직 그녀가 이번 삶에서 남편에게 안 좋은 마음을 품고 잘못 대하는 악한 카르마를 짓지 않는 것뿐이었다. 따라서 그동안 남편을 미워하고 잘못 대한 만큼 앞으로는 더 용서하고 잘해주려 노력함으로써 그와 엮인 부정적인 인연의 사슬을 풀어내는 작업을 하기로 한다. 그래야 다음 생에서 좋은 인연으로 만나거나 혹은 만나지 않을 일말의 가능성(?)이 생길 수 있기 때문이다.

물론 이런 대화가 해탈을 추구하는 불교의 궁극적 목적에 부합하는 것은 아닐 것이다. 하지만 지금 마음에 난 불을 당장 꺼야만 하는 이들에게 이런 대화는 적어도 고통을 덜고 카르마의 인과라는 진실을 수용하고 올바른 카르마를 행하도록 돕는 임시방편이 될 수는 있다. 실제로 수현은 그때부터 신에게 남편을 미워하는 마음을 없애주고 사랑하는 마음을 내게 해달라고 기도했다. 종종 머릿속에서 억울하게 대우받은 과거의 부정적 기억이 떠오르거나, 남편을 보며 시어머니의 모습을 떠올릴 때마다 그녀는 신에게 분노의 마음을 잠재워달라고 기도했다. 그렇게 자신의 마음속에 눌러놓은 남편에 대한 불만과 분노를 잠재우기 위해 그녀는 고군분투했다.

수현은 차츰 일상에서 자신의 행동에 따른 인과가 어떻게 주어지는지에 관심을 갖게 되었다. 덕분에 사람들과 더 나은 인연을 맺으려 노력하는 태도도 생겼다. 보다 많은 카르마의 인과 및 윤회 이야기를 듣고 싶어 했고, 그럴수록 많은 위안과 심적 안정을 얻었다. 인생을 카르마의 인과 관점으로 바라보면서 그녀는 자신에게 펼쳐지는 하나하나의 일들에 어떤 의미가 내재해 있음을 생각할 수 있었다.

덕분에 사건 사고를 상대나 외부 세상의 탓으로 돌리기 전에 먼저 자기 마음의 결핍, 특히 자신이 가진 고질적 문제인 버림받음의 두려움에 대해 한 번 더 생각하게 되었다. 수현은 그동안 버림받는다는 두려움을 피하고자 절실히 타인과 세상을 통제하려 했고 그럴수록 그들에게 더욱 의존하게 되었다는 사실을 인식했다. 그래서 이제는 외부 대상에 의존하며 그들을 자신 곁에 두어야만 한다는 통제 욕구를 내려놓고, 혼자 있는 상황에서 불안해지는 자신을 그저 인식하고 견디는 연습을 한다. 특히 자신이 누구의 엄마나 아내로서 의미를 갖기 전에 먼저 스스로가 소중하고 존중받을 가치가 있다는 생각을 하려 노력한다. 혼자 있어도 진정 흔들림이 없어야 타인과 함께할 때 그들과 조화롭게 공존할 수 있다는 사실을 깨달았기 때문이다.

긴 상담 동안 그녀의 남편도 점차 변해갔다. 남편은 상담만 다녀오면 아내가 예전만큼 자신을 구속하거나 불편하게 대하지 않고 조금은 편안히 대해주는 것을 느끼면서, 적극적으로 아내의 상담을 지원했고 상담 내용에도 관심을 가졌다. 부부가 대화하는 일이 잦아지면서 관계도 개선되기 시작했다. 수현은 조금씩 우울증 약의 복용 횟수를 줄여나갔다. 물론 그 과정에서 때때로 억울한 과거가 떠올라 화나고 괴로워지는 상황을 약 없이 버티며 버거워하기도 했다. 하지만 그때마다 그녀는 신에게 기도했고 동시에 자신이 짓는 선한 카르마의 인과로 새로운 미래, 더 나은 미래가 올 것임을 믿었다.

현재 그녀는 우울증 약 복용을 중단했다. 그리고 전보다 더 열심히 기도하고 교회 활동도 한다. 그런 한편으로는 윤회와 카르마에 대한 신념도 가지며 살아가고 있다. 나는 상담 마지막 회기에 그녀에게 "신실한 기독교인임에도 불구하고 카르마와 윤회를 믿고 살아가는 것이 어떠신가요?"라고 물었다. 이에 대한 그녀의 답변은 매우 인상적이었다.

"주변 사람들에게 말하지는 못하지요. 카르마나 윤회가 기독교적인 이야기는 아니니까요. 굳이 상황을 복잡하게 생각하지 않으려 해요. 그런데 카르마라는 것! 참 무서운 이야기예요. 때론 나를 정말 힘들게 하기도 했으니까요. 이 모든 고통스러운 상황이 다 나의 카르마 때문이라는 것, 잘한 것이든 못한 것이든 좋은 것이든 나쁜 것이든 이게 다 나 때문이라는 것 말이에요. 하지만 그런 사실들이 나를 돌아보게 했어요. 빠져나갈 곳은 없습니다. 정말 다행인 것은 만회할 기회가 존재한다는 사실이죠. 그게 어떻게든 잘 살아서 이 생을 마무리해야 한다고 마음먹게 만들어요. 언제고 내가 한 대로 다시 돌려받게 될 테니까요. 끔찍한 것이든 아니든 간에."

나는 그녀가 자신의 종교와 갈등을 일으키지 않고도 카르마 인과의 본질을 잘 떠올리며 실천할 방법으로 다음의 기도문을 추천해주었다. 이 기도문은 기독교의 것이지만 카르마 상담의 제1원리를 고스란히 반영하고 있다. 그녀는 이 기도를 무척 마음에 들어했고 자주 암송하겠노라 약속했다.

"주여, 우리에게 바꿀 수 없는 것을 평온하게 받아들이는 은혜와 바꿔야 할 것을 바꿀 수 있는 용기, 그리고 이 둘을 분별하는 지혜를 허락하소서." –라인홀트 니버의 '평온을 비는 기도Serenity Prayer'

## 통찰과 치유

　수현이 지적했듯 작금의 고통을 내 문제로 보게 만드는 카르마 개념은 매우 불편하고 부담스러운 개념일 수 있다. 일례로 나는 30대 후반의 또 다른 독실한 기독교 여성을 상담한 적이 있었는데 그녀는 내게 다음과 같이 말했다.

　"카르마라는 개념은 끔찍한 일을 겪은 이들에게 정말 잔인한 개념이에요. 갑자기 큰 사고를 당하거나 더 심각하게는 선천적으로 장애를 가지고 태어난 이들, 또 부모에게 학대를 당하며 자란 이들. 이런 사람들에게 '이게 너의 카르마 때문'이라고 말하니까요. 이 말은 정말로 잔인하고 심지어 위험하기까지 한 것 같아요."

　예상치 못했던 그녀의 발언이 나의 허를 찔렀고 뼈아프게 들렸다. 여기에는 적지 않은 진실이 있음이 분명하다. 단지 이번 생의 일밖에 기억하지 못하는 인간에게 자신의 카르마 인과로 지금 끔찍한 경험을 한다는 자업자득의 메시지는 분명 잔인하고 가혹할 수 있다. 특히 문제 있는 부모를 만나 험한 유년 시절을 보낸 이들, 어린 시절 심각한 왕따를 당한 이들, 큰 사고로 몸에 장애가 생긴 이들에게는 더욱 그러할 것이다.

　그녀가 무심코 던진 이 말은 나의 마음을 흔들었고 이후 카르마 상담을 더욱 조심하고 신중하게 진행하는 계기를 제공했다. 다만 이 문제에 대해 기독교도인 그녀와 대화하면서 도출한 두 가지 핵심 논지를 다음과 같이 간략히 소개한다.

첫째, 카르마의 인과가 잔인하게 들린다면, 아무런 인과도 없이 부조리한 상황이 우연히 내게 펼쳐진 것이라는 사실은 잔인하지 않을까? 오히려 그것이 더 잔인할 수 있다. 왜 그 수많은 사람 중 내가 하필 재수 없는 사람이 돼야 하는가? 내가 그런 가혹한 상황에 직면할 만한 합리적 이유가 없다면 삶은 더 괴로울 수 있다. 이성의 존재인 인간은 어찌 되었든 납득되고 설명되어야 하기 때문이다. 합당한 이유 없이 타인에게 해를 당하거나, 다른 이에 비해 부족한 조건을 타고났다면 삶은 더 억울하고 부조리하게 느껴진다.

둘째, 지금 이 생에서 내가 받아 든 좋은 조건 혹은 나쁜 조건 모두를 신의 뜻에 맡기는 것은 어떨까? 이는 잔인하지 않은가? 왜 하필 신은 나에게 이런 어려운 조건을 주었는가? 나를 더 사랑해서? 아니면 나를 더 싫어해서? 신은 자신의 아들딸 모두를 동등하고 공평하게 사랑하는 지고지순의 존재인데.

상담하다 보면 신을 원망하는 이들을 많이 만난다. 이유는 한결같다. 삶이 불공평해 보이기 때문이다. 왜 자신은 남들과 달리 그렇게 힘들어야 하고 고통스러워야 하는지, 그들은 묻는다. 끔찍한 사고를 당하고 나를 찾아온 한 대학생 내담자는 다음과 같이 내게 항의했다.

"저는 운명이 정해져 있다고 생각합니다. 신은 그냥 자기가 좋아하는 이들에게는 좋은 운명을 주었고 저처럼 싫어하는 이들에게는 험한 운명을 주었어요. 그거 말고 달리 이 끔찍한 상황을 설명할 길이 없어요. 저는 신에게 버림받았고 또 벌을 받고 있다고 생각합니다."

나는 이런 식의 신에 대한 원망과 자조 섞인 이야기를 여러 내담자들에게 들어왔다. 물론 신의 뜻은 무척 심오하기에 인간이 이를 헤아리는 것은 바람직하지 않다는 답변을 할 수 있다. 사실 이 답변은 내가 동네 성당 몇 군데를 찾아가 신부님을 붙잡고 물었을 때 들었던 이야기였다. 하지만 그런 답변을 내담자들에게 전해주어도 당장 죽을 것같이 힘든 이들에게 제대로 수용될 리 만무했다. 나 스스로도 삶의 모든 모순을 오직 신의 뜻에만 맡기며 거기에서 사유를 멈추는 것이 고통을 통해 더 나은 인격의 진보를 이루는 일에 얼만큼 도움이 될지 생각해 보게 된다.

더 심각하게는 인간으로서 단 한 번뿐인 삶이라 말하는 것이다. 한 번뿐인 생을 어떻게 살아냈는지에 따라 사후 영생의 기쁨과 슬픔 혹은 천국과 지옥이 영원히 나뉜다. 이 엄청난 결정, 즉 영원히 얻게 되는 고락의 문제에 핵심적 영향을 끼치는 삶의 조건들을 살펴보자. 왜 누구는 선한 행동을 하기 유리한 조건을 가지고 태어나고 누구는 불리한 조건을 가지고 태어날까? 다른 문제도 아니고 영생이 달린 문제인데 이렇게 불공평하게 신이 배열했다는 것을 어떻게 납득할 수 있을까?

분명 자업자득의 카르마 인과 법칙은 지금 엄청나게 힘든 이들에게는 잔인한 이야기일 수 있다. 하지만 여기서 자업자득은 신상필벌이 아니다. 나 이외에 그 누구도 자신을 괴롭게 할 수 없다. 지금 자신이 고통의 상황에 놓여 있음은 벌을 받는 것이 아닌, 인과에 대한 무지 때문이다. 자신의 마음과 행위가 어떻게 인과적으로 작용하는지에 대해 무지해서 벌인 나의 실수들이 다시 내게로 돌아와 문제를 만드는 것이기 때문이다. 그런 측면에서 고통은 인과를 제대로 이해하게 만드는 계기이지 결코 벌을 받는 것이 아니다. 카르마의 인과 법칙은 내가 겪는 문제의 본질을 외부가 아닌 자신의 마음 안에서 찾으라 말한다. 내 마음의 번뇌들을 제대로 이해하고 제거해야만 잘못된 카르마의 인과가 종식되면서 고통의 악순환이 끝나게 된다. 결국 고통은 마음의 문제인 것이다.

분노의 문제를 안고 나를 찾았던 한 남성 내담자는 자기 삶이 고된 이유가 주변의 몰상식한 사람들 때문이라며 한탄했다. 그들이 안하무인으로 행동하며 자신을 자극하기에 분노가 치밀고 자기도 모르게 실수한다는 것이다. 실제로 그는 살면서 끊임없이 크고 작은 사건 사고에 휘둘리곤 했고, 그 모든 고달픈 상황에서 타인 탓만 하고 있었다. 하지만 몰상식한 사람들이 왜 자신의 주변에만 그렇게 많은지, 왜 그들의 작은 행동에도 지나치게 흥분하고 자극받는지, 때론 자신이 그런 행동을 하게끔 유발하는 단초를 제공한 적은 없었는지 등등 스스로에게 먼저 던져야 할 많은 질문이 있었다. 그는 카르마의 인과를 통해 자기 삶과 마음을 들여다보기 시작하고 나서야 조금씩 객관적으로 상황을 인지하며 인격의 진보를 추구할 수 있게 되었다.

고통을 자기 성찰의 기회로 삼지 않고서는 앞으로 나아갈 수 없다. 이것은 모순되고 부조리한 현실을 맹목적으로 수용하라는 비굴한 주문이 결코 아니다. 카르마 인과의 법칙은 자신에게 벌어진 일에 있어 수용해야 하는 부분과 노력하여 고쳐나가야 할 부분, 이 둘 사이의 분명한 구별을 요구한다. 그리고 후자에 초점을 맞추어 좋은 카르마를 짓기 위해 최선을 다하라고 말한다. 그러면서 인생에서 단 한 번의 큰 성공이나 쾌락만을 좇지 말고 인격의 진보, 즉 마음을 이해하고 올바로 다룰 줄 아는 삶을 성취하도록 노력해야 함을 가르친다.

# 2

# 트라우마로 고생하는 20대 정화

✱──────── 이번 상담은 카르마의 인과를 따지는 일이 가혹한 일을 당한 이에게 어떻게 적용되는지를 보여주는 데 부족함이 없는 사례일 것이다. 20대 중반의 여성 정화가 나를 찾아왔을 때 그녀는 무기력, 불면증, 수시로 드는 자해와 자살 충동, 분노와 충동 조절의 어려움 등 여러 심리적 문제를 호소했다. 놀라운 사실은 이 모든 증상이 단 1년 안에 발생했다는 점이다. 또 그녀는 몇 달 전부터 생리 불순이라는 신체적 문제도 겪기 시작했고, 이로 인해 병원을 찾았을 때 '스트레스성 소화장애' 및 '과민성 대장 증후군' 등을 진단받았다.

정화가 종합병동처럼 여러 심신의 문제를 짊어지게 된 것은 1년 전 즈음에 벌어진 끔찍한 사건 때문이었다. 그녀는 네 살 터울의 오빠에게서 심각한 살해 협박을 받았다. 최근 1년 사이 그녀의 오빠는 밤늦게 술에 취한 채 귀가해 가족들에게 주사를 부리곤 했다. 그러던 어느 날 오빠는 술을 잔뜩 마시고 집에 와 신세 한탄을 하며 부모님을 힘들게 했다. 그런 오빠를 보며 정화는 한심하다는 듯 혀를 찼다. 여동생의 혀 차는 모습을 본 오빠는 격분하며 부엌에서 칼을 들고 와 그녀를 죽이겠노라 협박하기 시작했다. 부모님은 깜짝 놀라 말렸고 그녀는 살기 위해 방으로 도망가 방문을 잠갔다. 그러나 힘이 센 오빠는 분이 풀리지 않은 듯 부모님을 밀친 후 닫힌 그녀의 방문을 부술 듯 두들기기 시작했다. 방문 밖에서 갖은 욕을 퍼붓고 그녀를 죽여버리겠노라 협박했다. 정화는 난생처음 겪는 이 생존의 위협에 너무 당황스러웠고 이러다 정말 죽을 수도 있겠다는 생각에 엄청난 공포를 느꼈다. 한밤중의 활극은 1시간 넘게 지속되었다.

이 끔찍한 일이 벌어진 다음 날, 오빠는 아무런 일도 없었다는 듯 어떤 사과나 해명도 없이 평상시처럼 행동했다. 부모님도 마찬가지로 전날의 일에 대해 별다른 언급 없이 넘어갔다. 그렇게 정화를 제외한 다른 가족들은 전과 다름없는 일상으로 돌아간 듯 보였다. 마치 그 끔찍한 일을 회상하기 싫은 듯 쉬쉬하며 가족 누구도 그날의 일을 입에 담지 않았다. 하지만 정화는 그럴 수 없었다. 그녀는 전처럼 살아가는 것이 불가능해졌고 삶의 질이 갈수록 악화됐다.

일단 그 사건 이후로 잠을 제대로 잘 수 없었다. 침대에 6~7시간 누워 있더라도 마음이 불안하고 정신이 이완되지 않아 하루 2시간 이상 잠을 자기 어려워졌다. 혹여 잠들더라도 놀라서 깨는 일이 잦았고 그렇게 깨고 나면 다시 잠들기 힘들었다. 심각한 수면 부족에다 늘 불안한 의식으로 각성해 있다 보니 일상의 다른 영역에서도 부정적인 일들이 벌어졌다. 전과는 다르게 짜증이 많이 났고 충동 조절이 잘 되지 않았다. 예전 같으면 웃어넘길 일에도 순식간에 분노가 일고 극단적으로 행동하고 싶은 충동이 생기는 경우가 잦아졌다. 그냥 다 내려놓고 죽어버려야겠다는 생각이 머릿속에 수시로 맴돌았다. 몸도 서서히 고장을 일으켰다. 식욕이 줄고 먹어도 소화가 되지 않았으며 급기야 생리도 하지 않게 되었다. 조금만 스트레스를 받아도 구역질이 일었다.

가장 심각한 문제는 가족들이 그날의 사건을 쉬쉬하며 덮으려는 사이 그녀는 매일 죽음을 떠올리게 만드는 위협적인 오빠를 집에서 마주해야 한다는 사실이었다. 그녀는 부모님에게 자신을 죽일 수도 있는 오빠를 집에서 내보내야 하는 것 아니냐며 격하게 따졌다. 그때마다 부모님은 오빠에게 다시는 그러지 말라 타일렀고, 다시는 그런 실수를 하지 않겠다는 약속을 받아냈노라 말했다. 그러면서 "그래도 한 가족인데 네가 이해해 주어야 하지 않겠니?"라며 오히려 그녀를 설득하려 했다.

이후에도 오빠는 여전히 술을 마시고 밤늦게 집에 들어왔고, 예전만큼은 아니어도 가끔 불량한 태도를 보였다. 그녀는 오빠가 밤늦게 귀가할 때면 그때 일이 반복되지 않을까 하는 엄청난 두려움에 떨어야 했다. 더욱이 가끔 부모님이 집을 비울 때면 자신이 오빠에게 죽을 수 있다는 공포감을 심하게 느꼈다. 그래서 최대한 오빠와 마주치지 않으려 노력했고 집에 있을 때면 항상 방문을 걸어 잠그고 쥐죽은 듯 지냈다. 하지만 방이라고 해서 편안하지는 않았다. 방문을 볼 때면 방문을 부실 듯 두들기며 살해 협박을 하던 그날의 기억이 스멀스멀 떠올라 불안했다.

집안 아니 세상 그 어디에도 정화가 안전하고 편하게 쉴 곳은 없어 보였다. 그녀는 아르바이트를 마치고 집에 들어갈 때면 마치 도살장에 끌려 들어가는 느낌이 들었다. 집에 들어가기 싫어 한참을 망설이다가 발걸음을 옮기곤 했다. 그녀는 이 세상에 오직 나 혼자뿐이며 누구에게도 의지할 수 없다는 생각이 들었다. 부모님은 자신의 편이 아니었고 딸을 보호하고 보살필 생각도 없어 보였다. 그렇게 그녀는 일 년이란 시간을 정서적으로 방치된 채 보내야 했다.

상담은 과각성 상태인 그녀의 신체를 이완하는 작업과 함께 진행되었다. 나는 상담 시간을 할애하여 몸을 이완시키는 방법과 안정적으로 호흡하는 방법을 가르쳤다. 효과는 놀라울 정도로 금방 나타났다. 처음 호흡과 이완을 시도한 지 불과 3분도 안 되어 정화는 상담실에서 스르르 잠이 들어버렸다. 그동안 얼마나 신경이 과각성 되어 피로했는지를 여실히 확인할 수 있는 부분이었다. 그녀 자신도 이 경험에 놀랐고 자신이 매우 불안정한 상태에 있다는 것을 명확히 인식하게 되었다. 덕분에 그녀는 열심히 이완과 호흡의 과제를 수행했다.

그녀가 이런 심적 어려움을 겪고 있다는 것을 정확히 알지 못하는 부모님은 종종 대학을 졸업한 지 일 년도 넘었으니 아르바이트

생활을 청산하고 취업해야 하지 않겠냐며 은근히 압박을 하곤 했다. 그럴 때마다 그녀는 억장이 무너지는 심정이었다. 그리고 부모님에게 강한 분노와 반발심이 일었다. 그녀는 "내가 만족하는 일을 한다면 하루에 삼각김밥 하나만 먹고 살더라도 행복할 것."이라며 불같이 화를 내었다. 또 자신은 50살이 되어서도 이렇게 살 것이라고 반박했다. 어쩌다 자신이 이 지경이 되었는지를 생각하면 우울해지고 눈물이 흘렀다.

정화는 갈수록 모든 것이 부담스러워졌고 마냥 쉬고 싶다는 생각만 들었다. 본래 자신은 낙천적이고 사교적이라고 소개한 그녀지만 이제는 다른 사람과의 약속마저 귀찮아졌다. 자신의 내면은 이렇게 죽어가고 있는데 억지로 친구들을 만나 예전처럼 밝은 모습을 연출하려 연기하기 싫었다. 그렇다고 자신의 엉망인 마음을 남들에게 공유하는 것도 내키지 않았다. 그렇게 끔찍하고 우울한 이야기를 쏟아내면 친구들이 자신을 싫어할 것 같았다. 그렇게 자신의 마음을 철저히 타인에게 감추는 것에 익숙해지기 시작했다.

많은 자해와 자살 충동을 느꼈지만 자신이 무너지면 오빠가 승리하는 꼴이 된다는 생각이 들어 오기가 생겼다. 그녀는 결코 오빠를 승리자로 만들기 싫었다. 덕분에 다시 마음을 다잡고 사람들에게 겉으로나마 아무 일 없다는 듯 꿋꿋이 잘살고 있는 모습을 보여주려 노력했다.

어린 시절부터 정화와 오빠는 앙숙이었다. 오빠가 자신보다 공부를 훨씬 잘했음에도 부모님은 장남인 오빠의 성적을 늘 미덥지 않게 여겼고, 더 좋은 성적을 요구하며 엄하게 대했다. 반면 딸인 그녀에게는 그렇지 않았다. 성적이 좋지 못해도 이해했고 여자이므로 부드럽게 키우려 노력했다. 덕분에 그녀는 무뚝뚝하고 소심한 오빠와 달리 자유분방하고 사교적인 성격을 가질 수 있었다.

이 같은 부모님의 차별에 오빠는 불만이 컸고 그 불만은 동생에 대한 미움으로 나타났다. 그래서 부모님이 안 계실 때면 종종 그녀에게 '공부 못하는 머저리'라는 식의 모욕을 주곤 했다. 반면 그녀는 부모님이 자신에게 특별히 잘해준다는 생각을 전혀 하지 않았다. 오히려 부모님은 공부 잘하는 오빠에게 올인하는 듯 보였다. 늘 오빠가 먼저였고 오빠만 지원해준다고 느꼈다. 자신이 장녀였거나 혹은 아들이었어도 과연 부모님이 그리 대했을지 의문이 들곤 했다. 이런 반발심에 그녀는 한때 보란 듯 좋은 대학을 가고자 열심히 공부했지만 안타깝게도 생각만큼 성적이 잘 나오지 않았고 결국 재수를 택했다. 재수를 했음에도 정화는 결국 오빠보다 훨씬 낮은 성적의 대학에 가게 되었다. 그런 동생에게 오빠는 '머리에 구멍이 났다.'는 등 인격 모독성 발언을 하곤 했다. 정화는 대학에 가서까지 오빠에게 무시와 비웃음을 당했다.

그래서인지 그녀는 상담에서 몇 번이고 힘주어 '공부 따위는 행복의 문제와 별개'임을 강조했다. 행복이란 스스로 하고 싶은 것을 하고 사는 것이며, 오빠보다 낮은 성적의 대학을 간 것이 결코 열등의식으로 다가오지 않는다고 말했다. 오히려 자신이 오빠처럼 부모님의 전폭적인 지원을 받았다면 오빠보다 더 좋은 대학에 갔을 것이라 장담했다. 또 좋은 대학을 가도 삶에 만족하지 못하고 술로 스트레스를 푸는 오빠보다, 비록 졸업 후 아르바이트를 하더라도 행복하게 사는 자신이 더 나은 것이라 비교하기도 했다. 그녀는 앞으로 취업하지 않고 아르바이트나 하면서 마음 편히 살아도 아무 불만이 없을 것이라 강조했다.

나는 현재 상황에 깊이 매몰된 그녀가 삶을 카르마 인과로 바라볼 수 있도록 유도했다. 잠시 현재 상황에서 한발 떨어져, 그녀의 인생에 어떤 중요한 삶의 과제가 있다고 생각해보길 권했다. 그녀는 무종교인임에도 카르마란 주제에 호기심을 보였고 자신만의 삶의 과제를 찾아보는 데 동의했다.(카르마 상담의 제6원리)

먼저 우리는 그녀의 유년 시절이 어떤 조건으로 구성되어 있는지를 살펴 인과 연을 분석해내기 시작했다.(카르마 상담의 제5원리) 일단 정화는 아들과 딸 혹은 장남과 차녀를 차별적으로 대하는 부모를 연으로 했다. 이 조건으로 그녀는 그녀대로, 오빠는 오빠대로 특정한 심적 문제와 상대를 향한 불만을 가진 채 성장했다. 더욱 중요한 것은 오빠라는 삶의 조건이었다. 그녀는 어린 시절부터 오빠에게 종종 '머리가 나쁘다'는 등의 열등감을 유발하는 놀림과 비아냥을 들어야 했다. 더욱이 자신이 노력해도 충분한 결과를 내지 못했을 때 오빠는 통쾌해하며 자신을 심히 깎아내렸다. 오빠라는 조건이 끼친 영향으로 그녀는 자신이 노력해서 무엇인가를 해내는 것에 큰 부담을 느끼고 있다는 사실을 깨달았다.

나는 정화에게 가장 만족감을 느낄 때가 언제냐고 물었고 그녀는 주저 없이 '별다른 노력을 하지 않고도 성과가 좋을 때가 가장 신난다.'는 답변을 했다. 목표를 잡으면 스트레스가 쌓이고 부담이 생기므로, 최선을 다하지 않아도 어느 정도 결과물이 나올 때가 가장 좋고 또 자신은 살면서 그런 경험을 많이 해보았다며 자랑스럽게 말하곤 했다. 하지만 상담을 거듭할수록 그녀의 이야기에는 모순이 있음을 확인하게 된다. 그녀는 자신의 삶을 어떻게 평가하느냐는 질문에 '실패투성이', '겁쟁이', '용이 되지 못한 이무기' 등으로 답했다. 아르바이트만 해도 행복하고 자기 삶에 만족한다는 발언과는 정면으로 배치되는 표현들이었다. 또 그녀는 어린 시절부터 공부가 싫었고 고등학교 때는 자퇴를 생각할 정도로 공부에 의미를 두지 않았다고 말했지만, 사실 대학 입시를 준비할 때 누구보다 열심히 공부했다. 다만 그 노력이 제대로 성과를 보지 못했고 그 결과가 오빠의 놀림감이 되었을 따름이다.

나는 그녀에게 이 모순을 지적했다. 하지만 정화는 동의하지 않았다. 자신이 오빠 같은 존재에게 영향을 받아 나약해질 리 없다고 부인했다. 그녀는 오빠가 자신과의 관계에서 승리자라는 느낌을 주는 어떤 이야기도 허락하지 않았고, 자신은 원래 열심히 노력하는 것을 싫어하는 것일 뿐이라 강조했다.

이 대화를 계기로 정화는 한동안 상담에 배타적이었다. 그렇게 상담이 정체되고 있을 때 예상치 못한 그녀의 꿈이 출구를 열어주었다. 하루는 그녀가 매우 이상한 꿈을 꾸었다며 이를 상담시간에 다루길 원했다. 꿈에서 그녀는 거짓말을 많이 하는 대학 친구 한

명과 대화를 나누고 있었다. 실제로 그 친구는 너무 거짓말을 많이 해서 1년 전 자신이 절교를 선언한 친구이다. 이상하게 꿈에서 자신이 바로 그 친구와 대화하고 있었다. 친구는 역시나 뻔히 드러나는 거짓말을 했고 정화는 "또 거짓말을 하네. 이제 그러지 좀 마라. 누가 그걸 믿냐."라고 계속 주의를 주었다. 그러다 잠에서 깨었다.

정화는 1년 전 절교한 후 다시 만난 적 없는, 그리고 앞으로도 절대 만날 일 없는 거짓말쟁이 친구가 왜 꿈에 나왔는지 모르겠다며 매우 불쾌하다고 말했다. 꿈에 등장하는 타인은 종종 나 자신의 모습을 반영한다. 나는 그녀에게 꿈속의 친구가 절교한 실제 친구가 아닌, 스스로에게 거짓말하는 자신으로 볼 것을 주문했다. 꿈은 거짓말하는 친구의 모습을 통해 거짓말을 하는 이는 바로 정화 자신임을 보여주는 것이다. 정화는 강력한 정감이 일며 생생했던 이 꿈이 자신의 마음과 현 상황을 반영하는 것임을 통찰했다.(카르마 상담의 제7원리)

이러한 꿈의 해석을 계기로 그녀는 솔직하게 자신의 마음을 들여다보게 된다. 그동안 거부하던 오빠라는 삶의 조건이 자신에게 미친 영향을 재인식하고 겸허히 인정하게 된다. 자신에게 무엇을 하더라도 제대로 해내지 못할 것이라는 열등의식이 어느새 새겨져 있었고, 이로 인해 명확한 목표를 정하고 성취하려는 도전에 큰 심적 부담을 느끼며 흐지부지한다는 사실을 인정하게 된 것이다.

유년 시절의 경험에 따라 형성된 자신의 심적 문제가 성인이 되어서도 크게 영향을 미치고 있음을 자각한 그녀는 자신이 극복해야 할 삶의 과제를 명확히 설정할 수 있었다. 바로 열등의식을 극복하고 계획적이고 노력하는 삶을 통해 성취감을 맛보는 카르마를 짓는 것이다. 그녀는 노력하지 않아도 행복한 삶이 존재한다고, 또 공부도 일도 모두 자신의 행복에서 결코 중요한 요소가 아니라고 거듭 말해왔지만 사실 이는 자신에게 하는 거짓말이었다. 이제 그녀는 노력하고 성취하는 삶을 살아보는 경험이 자신의 행복에 매우 중요한 부분임을 인식하게 되었다.

정화는 지금부터라도 진정 변하고 싶다고 거듭 강조했다. 그러면서 무엇 하나라도 제대로 선택하고 결정해서 확실히 밀고 나가는 법을 배우길 원했다. 하지만 이러한 그녀의 변화와 삶의 과제 수행 과정에서 그동안 겪은 트라우마의 흔적은 큰 장애가 되었다. 정화는 자신이 새롭게 무엇을 시도하려 마음먹을 때면 종종 머릿속에 그날의 기억 즉 오빠의 위협적인 모습이 떠올라 자신의 열정과 의지를 절반 이상 잡아먹는다며 좌절했다.

그동안 둘은 부정적인 인연으로 얽혀 서로에게 해가 되는 방식으로 카르마를 지어왔다. 그러기에 이 관계의 악순환에서 벗어나는 근원적인 길 역시 서로에 대한 부정적인 카르마를 더 이상 짓지 않는 것이다. 카르마 인과 법칙에서 보자면 그녀가 겪는 이 문제의 가장 근본적인 해결책은 오빠를 마음에서 놓아주는 것이다. 오빠에 대한 분노의 번뇌를 거두어야 한다. 나는 정화에게 현실의 오빠와는 어렵더라도 본인 마음속에 존재하는 그 나쁜 오빠와는 화해할 수 있는지 물었다. 그러자 그녀는 완강히 반대했다. 도저히 오빠를 용서할 수 없다며 왜 피해자인 자신이 오빠를 먼저 용서해야 하느냐며 격하게 반발했다.

하지만 오빠를 마음속에 계속 살인자처럼 살아 움직이게 놔둔다면 계속해서 고통받는 사람은 결국 정화 자신이 될 것이 분명했다. 따라서 나는 그런 행위를 한 오빠는 알게 모르게 죄책감으로 고통받고 있을 것이고, 그 카르마에 대한 인과를 필연적으로 겪게 될 것이라 설명했다. 그렇게 오빠는 자신의 카르마에 따라 결과를 얻게 될 것이므로 오빠에 대한 복수심과 분노를 거두고 그녀 자신이 할 일에 집중해야 한다. 나는 그 일을 제대로 하지 못하는 한 결국 본인은 지옥 속에 사는 것과 다름없음을 이야기했다. 그러나 그녀에게 통할 리 만무했다. 그녀의 다음과 같이 답했다. "제가 지옥 속에 존재하더라도 오빠 역시 지옥 속에 존재할 수 있다면 그걸로 만족해요. 어쩔 수 없어요. 도저히 용서가 되질 않아요, 아니 용서할 수 없어요."

정화의 이런 마음은 쉽사리 바뀌지 않았다. 그녀는 카르마의 인과 측면에서 오빠를 하나의 조건이자 중요한 연으로 바라보는 데 어려움을 겪고 있다. 따라서 나는 그녀가 오빠의 입장이 되어보기를 주문했다. 오빠는 고정된 틀에 매이지 않고 자유롭게 사는 정화의 삶을 무척 부러워했다고 볼 만한 근거가 충분하다. 자신이 누리지 못하는 그 자유분방함이 부럽고 그렇지 못한 자신에게 열등감을 느끼고 있었을 수 있다. 또 오빠는 그녀를 볼 때마다 부모의 높은 기대를 충족해야 한다는 강한 책임감에 압도되어 답답한 삶을 사는 자신에게 화가 났고, 그 분노를 그녀에게 투사했다. 실제로 오빠는 항상 성공하거나 좋은 결과를 내야만 좋은 삶이라는 강박이 있었다. 이런 조건들이 오빠를 매사에 완벽주의적 태도로 임하게 만들고 또 항상 자기 삶에 무엇인가가 부족하고 잘못되어 가고 있다고 생각하게 만드는 것이다. 이런 심적 결핍과 열등감이 혼합되어 술을 마시고 급기야 실수하는 등 오빠를 망치는 주요한 조건으로 작용했다고 해석할 수 있다.

정화는 이러한 분석을 통해 오빠 역시 자신처럼 열등감이 크고 또 자기 카르마 인과에 따라 문제를 경험하는 불쌍한 존재라는 생각을 조금씩 하게 됐다. 물론 그녀는 실제로 오빠에게 먼저 화해를 청할 생각은 추호도 없었지만, 많은 눈물을 흘렸고 마음속에서나마 오빠를 놓아버리기 시작한다. 그럴수록 정화는 예전만큼 마음에서 분노가 올라오거나 심각한 위협을 느끼면서 각성 상태에 빠지지는 않게 되었다. 수면 시간을 하루 평균 4시간 이상으로 늘리게 되었고 생리를 다시 하게 될 정도로 컨디션을 회복한다.

오빠에 대한 분노를 덜어내면서 마음이 안정되고 편안해진 정화는 이제 삶을 새롭게 시작할 용기와 에너지를 얻는다. 그녀는 아르바이트를 그만두고 제대로 된 직장에 취직하기로 한다. 한 번도 진심으로 노력해본 적 없는 그녀에게 이는 결코 쉬운 일이 아니었다. 정화는 예전 재수할 때의 실패가 생각나 이번에도 제대로 직장을 구하지 못하면 얼마나 비참할지를 예상하며 불안해했다. 그런 불안과 함께 다시 열등감과 두려움이 올라왔다. 그러기에 적극적으로 구직활동을 추진하지 못한 채, 행복하게 일할만한 직장을 찾는다는 명분으로 과도하게 까다롭고 조심스럽게 접근했다.

그런 와중에 그녀는 다음과 같은 생생한 두 가지 꿈을 상담시간에 가져왔다. 첫 번째 꿈은 동네 친구들과 아침 일찍 어떤 장소에 가고 있는 꿈이었다. 길을 가던 그녀는 갑자기 시원한 것이 마시고 싶어 카페에 들른다. 그런데 이른 아침임에도 불구하고 카페 주인은 오늘 영업이 끝났다고 말한다. 하지만 가게 안은 사람들로 북적였고 정화는 주인이 자신에게 거짓말하고 있는 것처럼 느껴졌다. 두 번째 꿈은 시장에 간 꿈이었다. 물건을 사려고 상점에 들렀는데 자신이 원하는 물건이 낱개로 있지 않고 이런저런 물건들과 함께 묶여 있었다. 그녀는 자신이 원하는 물건만 사고 싶었으나 상점 주인은 함께 묶인 다른 물건도 사야 한다고 주장한다. 그녀는 망설이다가 그냥 그 물건을 함께 샀다.

상담에서 우리는 다음과 같이 꿈을 해석했다. 이른 아침임에도 불구하고 카페 영업이 끝났다는 말을 듣는 첫 번째 꿈은 정화 자신이 어떤 도전을 하기도 전에 미리 포기하는 심적 문제를 보여주고 있다. 정화는 아침부터 영업이 끝났다는 카페 사장의 말이 거짓말처럼 느껴졌다. 마찬가지로 현재 상황에서 도전을 회피하는 어떤 변명들도 그녀 자신에 대한 거짓말일 수 있었다. 두 번째 꿈 역시 새로운 도전을 부담스러워하며 지나치게 조심스럽고 까다롭게 접근함을 꼬집고 있다. 시장은 여러 사람이 부대끼는 분주한 장소로 우리 사회의 축소판이다. 그녀는 시장판과도 같은 사회에 나가 사람들과 섞여 일해볼 필요가 있고 그런 목표를 잡았다. 그러나 이제 막 사회에 첫걸음을 내딛는 초년생임에도 너무 완벽하게 자신에게 맞는 일만 구하려 하면서 일을 어렵게 만드는 점이 문제다. 꿈은 자신이 원하는 완벽한 요건을 갖춘 직장을 찾느라 지나치게 까다롭게 구는 그녀의 모습을 시장에서 물건을 사는 자신의 모습을 통해 보여주면서, 다소 나와 맞지 않는 부분이 있더라도 과감하게 수용하고 실행력을 발휘할 필요가 있음을 암시한다. 실제로 꿈에서 그녀는 결국 이런저런 물건들이 함께 묶여 있는 것을 구매했다.

정화는 이 두 가지 꿈의 해석을 통해 자신의 심리 상태와 카르마의 인과 방향을 더욱 명확히 이해할 수 있었고 덕분에 훨씬 더 적극적으로 노력하게 된다. 며칠 뒤 그녀는 학과 교수님으로부터 한 통의 연락을 받게 된다. 전공과 관련된 어떤 회사의 일자리 추천이 들어왔는데 한번 지원해볼 생각이 있느냐는 것이었다. 재학시절 정화에게 좋은 인상을 받았던 교수님이 일자리 추천을 받고 졸업한 지 1년 6개월도 넘은 제자인 정화를 떠올린 것이다. 이 일자리는 분명 그녀가 바라는 완벽한 조건을 다 갖춘 자리는 아니었다. 하지만 자신의 전공을 살려 일을 배우기 나쁘지는 않았다. 꿈의 해석을 통해 마음에 완벽히 들지 않더라도 일단 시작해보는 것이 중요함을 깨달은 그녀는 면접을 보았고 합격했다. 그렇게 기나긴 상담 여정은 그녀의 취업과 함께 마치게 된다.

## 통찰과 치유

　우리 사회에는 불가피하게 끔찍한 사건 사고를 경험하는 이들이 있다. 그들 대부분은 그로 인해 극심한 고통을 받는다. 그들에게 '바로 그것이 너 자신의 카르마'라고 말하는 것은 적절치 않다. 이 사태에서 그들은 분명 피해자이고 희생자이다. 그들은 보호받고 보상받아야 한다. 이는 재론의 여지가 없는 사실이며 또한 이 생을 제대로 살아내는 것이 가장 중요하다는 삼세양중인과의 카르마 사상이 전하는 메시지이기도 하다.

　다만 그들이 역경을 딛고 다시 예전처럼 일상으로 돌아가기 위해서는 그들의 마음에 특별한 작업이 필요한 것도 사실이다. 자신이 끔찍한 경험의 피해자이기에 평생 보호받아야 한다는 생각, 그리고 상처를 준 이를 평생 저주하며 살겠다는 생각이 마음에 자리하는 한 그들의 심적 독립은 결코 온전히 이루어질 수 없다. 언젠가 그들은 그 끔찍한 경험과 가해자 모두를 자신의 마음에서 놓아주어야만 한다.

　그러기 위해서는 자신의 내면에서 어떤 일들이 벌어지고 또 그 일들이 나의 일상과 심신을 어떻게 망치고 있는지를 객관적으로 볼 수 있어야 한다. 그 작업은 단순한 건강 회복이 아닌 인격 진보에 관한 문제이기도 하다. 카르마의 인과는 고통의 경험을 하게 만들면서 마음속 깊이 자리한 번뇌를 날려버리고 내면을 성숙하게 돌보는 역량을 갖추라 주문한다. 어떤 경험을 하든지 결국 행복의 열쇠는 자신이 쥐고 있음을 확인하라는 것이다. 행복의 열쇠를 얻기 위해, 즉 역경 속에서도 자기 마음을 돌보기 위해서는 카르마의 인과를 잘 알아야 한다. 이 어려운 삶의 과제를 올바로 해낸다면 우리는 귀중한 교훈을 얻는 훌륭한 삶을 산 것이 되고 고통은 그만큼 가치 있어진다.

우리는 트라우마를 겪는 이들의 고통에 진심으로 공감하고 지지하며, 피해자로서의 그들에게 도움을 제공하는 일을 소홀히 하지 말아야 한다. 그러면서 또 다른 한편으로는 그가 고통의 경험을 통해 더 성숙하고 지혜로운 모습으로 일상에 복귀하도록 도울 필요가 있다. 이 두 가지 일은 명확히 구분되는 작업이면서 또한 함께 진행되는 작업이다. 평생 피해자이고 억울하다는 생각에 몰두하게 되면 진정 독립적이고 성숙한 인격을 갖춘 삶을 얻기는 불가능해진다.

자신의 생존이 위협받는 끔찍한 경험, 그것도 경험의 제공자가 친오빠라는 점에서 이번 사례자인 정화에게 나는 선뜻 카르마의 이야기를 꺼낼 수 없었다. 진실로 자업자득의 카르마 개념은 그녀에게 잔인한 이야기가 될 수 있기 때문이다. 그래서 카르마 상담은 이번 상담에 첫 번째 고려사항은 아니었다. 그저 우선 급한 불부터 꺼야겠다는 것 외에 다른 생각을 할 수 없었다.

그녀와의 상담은 매우 장기적으로 이루어졌고 카르마의 이야기를 해볼 여지가 있다고 판단한 것은 상담 중반을 넘어서부터였다. 조금씩 개선되어 간다는 느낌을 받으면서 나는 카르마 상담을 시도해도 되겠다는 감을 잡을 수 있었다. 무종교인으로 살아온 그녀는 카르마란 단어는 들어보았지만 무엇을 의미하는 개념인지 전혀 몰랐다. 그러나 결과적으로 카르마 상담의 전략을 택한 것은 무척 잘한 선택이었다. 카르마의 개념이 주는 치유 효과는 시간이 갈수록 분명히 확인할 수 있었다.

그녀의 심신에 남겨진 트라우마의 흔적은 강렬했고 상담을 매우 어렵게 했다. 때로는 상담사로서 상담이 제대로 진전되지 않는다는 느낌을 받으며 좌절하기도 했다. 그럴 때마다 정화는 정체된 구간을 뚫어줄 만한 의미심장한 꿈을 꾸고는 이를 상담하고자 했다. 꿈은 지금 그녀가 처한 마음 상태는 물론 우리의 정체된 상담 상황도 보여주었다. 덕분에 우리는 꿈을 길잡이 삼아 앞으로 나아갈 수 있었다. 나는 상담에서 내담자의 꿈이 도움이 된다는 사실을 종종 확인한다. 그러나 그녀의 사례만큼 많은 도움을 얻은 상담은 손에 꼽을 정도다. 그녀는 생생한 자신의 꿈을 살펴보며 카르마 인과를 잘 이해하고 진정으로 수용할 수 있었다. 그런 점에서 **카르마 상담의** 제7원리, 즉 꿈을 카르마의 인과의 연장선으로 이해하고 다루어야 함을 다시 한번 절감하게 되었다.

그녀의 꿈은 자신만의 카르마 인과가 아닌 상담사인 나의 카르마 인과의 일부로 다가오기도 했다. 나 역시 상담에서 그녀와 함께 특정한 의도를 가진 행위, 즉 말과 행동을 했으니 우리는 상담을 통해 서로의 카르마를 공유한 것이기도 하다. 즉 상담사로서의 내 카르마 인과 일부가 하나의 조건이자 연으로서 그녀에게 개입되고, 이것이 그녀의 꿈을 통해 상담에 도움을 주었다는 해석이 그리 잘못된 것은 아닐 것이다.

그녀가 카르마 개념을 받아들이는 데 주요했던 점은 상담사인 나의 이야기를 들려주는 것이었다. 나 역시 불면증이 심했고 소화가 되지 않는 문제를 평생 달고 살았다. 또 인생 중반에 새로운 도전을 택했을 때 나는 상당한 두려움을 경험했다. 덕분에 그녀가 겪고 있는 문제들이 남 일 같지 않았다. 나는 정화에게 자신과 비슷한 문제를 겪어본 상담사를 찾아온 것 역시 카르마 인과의 일부로 이해할 수 있음을 고백했다. 이 고백은 그녀가 상담을 신뢰하며 상담사와의 심적 동맹을 강화하고 함께 문제를 풀어가도록 돕는 중요한 요인이었고 또 카르마에 대한 이야기를 더 깊이 하도록 돕는 계기가 되어주었다.

# 3

# 대인기피를 겪는 30대 주은

＊──────── 30대 중후반의 여성 주은과의 상담은 첫 만남부터 쉽지 않았다. 대인기피가 심하다고 밝힌 그녀의 상담 문의가 실제 상담으로 이어지기까지 적지 않은 시간이 필요했다. 지방에 사는 그녀는 될 수 있으면 기차, 버스 등의 교통수단에서 사람을 가장 적게 마주칠 만한 시간대에 방문을 원했기 때문이다. 그녀가 요구하는 시간대에 맞추어 일정을 조정하고, 또 그녀에게 자신감을 수차례 불어넣은 후에야 상담은 성사될 수 있었다.

첫 만남에서의 그녀 모습은 예상했던 것과 180도 달리 매우 화사한 외모와 세련된 옷차림이었다. 마치 예술인처럼 화려해 보이는 그녀가 정말로 대인기피의 증세가 있는 것인지 의심이 들 정도였다. 하지만 대화가 시작되고 얼마 지나지 않아 그 의심은 기우였음을 알게 되었다. 그녀는 매우 조심스럽고 신중하게, 마치 누군가에게

검열을 받는 듯, 한마디 한마디를 어렵게 꺼내놓았다. 목소리는 불안정하고 들떠 있었다.

주은은 그동안 정신분석, 역동심리상담, 미술치료 등 여러 치료를 받아보았으나 상태가 크게 나아지지 않아 좌절을 느꼈다. 그녀는 자신이 암울한 운명을 타고난 구제 불능이라 자책하며 앞으로도 나아질 일이 없을 것이라 예단하고 있었다. 그녀는 종교를 가지고 있지는 않지만 오컬트 문화에 많은 관심이 있었고 또 전생 이야기를 무척 좋아했다. 실제로 고통스러운 삶을 이해해보고자 유명 전생 상담가를 찾아가 자신의 여러 전생에 관한 이야기를 들었다. 그녀는 여기서 이번 생에 큰 영향을 미치고 있는 전생 이야기에 깊은 인상을 받는다. 그 생에서 주은은 고대 중국의 궁궐에서 의복을 디자인하는 여성 재단사였다고 한다. 고급스럽고 화려한 옷을 만드는 일을 했는데, 다른 한편으로 그녀 자신도 그런 옷들을 입고 멋지고 예쁘게 사는 주인공이 되고 싶다는 소망을 품었다고 한다. 하지만 자신의 신분으로 인해 소망을 이루지 못하고 평생 답답한 궁궐에 갇혀 옷만 만들다 생을 마감했다는 이야기였다.

이 전생 이야기의 진위를 확인할 길은 없으나 한 가지 의미 있는 사실은 이것이 그녀의 현재 삶을 잘 설명해주는 부분이 있다는 점이다. 실제로 주은은 어린 시절부터 예술 감각이 탁월했고 특히 그림을 잘 그렸다. 그림 그리는 것을 좋아한 그녀는 학교 취미반으로 일러스트부를 택해 활동했고 대학도 미대를 가고 싶어 했다. 하지만 부모님은 그녀의 선택에 반대했고 열심히 공부해 일반 전공으로 대학에 진학하길 강요했다. 부모님의 뜻을 거스를 수 없던 그녀는 결국 좋은 대학의 어문학과에 진학했다. 하지만 전공에 전혀 관심이 가지 않았다. 오히려 대학 그림 동아리에서 열심히 활동하며 작품활동을 하기도 했다.

그렇게 마음을 전공에 두지 못한 채 대학을 졸업한 후 첫 직장으로 의류 쇼핑몰 회사에 입사했다. 거기서 그녀는 탁월한 감각을 인정받으며 좋은 성과를 냈다. 그녀가 손을 대는 옷들이 히트 상품이 되었고 일도 어렵지 않게 느껴졌다. 그런데 몇 년 뒤 안타깝게도 회사 직원과 불화가 생기며 직장을 그만두게 된다. 바로 다른 직장을 구했으나 거기서도 상사와 불미스러운 경험을 하며 퇴사한다. 그렇게 대인관계의 어려움으로 직장을 그만두는 일이 반복되자 그녀는 취업을 포기하고 아예 자신이 디자인 관련 회사를 만들어 보겠노라 마음을 먹는다. 그길로 서울로 올라와 본격적으로 디자인 공부를 하며 창업을 준비했다. 다소 어린 나이에 패션 사업에 도전하는 그녀를 부모님은 만류했으나, 더는 부모님 때문에 자기 뜻을 꺾고 싶지는 않았다. 주은은 난생처음 진심으로 자신이 원하는 일을 제대로 해보겠다는 굳은 마음으로 뜻을 고수했다. 그렇게 열심히 노력했지만 안타깝게도 일이 제대로 되지 않아 결국 뜻을 접는다. 이 실패는 그녀에게 엄청난 충격을 주었다. 주은은 결국 부모의 틀에서 벗어나는 데 실패했다는 생각에 초라해졌고 또 실패한 인생이 되었다고 생각했다.

서울에 혼자 살던 그녀는 한없이 무너져 한동안 집 밖에도 나가지 못한다. 연락이 잘 되지 않는 딸이 걱정되어 그녀 집을 방문한 부모님은 매우 놀라게 된다. 집은 오랫동안 청소가 되지 않아 온통 쓰레기로 가득했고 딸은 심신이 망가지고 살도 많이 쪄 있었다. 결국 주은은 다시 부모님과 함께 살게 되었다. 그리고 몇 개월 뒤 부모님 지인의 소개로 일을 시작했으나 이번에도 동료 직원과의 불화로 그만두게 된다.

주은은 점점 사람이 싫어지고 사람 만나는 일 자체가 무서워졌다. 더욱이 자신은 실패한 인생이라는 생각에 자존감도 바닥났다. 앞으로 어떤 일도 하기 어려울 것이라는 암울한 생각이 들면서 평생 이렇게 아무 일도 하지 못한 채 쓸쓸히 지내야 한다는 우울함이 그녀를 휘감았다. 부모님 권유로 이런저런 상담을 여러 차례 받았는데, 오히려 기존에 가지고 있던 부모님에 대한 원망만 더욱 늘었다. 상담에서 자신이 지나치게 엄격한 유년기를 보냈고 그로 인해 심적 결핍이 생겼다는 식의 분석을 받았기 때문이다. 주은은 어린 시절을 반복해서 곱씹을수록 자신의 일거수일투족을 간섭하며 통제한 것 같은 어머니에게 화가 났다. 또 독립에 실패해 엄격한 부모님 곁에서 평생을 보내야 한다고 생각하니 마치 여생이 감옥처럼 느껴졌다. 그녀는 자신만의 공간을 좀처럼 허락하지 않는 통제적인 부모님 밑에서 뜻대로 무엇 하나 해보지 못하고 살아가는 자신의 삶이 원하는 소망을 이루지 못하고 궁궐에 갇혀 살았던 전생과 겹쳐 보였다.

그렇게 아무 일도 하지 않고 시간을 보낸 지 2년이 되어가고 있었다. 부정적인 생각에 휩싸여 방에서 잘 나오지도 않고 오랜 시간을 보내던 만큼 그녀의 마음 상태도 더욱 피폐해졌다. 대인기피는 심해졌고 가끔 자해를 시도했음은 물론 자살 충동도 점점 심해지고 있었다. 다행히도 이런 상황에서 그녀는 온라인 상으로 영성 관련 이야기를 찾아보는 것을 유일한 낙으로 삼았다. 이는 그녀가 사후 생이 존재할 것이란 영적 신념을 갖도록 도우면서 자살 충동을 실천에 옮기지 못하게 방어해주는 역할을 했다. 자살은 사후 생에서 어떤 형태로든지 부정적으로 영향을 미치는 가장 안 좋은 요인이라고 굳게 믿었기 때문이다.

그렇게 자살 충동은 간신히 억제되고 있었음에도 여전히 주은은 자살하는 상상을 하면 마음이 편해지는 것을 느끼곤 했다. 이 끔찍한 고통의 굴레에서 벗어나고 싶은 마음이 간절했다. 가끔 어떤 방법으로 자살하면 좋을지 알아보곤 했는데, 만약 자살을 감행한다면 투신을 선택할 것이라고 했다. 어느 방송에서 유명 여자 연예인이 전생 퇴행 최면을 받으며 과거 생의 한 장면을 떠올리는데, 그것이 바로 투신 자살 장면이었다. 해당 연예인은 투신의 순간 갑자기 자유로워짐을 느낀다고 말했고 이 장면은 전생에 관심이 많은 주은에게 깊은 인상을 남겼다.

그녀는 상담 기간에는 절대 자살하지 않기로 약속했으나, 불쑥불쑥 자살 충동을 경험했고 심지어 건물 옥상에 올라가 한참을 망설이는 등 나를 여간 불안하게 하지 않았다. 따라서 나는 그녀의 자살 충동을 막아주는 사후 생의 신념에 대해 더 깊이 다루어야 했다. 그와 함께 카르마와 윤회의 문제도 다루었다.

본격적으로 카르마의 관점에서 삶을 바라보는 작업을 하면서 카르마의 인과에 따라 배열된 그녀 삶의 조건들을 이해하기 시작했다.(카르마 상담의 제6원리) 그녀는 자신의 삶이 어려워진 주요 요인으로 부모님을 지목했다. 부모님은 어린 시절 자신의 예술적 재능을 제대로 알아보고 살려주는데 무관심했을 뿐 아니라 지나치게 통제적으로 자신을 양육하려 했다고 생각했다. 또 이런 성장 과정을 거친 자신은 평생 무엇하나 스스로 생각하고 원하는 대로 할 수 있는 것이 없고, 또 설사 그런 노력을 하려 해도 반드시 안 좋은 문제가 터질 것이라는 부정적 신념을 가졌다.

나는 그녀가 예술적 재능을 타고난 것도, 반대로 예술적 재능에 무심한 부모님을 만난 것도 모두 카르마 인과의 조건으로 바라보며 이 조건들이 그녀가 믿는 궁궐 재단사로서의 전생과 어떤 인과적 연속성을 갖는지에 대해 대화를 나누었다. 그녀는 궁궐에 갇혀 꿈을 이루지 못하고 살다 간 재단사와 현재 자신을 과도하게 동일시했다. 그리하여 이번 생도 전생처럼 부모님의 영향력에 갇혀 자기 뜻을 실현하며 자유롭게 살지 못하는 상황이 반복되고 있음을 숙명으로 여기고 있었다. 따라서 나는 그녀에게 해당 전생에서 이루지 못한 소망이자 미결된 문제를 이번 생에서 삶의 중요한 과제로 이어받게 된 것으로 바라볼 수 있도록 유도했다. 카르마의 인과로 인해 중요한 삶의 과제를 해결할 기회를 가지게 됐다는 역발상은 그녀에게 본인의 부모나 재능을 부정적으로만 보지 않고 해당 과제를 성취할 일종의 조건으로 이해할 수 있도록 도왔다.

또 그녀가 카르마 인과 자체를 바르게 이해할 수 있도록 설명하는 데 시간을 할애했다. 카르마 인과의 핵심은 의지로서 고의적 카르마를 지으며 과거 생의 실수를 동일하게 반복하지 않는, 진보된 새로운 삶을 일구는 것이다.(카르마 상담의 제3원리) 이런 설명을 통해 그녀는 자신이 믿는 전생 이야기를 더 나은 현재를 만드는 데 활용하지 못하고 오히려 지금의 상황이 좋지 못한 것을 당연하다 여기는 숙명적 관점으로 받아들여 왔음을 자각하게 된다. 덕분에 그녀는 윤회와 결부된 카르마의 본질은 동일한 운명을 반복하는 삶을 사는 것도, 같은 문제를 반복하며 같은 실수를 하는 것도 아님을 자기 삶에 비추어 생각하려 노력했다. 이렇게 과거 생에서 극복하지 못한 문제들에 직면하여 더 나은 삶을 만드는 지혜를 얻고 인격의 진보를 이루어 내는 삶의 중요성을 인식하게 되면서, 주은은 부모님에 대한 원망도 점차 거두기 시작했다. 절대 부모님을 용서할 수 없다던 고집은 완화되었고 하루는 다음과 같이 말했다. "이제 그만 부모님을 용서해드려야 한다는 생각이 진심으로 들었어요. 참 신기한 것이 그런 마음을 먹던 그 순간, 마음이 정말 편해지더라고요."

이제 상담은 현재의 삶을 잘 살기 위한 현실적인 부분들을 다루기 시작했다. 주은은 현실적으로 삶을 대할 필요가 있었고 무엇보다 자신만의 일이 필요했다. 특히 그녀가 일을 찾고 선택하는 과정에서 경험해야 할 가장 중요한 점은 가급적 부모님의 간섭을 받지 않고 오롯이 자신이 무엇을 원하는지 고민하고 결정하는 것이었다. 그녀는 이런 자기 주도적 경험을 통해 부모로부터 독립된 성숙한 주체로 거듭나야 했다. 문제는 30대 중반의 나이와 2년 이상의 경력 단절 그리고 아직 대인기피 증세가 완전히 사라지지 않은 상태라 쉽게 다른 직장을 찾기 어렵다는 점이었다.

그녀에게는 하고 싶고 또 관심 가는 분야가 있었는데 바로 영성과 관련된 일이었다. 영성 관련 일이라면 자신이 진정 즐기면서 할 수 있을 듯 보였다. 하지만 자신에 대한 기대가 크고 사회적으로 인정받는 직업을 구하길 바라는 부모님에게 차마 말하기 어려웠다. 주은은 자신의 솔직한 희망을 부모님이 결코 허락해주지 않을 것이라 단정 지으며 미리 단념하려 했다. 실제로 당시 그녀의 어머니는 제대로 된 일을 할 수 없다면 대학원에 진학해 학위라도 따기를 바랐다.

나는 이 상황에서 불가피하게 개입을 결정했다. 그녀 어머니와의 통화에서 따님이 어려운 심적 상태임을 고려해주길 부탁했다. 주변 사람들에게 당당한 딸이 되길 바라는 어머님의 마음은 이해하지만, 지금 무엇보다 중요한 것은 딸이 할 수 있고 좋아하는 일을 하며 사는 경험이었다. 지금 때를 놓치면 따님이 심리적으로 다시 힘들어지고 그렇게 되면 가족 모두가 힘든 상황을 겪어야 한다는 이야기도 했다. 그러면서 이번에야말로 딸이 진심으로 원하는 방향으로 결정하도록 인정하고 지지해주기를 당부했다.

그렇게 그녀의 일에 대한 논의를 심화시키던 어느 날 주은은 다음과 같은 꿈을 상담에 가져온다. 꿈에서 그녀는 손목이나 허리 등에 방울을 차고 무속인들이 입는 소복을 입고 있었다. 마치 남에게 점사占辭를 봐주는 무당처럼 느껴졌다. 그리고 자신의 옆에는 어머니가 있었다. 평소 그녀의 꿈에서 어머니는 자신에게 부담을 주고 자신이 진정 원하는 것을 막는 어려운 존재로 등장하곤 했는데, 이번만큼은 달랐다. 어머니는 기왕 이렇게 된 거 돈이라도 많이 벌고 잘 되라며 격려해주었다. 우리는 영성 분야의 일을 간절히 원하는 그녀의 열망이 꿈에 반영되어 드러났음과 동시에 그 열망의 실천을 긍정적으로 지지해주는 카르마의 인과를 해석해 낼 수 있었다.(카르마 상담의 제7원리)

실제로 어머니는 그녀의 선택을 존중하기로 결정했다. 덕분에 그녀는 본격적으로 이런저런 영성 공부를 섭렵하기 시작했다. 특히 가장 열심히 공부한 것은 점성학이었다. 나름대로 보람을 느끼며 점성학을 공부하던 과정에서 갑자기 예상치 못한 변수가 등장한다. 점성학에 대한 지식이 늘어갈수록 그녀는 자신의 별자리가 감옥에 갇혀 있는 형국처럼 어렵게 배치되어 있음을 확인했기 때문이다. 이로 인해 주은은 자기 삶이 어려울 수밖에 없다며 다시 삶을 숙명적으로 바라보기 시작했다. 그녀는 자기 인생이 본래 부정적으로 설계되었다는 사실에 많은 의미를 부여하며 운명의 희생자가 되어가고 있었다. 그러면서 앞으로의 남은 삶도 지금처럼 답답하게 흘러갈 것이라는 암울한 생각에 깊이 빠지게 된다.

상담은 그렇게 원점으로 돌아오는 듯했다. 주은은 점성학적 지식이 늘어갈수록 삶을 더욱 숙명적으로 이해하려 했다. 그녀는 우리의 삶이 숙명적으로 결정되어 있지 않다면 지금 자신이 공부하는 점성학이 어떤 의미가 있냐며 반발했다. 따라서 상담은 다시 카르마의 인과를 제대로 알아보는 대화로 진행됐다.

카르마의 인과 법칙에 따르면 우리 삶에 결정된 부분들이 전혀 없다고 할 수는 없다. 과거에 지은 카르마들이 존재하기에 그에 따라 과보의 시기나 내용이 일부 결정된다. 즉 삶의 일부 내용은 분명 결정되었고 그렇게 펼쳐질 수 있다. 하지만 결정된 것이 전부는 아니다. 앞서 삼세양중인과를 다루며 설명했듯 우리의 인생 후반은 특히나 의지의 적극적 발휘가 요구된다. 유년 시절의 환경은 내게 이미 결정되어 주어진 조건이고 우리는 이를 받아들고 삶을 시작한다. 유년 시절의 경험은 개인이 살아가는 데 핵심인 성격의 틀을 형성한다. 어린 시절 형성된 성격은 성인이 되어서도 잘 변하지 않으며 인생에 큰 영향을 미친다. 성격이 곧 운명이라는 고대 철학자의 격언처럼 우리의 운명은 과거 카르마의 인과로 주어진 결정된 조건들에 강력히 영향받는 것이 사실이다. 우리가 자기 성격과 마음을 깊이 이해하며 미성숙한 부분을 수정함으로써 인격의 진보를 이루지 못한다면, 진실로 개인의 삶은 숙명적으로 흘러갈 가능성이 크다. 과거 카르마에 의해 주어진 결정된 조건들에 휘둘려 그 영향력에서 벗어나지 못하기 때문이다.

이런 숙명적 삶은 지양되어야 한다. 악한 카르마의 과보로 주어지는 고통스런 상황 속에서 다시 악한 카르마를 짓는 식의 삶에서는 의미를 찾기 힘들다. 카르마의 인과 사상은 결정된 부분들 즉 삶의 주어진 조건들 속에서 의지를 발휘하여 올바로 카르마를 지으며 열린 운명을 만들어 가라 주문한다. 카르마의 본질은 의지이고 가장 중요한 것은 결정된 것들과 결정되지 않은 것들이 함께 놓인 삶에서 후자에 초점을 맞추어 자신의 운명을 변화시켜 나가는 것이다.

이렇게 구체적으로 카르마의 인과를 이해하게 되자 그녀는 자신의 점성학적 지식으로 사람들에게 그들의 삶이 어떤 방향으로 개연성 높게 흘러갈 가능성이 있는지를 조언하는 일이 매우 값진 일임을 알게 된다. 더욱이 자신의 미래를 알고 싶어 그녀에게 조언을 구하는 이들에게 삶을 완벽히 정해진 숙명으로만 보게 하지 않고, 의지를 발휘하여 변화를 만들어 가라는 열린 조언을 할 수 있어야 함도 알게 된다. 무엇보다 그녀가 함부로 타인의 의지를 무력화하는 숙명적 조언을 할 경우 그 또한 자신의 부정적 카르마가 될 수 있음을 분명히 이해했다.

그녀가 카르마의 인과를 온전히 받아들이고 자신의 점성학적 이해에 이를 접목하는 데는 상당한 시간이 걸렸다. 그녀가 접하는 점성학적 서적이나 가르침과는 다소 차이가 있기에 혼란스러움을 겪었다. 하지만 주은은 결국 삶을 열린 운명으로 해석하면서도 점성학의 가르침과 공존할 수 있는 길을 찾는다. 그녀는 현재 온라인 상에서 점성학적 지식을 공유하고 또 자신을 찾는 사람들의 운명의 흐름을 읽어내면서도 열린 미래를 만들어 갈 수 있도록 조언해 주려 노력한다. 또 그녀의 관심에 따라 섭렵한 다양한 영성 지식을 활용해 다른 사람들에게 여러 측면에서 영적 도움을 제공하고 있다.

사람들을 직접 대면하는 데 어려움이 있었던 주은은 온라인 상에서 활동을 시작했으나 시간이 흐르며 점차 자신의 말에 타인이 진심으로 경청한다는 사실과 자신도 인정받을 수 있다는 사실을 경험했다. 그러면서 점점 자신감을 회복했고 이제는 영적 주제를 논하는 오프라인 모임을 주도할 정도가 되었다. 그녀는 현재 나름 인기 있고 또 개인의 고통을 함께 다루는 영적 가이드가 되어가고 있다.

## 통찰과 치유

　주은의 점성학 공부 결정에 동의하고 격려한 내게 혹자는 진정한 불교의 카르마 정신을 반영한 상담이 아니었다고 비판할 수 있다. 실제로 붓다는 다음과 같이 말했다.

> 주술, 꿈의 해몽, 징조를 점치는 일, 점성술 등을 해서는 안 된다. 나
> 의 제자는 동물의 소리로 점치거나 임신을 시킨다는 술법이나 치료
> 를 한다는 술법에 몰두해서는 안 된다. 「숫타니파타」

　이에 대해 나는 앞서 카르마 상담의 제7원리를 소개한 부분에서 주장한 내용을 다시 한번 반복하고자 한다. 꿈 해몽과 점성술 등에 대한 붓다의 비판은 꿈이나 별의 배치를 통해 삶을 오로지 숙명론적으로만 받아들이는 일을 경계한 것으로 이해해야 한다. 카르마의 인과를 강조한 붓다는 삶을 숙명적으로만 보는 극단적 견해를 경계한 것이지 꿈의 해석이나 점성술 자체를 금지한 것으로 볼 수는 없다.

　내담자 주은은 당시 정말 심각한 상태였다. 그녀는 자신의 상황과 재능에 부합했던 점성학과 여러 영적 사상을 공부하며 삶에 대해 더 많이

그리고 더 깊이 이해하게 되었고 덕분에 안정도 찾을 수 있었다. 무엇보다 자신의 지식을 타인들과 나누며 자신감을 얻었고 삶의 의미도 발견할 수 있었다. 그녀는 이제 남들의 이야기보다 자신의 마음속 진실한 이야기가 삶에 본질적이고 중요함을 제대로 알아가고 있다. 그리고 더 이상 부모님이나 타인을 탓하는 일도 없다. 그것은 카르마 인과에 따라 조건적으로 배열된 것이기 때문이다. 이렇게 점성학에 대한 그녀의 이해가 자신의 삶을 구하는 데 활용되었다면 붓다는 이를 비판하기보다는 칭찬했을 것이다.

과거 상담에서 대인기피로 자신의 괴롭고 답답한 심정을 어디에도 하소연할 데가 없던 그녀에게 나는 힘든 마음을 일기로 쓰며 표현해보라 권했다. 이 조언을 실천한 그녀는 가끔 짤막한 일기를 내게 보여주기도 했다. 일기 중 일부를 그녀의 허락하에 토씨 하나 바꾸지 않고 공유한다. 이는 그녀가 당시 얼마나 좁은 세계관에 갇혀 고통받았는지를 보여주며, 또 그 힘든 심적 상태 속에서도 가려지지 않고 삐져나오는 예술적 감각도 보여줄 것이다.

> 모르겠다. 생각하기가 싫다. 생각하기가 괴롭다. 내가 짊어지기엔
> 내 생각은 너무 많고 무거워….
> 무섭다. 갑자기 어지러워진다. 지금 정말 토할 것 같다.
> 난 칠흑 같은 어둠. 현 감정을 그림으로 표현한다면 엄청난 검은색!
> 빽빽하지도 않고 막 지지직 끄적이는 검은색 실타래 같은 안개 같

은. 방송이 끝난 TV 화면 같은….

몇 주째일까? 매일같이 이어지는 자살 생각뿐. 죽는 것 따윈 전혀 두렵지 않다. 하지만 아픔과 고통은 두려워. 죽음에 어설프게 실패해서 불구같이 사는 것도 두려워.

내가 자살하면 우리 가족은 끝이겠지. 사는 게 사는 게 아닌 게 될 거다. 가족들의 삶까지 바닥으로 흔들어야 하는 게 부담스럽다. 그래도 죽음으로 모든 것이 해결된다는 보장, 그것에 대한 확신만 있다면 다른 생각 다 버리고 주저 없이 선택할 텐데.

신천지가 계속 검색어에 있던데. 이단 같은 거에 빠졌으면 나았을까? 그런 거라면 사람들 사이에서 부대끼면서 바쁘게 열심히 사는 느낌이 있으니 확실히 그게 나았을 것 같다.

지금의 나는 완전한 어둠. 어지간히 밝은 사람도 내가 그 밝음을 다 잡아먹어 버릴 것 같다. 천성적으로 정말 밝고 밝음이 세포 하나하나에까지 배어있는 사람, 습관화된 사람, 밝음이라는 성분과 물아일체인 그런 사람의 아가페적인 사랑이 나를 향한다면 분명 변화시킬 수 있을 것 같지만 그건 영화보다도 현실성 없는 걸.

그리고 사실 그 정도로 밝은 사람은 멀리서 보기에 좋을 뿐 곁에 두긴 부담스럽기도 하다. 내가 너무 어두우니까…. 진짜로 왠만한 밝음은 내가 다 먹어치울 수 있어.

# 4

# 다른 별에서 온
# 영혼의 소유자라는 40대 은정

✳──── 40대 후반의 은정은 주변 사람들에게 마음을 잘 쓰는 선한 인품을 가진 내담자였다. 남편과 아이와의 관계도 양호했고 그다지 어려운 경제적 형편도 아니었지만 마음 한편에는 지금의 삶이 매우 만족스럽지 못하다는 생각이 꿈틀대고 있었다. 가끔 그녀는 지금 자신의 인생이 진정 나다운 삶인지 회의감이 들며 허탈해지고 공허함이 마음속에서 솟아오르곤 했다.

그녀는 신실한 불교 집안에서 자랐고 자신을 불교도라 소개했다. 그러나 그녀의 영적 신념은 불교보다 대학 시절부터 활동해온 영성 단체의 교리에서 더 선명히 찾을 수 있었다. 상담 과정에서 들려준 교리 내용을 요약해보면, 인류는 대혼란의 시기이자 대변혁의 시기에 직면해 있다. 현재 인류의 선택과 노력은 지구 미래에 무척 중요한 것으로, 이 위기의 순간을 지혜롭게 잘 넘긴다면 인류는 진보된 정신적 문명으로 도약하게 될 것이다. 따라서 이 절체절명의 위기이자 혁신의 기회를 맞이한 인류의 진보를 돕기 위해 윤회를 마친 성숙한 다른 별의 영혼들이 각자의 별에서 안락하게 존재하는 것을 마다하고 다시 지구에서 태어나는, 소위 환생을 택하고 있다. 이는 지구의 진보에 도움이 될 뿐 아니라 각자가 소속된 별에도 도움이 되는 일이다. 이 중요한 순간의 지구에서 얻는 경험은 순도 높은 지혜를 제공하기 때문이다. 따라서 성숙한 별의 영혼들은 이 생을 마친 후 지구에서 얻은 경험과 지혜를 가지고 다시 자기 별로 돌아가 그 별의 진보에도 공헌하는 사명을 띠고 있다.

은정은 자신이 그런 사명을 띤 성숙한 영혼이라 굳게 믿고 있었다. 그래서 삶이 허탈하고 공허함을 느끼는 일을 한편으로 당연한 것으로 받아들이고 있었다. 자신의 영적 수준이 매우 높기에 아직 자본주의나 과학만능주의적 시대를 벗어나지 못한 유아 단계에 있는 지구에서의 삶이 불편하고 부담되는 것은 당연하다 생각했다. 따라서 왜 자신이 그런 문제를 겪는지 적극적으로 살펴보려 노력할 필요성을 느끼지 못했다.

은정은 어린 시절 부모님 두 분 모두 외지로 일을 나가셨기에 할머니의 품에서 자랐다. 할머니는 손녀를 아끼며 정서적으로 따뜻이 돌봐주셨다. 그런 할머니의 손길 아래서 그녀는 독서를 많이 하고 공부도 곧잘 하는 총명한 아이로 자랐다. 그러다 중학생이 되면서 큰 변화가 생긴다. 가족의 경제적 상황이 개선되어 부모님의 품으로 돌아가게 되었기 때문이다. 여기서부터 문제가 생긴다. 엄하고 독선적인 성격의 아버지는 딸의 마음을 전혀 고려치 않고 본인이 옳다는 방향으로 딸의 문제를 일방적으로 결정하곤 했다. 그중에서도 가장 은정의 마음에 사무치는 일은 자신의 의사는 고려치 않고 안전한 점수대에 맞추어 대학과 학과를 지원하도록 강압했다는 사실이었다. 아버지는 딸이 재수하는 모습은 결코 보기 좋지 않다며 과도하게 하향 지원하도록 밀어붙였다. 그녀는 아버지의 독단적 결정에 울며 겨자 먹기의 심정으로 따를 수밖에 없었다.

원하지 않는, 더 정확히는 자신의 실력에 한참 못 미치는 대학에서 그다지 흥미가 생기지 않는 전공을 공부하게 된 그녀는 대학 생활에 전혀 만족할 수 없었다. 그래서 부모님 몰래 다시 학력고사를 준비했다. 하지만 공부에 매진하기 어려운 상황에서 충분히 시험을 준비할 수 없었고 결국 자신이 원하는 결과를 얻지 못한다. 그녀는 다니던 대학을 계속 다녀야만 했고 심히 좌절했다. 그녀는 인생이 잘못 흘러가고 있다고 생각했고 아버지에 대한 원망이 날로 커져만 갔다. 그렇게 대학 생활은 위기를 맞고 있었다.

자존감이 바닥을 치며 우울감이 커지던 심리적 위기 속에서 은정은 우연히 한 줄기 빛을 보게 된다. 바로 자신에게 위안을 주는 영성 단체를 알게 된 것이다. 그 단체는 은정의 영혼이 매우 성숙하며, 또 그녀가 영적으로 중요한 사명을 띠고 있다고 알려주었다. 이러한 메시지는 그녀로 하여금 삶을 새롭고 희망적인 눈으로 바라볼 수 있게 해주었다. 단체의 교리를 열심히 공부했고 해당 단체의 명상 수행에도 적극적으로 참여해 마음의 안정을 구할 수 있었다.

또한 수행이 깊어지면서 은정은 무척 황홀하고 신비한 명상 체험도 하게 된다.

이후 그녀는 대학을 졸업하고 사회생활을 하다 결혼해 가정을 꾸린다. 그리고 여전히 그 단체에 소속되어 활동을 이어나갔다. 단체는 그녀의 삶에서 중요한 자리를 차지하고 삶의 의미가 되어주었다. 그렇게 영적 생활은 더욱 확고해졌지만 아이러니하게도 현실의 삶에서 그녀의 불만족은 오히려 커지고 있었다. 그녀는 영성 단체의 교리에 따라 좋은 사람으로 살고자 노력했다. 덕분에 그녀는 선하고 배려심 있는 사람으로 주변 사람들에게 인정받을 수 있었다. 그러나 여전히 자신의 삶에 무엇인가 중요한 것이 결핍된 듯 허전하고 공허했다.

그녀가 현실에서 불만족을 느끼는 핵심 이유는 실천력이었다. 좋고 선한 사람이 되어야 한다고 믿는 그녀는 항상 '좋은 것이 좋은 것'이라며 우유부단한 태도를 보이는 경우가 잦았다. 자신에게 주어진 도전들에 과감히 승부를 보지 않고 그냥 흘러가는 대로 내버려 두는 편이었다. 은정은 살면서 자신이 어려운 일을 해냈다는 성취감을 제대로 느껴본 적이 언제인지 기억나지 않는다고 고백할 정도였다. 삶에서 도전이 중요하다는 것을 알고 간절히 원하다가도 막상 그런 기회가 오면 제대로 해내겠다는 열정이 사그라들며 수동적 태도를 보이곤 했다.

은정은 한때 사주명리학을 공부했다. 사주명리의 관점에서 자신의 삶이 제대로 일을 성취하기 어려운 운명이라 해석했다. 이런 해석은 은정에게 어렵고 까다로운 일이 닥쳤을 때 그에 집중하며 승부 보기보다는 회피하거나 수동적으로 처신하는 변명거리를 제공하고 있었다. 그렇게 어려움에서 도피하고는 자신의 사주가 원래 그러하다고 믿으며 위안을 찾는 것이다.

따라서 상담은 그녀의 사주풀이를 카르마의 관점에서 바라보는 작업으로 진행됐다. 먼저 우리는 실천력을 발휘하기 어려운 운명, 즉 그런 사주 배치가 실제 삶에서 어떻게 펼쳐지는지 검토했다. 은정은 어린 딸의 생각을 경청하고 지원해주기보다 독단적으로 결정하고 강요한 아버지를 가장 먼저 떠올렸다. 아버지로 인해 자신은 종종 무엇인가 추진하려고 마음을 먹었다가도 '어차피 내 뜻대로 되지 않을 텐데'라는 생각이 들며 열정이 식는 일이 반복됐다. 특히 대학 진학은 이런 경험의 절정이자 치명타였다. 도전의식이 점차 줄어들며 좌절하는 삶의 패턴이 반복되자 그녀는 어떤 일에 도전하기도 전부터 '원하는 대로 일이 풀리지 않을 것'이라 예측하고는 수동적인 태도를 보였다. 그녀는 자신이 무엇인가를 원하고 열심히 하려 할 때면 어김없이 가로막는 일이 생긴다며 이를 숙명으로 수용하려 했다.

따라서 그녀의 유년 시절에 큰 영향을 끼쳤고 또 원망의 대상인 아버지를 카르마 인과에 따라 삶에 놓인 하나의 조건으로 바라보도록 유도했다.(카르마 상담의 제5원리) 그녀 아버지의 삶을 검토하는 과정에서 아버지 역시 엄하고 일방적인 아버지(그녀의 할아버지) 밑에서 어린 시절을 보냈음을 알게 된다. 항상 완벽함을 강요하는 할아버지의 깐깐함으로 인해 아버지는 완벽주의적인 삶의 태도를 지니게 되었다. 그래서 높은 이상을 가지고 열심히 살았으나 안타깝게도 사업에서 크게 실패하는 등 많은 좌절을 경험한다. 아버지도 한때의 그녀처럼 삶을 염세적이고 불만에 가득 찬 눈으로 바라보며 살았다. 이런 사실을 확인하면서 은정은 아버지 삶의 패턴이 자신의 삶에서 보이는 것과 겹쳐짐을 자각하게 된다. 덕분에 그녀는 자신의 문제가 단지 자신만의 것이 아니라 가족이 공유하는 문제일 수 있다는 관점을 가지게 된다. 따라서 문제를 바라보는 시각은 아버지에 대한 원망에서 가족이 공유하는 문제이자 인연의 측면으로 이동하게 되고, 덕분에 자신의 문제를 카르마의 관점에서 성찰하는 작업에 성실히 임하게 된다.

그녀의 또 다른 문제는 과도히 부풀려진 그녀의 영적 신념이었다. 은정은 인생의 참된 본질을 세속적 성공에서 찾지 않았다. 무엇인가를 성취하려 아등바등 애쓰는 것은 삶의 본질적인 부분이 아니라 생각했다. 수준 높은 영성가로서 자신은 전체적인 시야를 가지고 사안의 자연스러운 흐름을 놓치지 않는 것을 중요하게 생각했다. 만약 무언가 하나에만 집중하고 무리하다 보면 시야가 좁아지며 전체적인 흐름을 놓치는 위험이 생기게 됨을 크게 경계했다. 그런 위험은 영적 수준이 높지 못한 영혼의 소유자들이나 겪는 일이라 생각했다. 이런 관점으로 은정은 세속적 성취에 매달리는 이들을 한 수 아래로 여기며 은근히 영적 우월감을 향유했다.

나는 그녀의 마음속에 은밀히 자리하고 있는 이 영적 우월감을 지적했다. 은정은 일단 이를 인정하고 이것이 삶의 실천력에 부정적인 영향력을 준다는 점을 이해할 필요가 있었다. 현실에 기반하지 못한 높은 영적 신념에 매몰될수록 실제 삶에서의 실천력은 계속 약화하고 문제를 겪게 만든다. 고매한 영적 수준에 미치지 못하는 세속적 경험들은 그녀의 마음속에서 합당한 지위를 인정받지 못하고 그만큼 현실의 경험을 빈곤하게 만들기 때문이다.

하지만 오랫동안 이 신념에 몰두해 온 은정은 이런 설명에 쉽게 동의할 수 없었다. 따라서 상담은 한동안 그녀의 영적 세계관과 영적 우월감이 어떻게 현실에서 문제를 일으키는지 세세히 따지고 알아보는데 많은 시간을 보내야 했다. 현실 경험을 등한시한 채 높은 영적 세계에만 몰두할수록 그녀의 마음은 공허해지고 있었다. 이 공허함을 메꾸고 보상하기 위해 더욱 영적 신념에 기대며 자신을 이상화하였고, 높아진 이상은 그녀를 더욱 영적 신념에 몰두하게 하는 악순환이 반복됐다. 표면 의식은 자기 자신을 영적으로 순수하고 우월한 존재로 드높이지만, 무의식에서는 통제 불가한 빈약한 현실감에서 오는 불편함과 좌절감이 그녀를 끌어내린다. 그녀의 마음에는 이렇게 두 가지 극단인 우월감과 패배감이 공존하면서 심적으로 문제가 되는 상황에 직면하고 있었다. 현실에 불만족을 느끼지만 이를 제대로 인식하고 해결 방안을 찾기 위해 무언가 세속적인 시도를 하려 마음먹으면, 어느새 그녀의 마음에 이상화된 드높은 영적 세계관이 등장해 이런 시도는 삶의 진정한 본질이 아니라 말해주는 식이다.

그녀가 영적 우월감을 느끼는 이유는 이뿐이 아니었다. 은정은 그 단체에서 뛰어난 명상가였다. 때때로 명상 중에 신비한 체험들을 경험하기도 했다. 예를 들어 우주가 자신에게 다가오며 자신의 경계가 확장되고 또 자신이 우주와 다르지 않음을 경험하거나, 강한 집중 속에서 안락하고 황홀하며 충만해지는 느낌을 받았다. 이런 명상 체험이 만족스럽지 못한 현실에서의 고민과 불안을 줄이고 마음을 차분하게 만드는 긍정적인 기능을 해왔다는 점을 부인할 수 없다. 그러나 한편으로 이런 명상 체험은 자신이 특별하고 수준 높은 존재, 즉 본래 성숙한 영혼을 가진 존재라는 신념을 강화하며 우월감을 느끼도록 하는 부정적 역할도 했다.

상담은 그녀가 오랫동안 의존해 온 높은 영적 신념을 단번에 무너뜨리거나 무시하지 않으면서도 인생의 현실적이고 세속적인 감각을 높이도록 진행되어야 했다. 이를 위해 카르마의 인과 측면에서 볼 때 은정은 현재 생을 잘 이해하고 살아내는 것이 가장 중요하다는 사실을 인정하는 것이 필요했다.(카르마 상담의 제3원리) 우선, 자신이 겪어온 문제가 아버지가 겪은 문제와 크게 다르지 않다는 사실에서 출발했다. 나는 다음과 같은 두 가지 질문을 했다. "만약 자신이 정말로 윤회를 마친 성숙한 영혼의 소유자임에도 인류와 자신의 별에 도움이 되기 위해 지구에 태어나는 도전을 선택했다면, 왜 다른 조건이 아닌 지금의 아버지를 양육자로 선택했을까요?", "만약 자신이 높은 수준의 영적 존재라면 어찌하여 세속적인 태도로 삶에 집착하며 어려움을 겪은 아버지와 유사한 실수를 반복하는 것일까요?"

이 질문에 그녀는 허를 찔린 듯 답변을 제대로 하지 못했다. 그녀가 진정 수준 높은 영적 소유자이며 인류에 도움이 되기 위해 아버지라는 조건을 택한 것이라면, 그가 해결하지 못한 부정적 카르마 인과의 악순환을 풀어낼 과제가 그녀에게 부여되어 있다고 볼 수 있다. 그래야 진정 윤회를 마친 성숙한 해탈의 존재라 말할 자격이 부여되지 않을까? 그녀는 아버지의 삶과 별반 차이 없는 유년 시절, 즉 카르마의 인과가 야기한 조건들의 희생양이 되어 아버지를 원망하고 삶을 비관하며 살아왔다는 사실을 깨달았다. 그리고 사주풀이를 통해 그럴 수밖에 없는 숙명이라 받아들이면서 아버지와 유사한 실수를 반복해왔다는 사실도 인정하게 된다. 일련의 대화를 통해 그녀는 자신이 믿던 진실, 즉 자신이 높은 수준의 영적 존재라 주장하는 것이 얼마나 설득력 있는지 돌아보게 된다.

또 자신이 다른 별에서 온 수준 높은 영적 존재이며, 이 삶의 경험에서 얻는 지혜를 사후에 그 별에 가지고 돌아가야 한다는 사명감에 대해서도 다루었다. 그녀는 이 영적 사명감을 진지하고 무겁게 받아들였기에 삶의 초점을 지금 현재가 아닌 사후의 저 별에 두고 있었다. 하지만 이런 태도는 영적 사명감과는 일치하지 않는다. 왜냐하면 자신의 별로 가지고 돌아갈 지혜는 다름 아닌 이 생의 경험을 통해 획득해야 하기 때문이다. 현실에서 어려움을 극복하려 치열하게 노력하면서 얻는 삶의 지혜일수록 더욱 순도 높고 가치 있을 것이다. 따라서 그녀의 영적 사명감을 올바로 이행하려면 지금 이 삶에서 최선을 다해 실천력을 발휘하는 것이 타당하다.

대화가 진행되면서 은정은 지구에서의 이 삶을 잘 살아내는 것이 첫 번째로 고려해야 할 사항임을 납득한다. 인간의 몸으로 윤회하는 이들의 삶이 혹여 세속적이고 수준 낮게 보일지라도 그들 모두는 자기 삶에 주어진 카르마의 과제를 풀어내기 위해 고군분투하며 나름대로 숭고한 삶을 살아가고 있음을 새삼 느끼게 된다. 그녀의 영적 신념에서 보면 자칫 우스워 보일지라도 어느 하나 쉬운 삶, 수준 낮은 삶이라 재단할 수 없다. 어떤 카르마의 인과든 그 인과의 사슬이 부여하는 삶의 크고 작은 과제는 단 하나라도 만만하고 의미 없는 것이 없기 때문이다.

우리 모두는 자기만의 카르마 인과의 성격에 따라 부여되는 조건들에 영향받고 때론 격하게 휘둘리며 엉망이 되기도 한다. 이런 카르마 인과의 흐름에 변화를 주며 더 나은 운명을 만들어 나가는 일은 여간 어려운 일이 아닐 수 없다. 만약 이것이 쉬운 일이었다면 누구나 해탈의 존재가 되었을 것이다. 성숙한 영혼이라 믿는 그녀 역시 유년 시절부터 이어져 온 혹은 가족이 공유하는 카르마 인과의 사슬을 풀고 더 나은 방향으로 나아가는 일에 어려움을 겪고 있다는 사실이 이런 교훈들을 납득하게 만들었다.

윤회를 끝마칠 정도로, 즉 해탈한 수준에 버금가는 원숙한 영혼의 소유자라면 이 삶에서도 그러한 수준에 걸맞게 카르마의 인과에 속박되지 않고 자유자재한 모습을 구현할 수 있어야 한다. 하지만 그녀도 인정하듯 지금까지의 삶은 그렇지 않았다. 그녀는 상담에서 자신은 결코 윤회하지 않을 것이라 힘주어 말했다. 하지만 이는 자신이 결정할 문제가 아니라는 것을 알아야 했다. 이를 결정하는 유일한 잣대는 그녀의 마음에 여전히 현실 삶을 제한하는 심적인 문제, 즉 번뇌가 있는지 여부다. 마음에 번뇌가 자리해 현실적응을 못하고 인과의 사슬을 야기할 카르마를 지었다면, 영혼이 어느 별에서 왔든 혹은 해탈의 존재이든 아니든 그녀 역시 모두에게 공평히 적용되는 카르마 법칙이 만들어내는 인과에 속박될 것이다. 붓다도 그녀도 그 누구도 카르마 인과의 법칙 위에 존재할 수는 없다. 만약 이 생에서 허황한 우월감 즉 교만의 번뇌나 자아의 번뇌에 빠져 문제가 되는 카르마를 지었다면 어김없이 다시 와야만 한다. 카르마의 법칙에서 다음 생의 존재 여부는 오직 현재의 삶에서 어떻게 노력하고 행위하며 인과의 지혜를 얻었는지에 따라 결정될 뿐이다.

다음과 같은 비유는 그녀의 이해를 도왔다. 온전히 인과를 이해하지 못한 무지의 삶은 어두컴컴하고 장애물이 가득한 복도를 지나는 것과 같다. 무지한 이는 앞을 제대로 보지 못하기에 복도에 놓인 장애물에 이리저리 부딪히며 상처가 나고 괴로워한다. 반면 깨어 있는 해탈의 성자는 불이 환히 들어온 상태에서 복도를 지나는 것과 같다. 그는 무사히 복도를 지날 것이고 괴로움을 겪지 않을 것이다. 다시 말해 그가 깨달았다거나 해탈했다고 해서 결코 복도에 놓인 장애물 자체가 없어지는 것은 아니다. 다만 복도에 불이 환하게 켜져 있는 상태이기에 장애물이 어디 있는지 파악하며 자유롭게 복도를 오갈 수 있을 뿐이다. 그는 더 이상 장애물에 걸릴 일이 없다. 이렇게 마음이 어떤 상태이고 어떻게 움직이는지 훤히 아는 성자는 자신의 카르마를 이해하며 바르게 행한다. 따라서 그들의 마음은 번뇌라는 족쇄에 걸리지 않아 인과를 바르게 운영하며 자유롭고 더 이상 인과에 속박된 윤회를 지속하지 않게 된다.

은정은 과거나 다음 생이 아닌 바로 지금 생에 충실해야 한다고 말하는 카르마 법칙을 깊이 이해하게 되었고 상담은 끝이 났다. 하지만 은정은 여전히 자신의 영적 신념을 버리지 않았다. 다만 자신의 삶에서 몇 가지 의미 있는 변화를 시도하게 된다. 그중 하나는 불교 사상을 자세히 공부하고 싶은 마음이 생긴 것이다. 그동안 자신의 영적 단체가 가진 교리에 비해 불교 교리는 구시대적이고 현실에 적합지 않은 것이라 생각했다. 하지만 상담을 통해 2,500년 전통의 수행과 통찰의 역사를 가진 불교가 얼마나 방대하고 세세한 내용을 갖춘 사상인지를 알게 되었다. 그녀는 불교를 제대로 공부하기 위해 대학원 진학을 고려하고 있다. 비록 대학원에서 논문 쓰는 일이 매우 어렵고 힘든 도전이며 때로는 이것이 무슨 의미가 있을지 회의감이 들기도 하겠지만, 그럴 때마다 어려운 도전을 회피하는 일을 반복하지 않겠노라 각오를 다지며 일생의 도전을 천천히 준비하고 있다.

## 통찰과 치유

　혹자는 은정의 영적 신념이 보편적 상식과 다른 기이한 것이라 생각할 것이다. 그래서 카르마 상담에서 왜 이를 적극적으로 해체하려 시도하지 않았는지 의문을 품을 수도 있다. 하지만 나는 그녀의 영적 신념에 도전하거나 이를 폐기하라 주문할 생각이 추호도 없었다. 그 신념이 그녀에게 우월감을 부여한 것도, 또 이에 그녀가 많이 의존해 왔던 것도 사실이다. 그러나 한편으로 이 신념은 커다란 좌절감과 삶의 허무함에서 오는 심적 위기로부터 그녀를 지켜주는 버팀목이었고, 나아가 이타적이고 배려하는 삶을 사는 동기로 작용하기도 했다. 이런 신념에 정면으로 도전하며 막무가내로 해체하는 일은 고통을 다루는 상담을 더 어렵게 한다. 상담사인 내 역할은 신념의 긍정적인 기능은 살리되 부정적 기능을 수정하는 것이었다. 그래서 나는 그 신념이 그녀의 현실과 얼마나 정합적으로 기능하고 있는지를 따졌고 또 그에 걸맞게 좋은 카르마를 지으며 살아갈 수 있도록 도움을 주고자 했다.

　내담자 중 영성 혹은 명상에 조예가 깊은 이들에게서 은정의 문제와 유사한 부분들을 확인하는 경우가 있다. 그들은 자신의 정신적 혹은 영적 수준을 높이 평가하며 은밀히 우월감을 누린다. 그래서 이것이 문제가 됨을 지적하면 부인하고 반발한다. 이 우월감에는 양면이 있다. 한쪽은 그 우월감이 그들이 감내해야 했던 어려운 상황을 지탱해주는 심적 버팀목이자 결핍의 보완이라는 것이고, 다른 한쪽은 능동적인 삶의 태도에 요구되는 '현실 인식'이나 '세속적 실천'에 장애가 된다는 점이다.

30대 초반의 여성 내담자인 정희 역시 그런 사례 중 하나였다. 영성과 수행에 지대한 관심을 가진 그녀는 유명한 전생 상담가를 찾아가 자신이 전생에 수행자였다는 사실을 알게 된다. 이로써 왜 자신이 그토록 영성이나 명상에 관심을 갖게 되었는지 제대로 된 이유를 찾았노라 생각했다. 또 자신은 수행이 많이 된 높은 수준의 존재라 믿었다. 하지만 직장에서의 삶은 높은 영적 수준과는 다르게 흘러갔다. 그녀는 직장에서 큰 어려움을 겪었고 미래를 생각하면 막연한 불안과 우울감이 일어났다. 문제를 해결하기 위해 이런저런 스승들을 찾아다녔으나 큰 효과는 보지 못했다.

카르마 상담을 하다 보면 가끔 윤회를 믿지 않는 이들로부터 윤회가 존재한다면 굳이 왜 이전의 삶을 망각하게끔 삶이 주어지는지에 대해 질문을 받는다. 전생을 기억한다면 이전의 실수를 반복하지 않을 수 있고 그만큼 깨달음을 얻는 데 도움이 되지 않겠느냐는 것이다. 나는 윤회를 하는 우리가 전생의 기억을 망각하는 데는 그만 한 중요한 이유가 있다고 믿는다. 과거 생들의 기억이 너무도 여실하다면 오히려 그에 끄달려 새로운 삶을 살아가는 데 상당한 어려움을 겪을 것이다. 예를 들어 전생에 무척 훌륭하고 뛰어난 인물이었다면 그와 현재의 나를 동일시하면서 마치 자신이 여전히 대단한 존재인 양 여길 위험이 생긴다. 반대로 과거 생이 너무도 끔찍하고 괴로운 것이었다면 현재 삶의 부정적인 측면을 확대해석하거나 숙명적으로 이해하며 세상을 염세적으로 바라볼 위험이 생긴다. 그런 점에서 과거 생들에 대한 망각은 카르마의 법칙이 우리가 현생에서 새로운 카르마의 인과를 제대로 만들어갈 수 있도록 배려해 준 선물과도 같다.

카르마의 인과에서는 내가 이미 깨닫고 해결한 번뇌의 문제를 다시 겪지 않게 된다. 제대로 깨달았다면 그 번뇌로 잘못된 카르마를 짓는 일은 일어나지 않으므로 인과 사슬의 속박 역시 발생하지 않기 때문이다. 따라서 내가 전생에 얼마나 대단한 존재였던지 간에 현재의 삶은 내게 요구되는 인과의 지혜를 얻는 데 가장 필요한 조건이 주어진 진보의 기회이다. 이 삶에는 내가 충분히 알고 극복하지 못한 번뇌들을 다시 경험할 여건이 갖추어져 있다. 그 번뇌를 여실히 깨닫고 극복할 때까지 나는 이 생에서 그것이 만들어내는 괴로운 카르마 인과의 문제를 겪게 될 것이다. 그러므로 지금 내가 고통스럽고 어려운 상황에 놓여 있더라도 어쩌면 과거의 그 어느 삶보다 가장 진보한 순간을 보내고 있는 것이라 할 수 있다.

수행자의 삶은 너무도 숭고하고 거룩하다. 영성에 관심이 큰 이들은 대부분 수행자의 삶을 동경한다. 다만 때론 지나치게 경도되어 현실을 등한시하며 어려움을 겪는다. 이런 이들에게 나는 상담에서 다음과 같이 생각할 수 있게 돕는다. 카르마의 법칙은 중생이 해탈하기 전까지는 이유 여하를 막론하고 이 생 저 생을 거듭하도록 만든다. 그렇다면 한 번 수행자의 삶을 살았다고 그다음, 또 그다음 생들도 수행자의 삶으로 윤회하게 될까? 그렇지는 않을 것이다. 어떤 삶은 수행자의 삶일 것이고 어떤 삶은 과학자, 사업가, 직장인, 연구원, 예술가, 노동자 등 여러 세속적 삶이 주어질 것이다. 그렇다면 윤회하는 우리 삶에서 중요한 것은 어떤 조건을 갖추었든지 또 어떤 일을 하든지 지금의 현실에서 가장 선하고 최선인 것을 구하려 노력하는 일이라는 결론을 얻게 된다.

과거 수행자였던 삶에서 높은 지혜를 얻었더라도 카르마 인과에 따라 조건들이 바뀐 삶 즉 세속인의 삶을 살게 되었을 때 제대로 지혜를 발휘하여 삶을 조화롭게 이끌지 못한다면 아직 그에게는 더 배우고 경험할 것이 남아 있다는 뜻이다. 영적 수행자로서의 삶이 주어질 때만 영적 삶을 살아갈 수 있고 그렇지 못한 삶에서는 비윤리적인 삶을 살게 된다면 아직 윤회 세간을 관통하는 카르마 인과의 지혜를 덜 깨달았다는 뜻일 테니까 말이다. 그런 점에서 현실적인 것이 영적인 것이고 영적인 것이 현실적인 것이라 해도 무리는 아닐 것이다.

# 5

# 아버지를 원망하는 취준생 20대 진우

✳━━━ 이번에 소개할 29세 취준생 내담자 진우는 이전 사례
들과는 조금 성격이 다르다. 그는 공학도이자 무종교인이며 무엇보
다 신비적이거나 영적인 주제에 거부감이 매우 컸다. 그래서 그와
의 상담에서는 윤회나 카르마에 관한 이야기를 제대로 나누기 어
려웠다. 상담이 거의 끝나갈 때쯤 조금 다룰 수 있었을 뿐이다. 그
럼에도 그와의 상담을 소개하는 이유는 카르마 상담의 기본 원리
들이 비중 있게 적용되었기 때문이다.

진우를 처음 만났을 때 그는 감정을 느끼지 못하는 로봇처럼 딱
딱하고 부자연스러운 얼굴을 하고 있었다. 경직된 무표정은 무엇인
가 심상치 않은 사연이 있으리라 짐작하게 했다. 말투는 과도할 정
도로 공손해 불편할 정도였는데 그 공손함이 상대를 존중해서 자
연스럽게 나온 것이라기보다 억지로 짜낸 것처럼 느껴졌다.

진우는 분노 조절 문제가 가장 심각하다고 말했다. 어릴 때부터 얌전한 성격으로 부모님에게 순종하는 스타일로 자란 그는, 중고등학교 시절 화가 나면 한 번씩 큰 사고를 일으켜 주위 사람들을 깜짝 놀라게 했다. 예를 들어 일 년에 한 번 싸울까 말까 한 그였지만 일단 싸움이 나면 이성을 잃고 끝장을 보려 했다. 한번은 제법 탄탄한 덩치의 그가 친구와 싸움이 났는데 정말 친구를 죽이겠다는 분노의 마음으로 때렸다. 싸움을 말리는 선생님의 멱살까지 잡아서 교장실에 불려가고 부모님이 학교에 오셔야 했다.

대학에 입학하고 다소 잠잠히 생활하던 진우는 졸업 후 지난 일 년간 직장을 구하지 못해 초초하고 답답한 시간을 보내야 했다. 그러면서 크고 작은 사고를 치게 되고 점점 주위 사람들을 불안하게 만들었다. 한번은 술을 먹고 싸움이 나 경찰서를 방문했고 치료비도 물어주어야 했다. 또 그런 자신을 나무라는 아버지와 술김에 몸싸움하는 일도 있었다. 이렇게 선을 넘는 사고를 치게 되자 그는 자신의 행동에 심히 문제의식을 느꼈고 가족들 역시 상담을 받아보라 권했다.

친구들이 진우에게 붙여준 별명은 '가면'이었다. 평소 그는 속내를 제대로 드러내지 않고 무표정하면서도 공손한 태도로 상대방을 대했다. 그러나 한번 화가 나거나 술을 마셔 이성을 잃으면 완전히 다른 사람처럼 분노를 표출하는 이중적 모습을 보이기에 친구들이 그런 별명을 붙여주었다. 그가 평소 보이는 과도한 공손함은 마치 속내를 감추기 위한 위장술의 일부로 이해할 법했다.

상담 초반에 진우는 말을 거의 하지 않았다. 그저 공손한 태도로 질문들에 "예.", "아니요.", "잘 모르겠어요." 등 단답형 대답으로 응수하곤 했다. 이유를 묻는 내게 그는 일부러 말을 하지 않는 것이 아니라 정말로 아무 생각도 나지 않는 것뿐이라 답했다. 가끔 긴 문장 몇 마디를 하는 날에는 "태어나서 이렇게 맨정신에 마음을 솔직히 털어놓고 이야기해본 적이 없는 것 같습니다. 이런 기회를 가질 수 있어서 좋았습니다."라고 말하기도 했다. 이 말은 결코 빈말이 아니었다. 하지만 그런 날조차 다른 내담자와 비교해보면 턱없이 말수가 적었기에, 그동안 얼마나 자기 생각과 감정을 억누르며 살아왔는지 조금이나마 짐작할 수 있었다. 상담 초반에 낯을 가려 말수가 적은 내담자를 간혹 만나지만 이렇게 오랫동안 숨 막힐 정도로 이야기를 꺼내기 힘든 내담자는 드물다.

따라서 억지로 말을 많이 하도록 시도하기보다 경직된 심신을 이완할 수 있는 방식으로 상담을 진행했다. 몸에 힘을 빼는 법과 마음을 차분하게 관리하는 데 도움이 되는 호흡법을 알려주고, 언제 어디서 불쾌하거나 불편한 느낌을 느끼는지 알아차릴 수 있도록 도왔다.(카르마 상담의 제4원리) 다행히 이러한 시도는 효과가 있었다. 상담사에 악감정이 있어서가 아니라 단지 속내를 표현하는 데 서툴러서 문제를 겪는 그는 가르쳐주는 대로 열심히 따라했다. 그러면서 자신의 몸이 평소 얼마나 경직되고 힘이 들어간 상태였는지 인식했다. 특히 자신도 모르게 늘 이를 꽉 물어 턱에 많은 힘이 들어간다거나, 길게 호흡을 하기 어려워 매우 짧은 호흡만을 하고 산다는 등의 사실을 알게 된다. 그는 적극적으로 몸에 힘을 빼는 연습을 했고 갈수록 더 많은 이완을 경험한다. 동시에 말문도 열리기 시작했다.

상담에서는 평소 진우의 몸에 힘이 잔뜩 들어가 있는 것은 생각과 감정이 밖으로 드러날까 경계하는 본인의 심리와 깊은 연관이 있음을 설명했다. 그는 최근 큰 사고를 치고 난 후 다시 또 심각한 실수를 저지를까봐 더욱 움츠리며 조심하려 노력하고 있었다. 억지로 생각과 감정을 감추려 노력했지만 마음대로 되지 않았다. 즉 자신을 뜻대로 통제할 수 없었다. 진우는 가끔 불편하고 부정적인 경험을 하면 자신도 모르게 충동적으로 분노가 올라오고 이를 가라앉히려 많은 애를 써야 했다. 공손한 겉모습과 달리 그의 내면은 들끓는 분노와 터질 것 같은 원망과 후회가 역동하고 있었다.

무엇보다 솔직하게 속내를 털어놓는 일이 필요했다. 하지만 내면을 억압하며 생각과 감정을 가두고 살아온 세월이 워낙 길어서 쉽게 자기 내면에서 느껴지는 것들을 표현하지 못했다. 다행히도 꿈이 그런 그를 도왔다. 진우는 자신의 꿈에 관해 이야기하는 것을 편안하게 생각했다. 억지로 생각과 감정을 떠올리며 이야기하는 것을 어려워하는 그에게 꿈에서 경험한 것을 있는 그대로 이야기하는 것은 비교적 수월했다. 꿈을 다루는 작업은 말문을 트는 역할을 하면서 동시에 그의 마음을 알아보는 좋은 계기를 제공했다.(카르마 상담의 제7원리)

심신을 이완하며 제법 말문이 터지고 있을 무렵 진우는 다음과 같은 생생한 꿈을 꾸고는 상담에서 다루길 원했다. 꿈에서 그는 비행기를 타고 있었다. 그런데 갑자기 바깥 하늘에서 괴물이 나타나 그가 탄 비행기를 떨어뜨리려 한다. 이 와중에 비행기의 기장과 부기장은 무서워서 도망쳤고 통제를 잃은 비행기는 추락하기 시작한다. 비행기 안의 사람들은 패닉에 빠지고 우왕좌왕하는데 이때 진우가 나선다. 그는 직접 조종실로 가 비행기를 조종하기 시작한다. 그는 괴물의 공격을 피하면서 오히려 역으로 괴물을 공격했다. 괴물은 결국 죽었고 비행기는 무사히 착륙한다. 그렇게 안도의 한숨을 쉬는데 탑승객들은 목숨을 구해준 그의 공로를 전혀 알아보지 못하고 그냥 싸늘하게 가버린다. 그는 이런 상황에 억울함과 분노를 느끼다가 잠에서 깼다.

우리는 꿈을 다음과 같이 해석했다. 꿈의 전반부에서 비행기는 통제되지 않는 상황이다. 밖에서는 괴물이 비행기를 공격하고, 기장과 부기장은 도망갔고, 승객들은 패닉에 빠졌다. 이런 일련의 소재들은 현재 그의 상황을 잘 보여준다. 현실에서 그는 자기의 행동과 감정이 원하는 대로 통제되지 않아 불안해하고 있다. 또 어떻게 미래를 살아가야 할지 혼란스러워하고 있기도 하다. 특히 충동적으로 행동하며 사고를 치는 자신이 매우 위험한 상황에 처해 있다고 인식하고 있었다.

꿈의 후반부를 보면 상황이 점차 개선되고 있다. 그는 통제되지 않는 비행기를 스스로 조종하며 통제력을 획득한다. 더욱이 괴물도 물리쳤다. 이는 현재의 그가 심신을 이완함과 동시에 심신 상태를 자각하는 연습을 통해 자기 통제력을 증가시키고 있는 상황을 반영하고 있다.

그러나 꿈의 마지막 장면은 아직 그의 내면에서 해결되지 못한 문제를 보여준다. 이 장면에서 그는 사람들이 자신의 공로를 전혀 인정해주지 않는다며 허무함과 분노를 느꼈다. 실제로 진우는 이 장면을 떠올리며 현실에서 충분히 인정받지 못하는 자신의 상황과 겹쳐지는 것을 느꼈다. 그러면서 억울하다는 감정이 격하게 올라왔다.

이렇게 자신의 꿈에 대해 알아보며 진우는 한층 상담에 몰입하게 되었고 상담 방향과 문제의식에도 큰 신뢰를 보냈다. 덕분에 꿈의 마지막 장면이 제시하고 있는 심리적 문제에 초점을 맞추어 본격적으로 그의 유년 시절에 관한 이야기를 나누기 시작했다. 진우는 아버지 이야기를 많이 했다. 아버지는 엄격했고 장남인 그에게 항상 좋은 성적을 내도록 강요했다. 성적이 좋지 않으면 혼내거나 심지어 무시하기도 했다. 또 기대에 못 미치는 성적을 받으면 친구 혹은 친척의 자녀들이 얼마나 열심히 공부하는지 비교하며 그가 최선을 다하지 않았기 때문이라 핀잔을 주곤 했다. 하지만 좋은 성적을 받을 때면 당연하다는 듯 아무런 칭찬 없이 무심히 넘어갔다.

지독히 공부만 강조하는 아버지에게 진우는 한번은 너무 화가 나 마음속으로 '그래, 그렇게 원하면 미친 듯이 공부만 해주마. 아무것도 따지지 않고 오직 그냥 공부만 해줄게.'라고 독하게 마음먹고는 며칠간 계속 문제집만 풀었던 기억도 떠올렸다. 이런 학창시절을 보내면서 진우는 점점 이 세상에서 생존하기 위해 중요한 것은 오직 성적뿐이라는 생각을 하게 된다. 더욱이 친구들과 늘 성적으로 비교당하던 기억은 다른 사람들과의 경쟁에서 이겨야만 인정받고 살아남을 수 있다는 신념을 견고하게 만든다.

성인이 된 진우는 출세지향적이고 결과중심적인 사고방식을 가지고 있었다. 오직 성공으로 자신을 증명하는 것이 최선이라 생각하며, 인간에게 생각과 감정 따위는 중요치 않다고 여긴다. 보란 듯 성공하기 전까지 자신의 마음에 어떤 것이 들어 있는지 관심을 갖지 않았고 그저 불쾌하고 불편한 것이 올라오면 습관적으로 억눌러 되돌려 보냈다. 또 성공적인 결과만이 중요하므로 또래 친구 모두를 자신의 성공을 가로막는 경쟁자로 여기는 경향이 있었다. 심지어 가까이 지내는 친구들에게조차 가끔 그런 마음이 느껴지곤 했다. 가뜩이나 속내를 드러내지 않는 진우가 경쟁자로 여기는 친구들과 솔직히 대화하기란 불가능했다. 그렇게 그는 속마음을 터놓지 못하는 조건을 스스로 강화해나갔다. 그럴수록 마음속에서는 설명할 수 없는 답답함과 억울함이 삐져나왔고 갈수록 충동에 휩쓸리기 쉬운 상태가 되었다.

그는 아버지에 대해 상당한 양가감정을 보여주었다. 진우는 상담에서 아버지를 무척 좋은 분으로 이야기하려 애썼다. 그동안 자신에게 해준 것들에 감사하다고 말하고 또 아버지가 엄격한 덕분에 자신이 삐뚤어지지 않았다고도 했다. 그는 권위적인 아버지에게 감히 불만이나 원망을 품고 있다는 사실을 인정하려 들지 않았다. 하지만 마음속에 있는 불편하고 불만 어린 이야기를 꺼내면 항상 아버지와의 에피소드들이 흘러나왔다. 자신에 대한 기대치가 높은 아버지는 대기업이나 공기업이 아니라면 인정해주지 않을 것이라며 자신이 취업을 적극적으로 할 수 없는 현실을 한탄했다. 또 최근 아버지가 은행권에 취직한 친구를 언급하며 부럽다고 말한 기억을 떠올리며 자신이 그저 그런 직장에 취직하면 아버지가 매우 실망하는 상황이 발생할 것이라 말했다.

중요한 단서는 영화 이야기에서 나왔다. 진우는 과거 영화 '사도'를 관람했을 때 크게 감정 이입되면서 힘들고 괴로운 마음으로 보았다고 한다. 특히 영조가 아들 사도를 억압하는 장면에서 몸에 힘이 많이 들어갔고 그런 사도가 관에서 일어나 아버지를 죽이러 가는 장면에서는 묘한 희열이 느껴졌음을 고백했다. 이를 계기로 그는 자신의 마음에 혹여 있을지 모르는 분노의 정체를 희미하게나마 인식하게 되었고 솔직히 이를 표현하며 터져 나오도록 허용하기 시작했다. 그는 갈수록 아버지에게 대한 분노를 거침없이 표현했다. 한동안 상담에서 진우는 자신의 분노를 인정하고 계속 표현하는 시간을 가졌다.

부정적이지만 마음속에 감추어진 감정과 생각이 솔직히 드러나면서 현재 상황이 제대로 풀리지 않는 중요한 원인도 파악할 수 있게 되었다. 그는 아버지에 대한 복수심이 있었다. 취업도 못 하고 충동적 실수로 사고를 치는 아들의 모습에 크게 실망하고 좌절하는 아버지의 모습에서 진우는 일종의 통쾌함과 만족감을 느끼고 있음을 자각하게 된다. 이 모든 부정적 상황이 아버지 탓이라는 생각과 그에 따른 복수심이, 진우 자신이 망가지는 상황조차 오히려 반기는 모순된 마음을 만들어 내고 있었다.

따라서 가장 시급하고 필요한 작업은 복수심의 근원 즉 그의 내면에서 살아 숨 쉬는 잔인하고 혹독한 아버지, 분노와 원망이 활화산처럼 쏟아지게 만드는 아버지를 마음속에서 놓아드리는 것이었다. 상담은 아버지에 대한 솔직한 생각과 감정을 드러내면서도 조금씩 그를 이해하며 화해하는 시도로 진행됐다. 그러나 이는 매우 어려운 작업이었다. 그는 상담의 낌새를 알아채고는 격렬히 저항했다. "아버지를 용서하는 일은 내가 너무 호구 잡히는 일 같아서 도저히 못 하겠어요."라고 말하기도 한다

한동안 상담은 이 단계에 멈추었다. 나는 상황을 타개하기 위해 아버지에 대한 부정적 생각과 감정에 몰입되어 있는 상태에서 잠시 거리를 두고, 아버지를 삶의 인과에 주어진 하나의 조건으로 보도록 시도했다.(카르마 상담의 제5원리) 즉 자신의 삶을 인과적으로 잘 따져보기 위해 그가 카르마 개념을 통해 삶을 돌아보길 바랐다. 하지만 이는 성급한 시도였다. 특히 무종교이자 공학도였던 그에게는 씨알도 먹히지 않았다. 그는 이런 대화 자체를 거북하게 생각했다.

시행착오 끝에 우리는 대안으로 죽음이란 주제로 삶의 인과를 우회적으로 논할 수 있었다. 나는 한때 자살 생각까지 해보았다던 그에게 다시 태어난다면 어떤 조건의 환경을 가지고 싶은지를 물었다. 그러자 그는 단호하게 다음과 같이 답했다. "저는 절대로 다시 태어나고 싶지 않습니다. 다른 삶은 결코 살고 싶지 않고 그런 일은

없습니다." 그러면서 말을 이었다. "이런 시대에 이런 삶으로 태어난다는 것 자체가 벌이라고 생각합니다. 이건 죄에요." 그는 한번은 술을 마시고 부모님에게 왜 자신을 낳았냐며 심하게 따졌던 기억을 떠올렸다. 술김에 이런 말도 했다고 한다. "제대로 키워주지도 못할 거면서 왜 나를 낳아서는 이런 고통을 겪게 하는 거야."

진우는 만약 좋은 부모님을 만났다면 남들처럼 착한 아들이 되고 모든 일을 계획한 대로 해나갈 수 있었을 것이라 말했다. 그에게 이 생은 실패한 삶이고 너무도 가혹한 것이기에 마치 신에게 버림받은 삶처럼 느껴졌다. 다음 생이 있다고 생각하면 끔찍한 기분이 든다며 그냥 이 생에서 마음대로 살다가 소멸하면 좋겠다고 덧붙였다. 이런 그에게 나는 다음과 같이 질문했다. "만약 본인이 결혼해서 애를 낳고 아버지가 되면 아이가 정말 행복하고 바람직한 유년기를 보낼 수 있도록 키울 자신이 있나요?" 그는 고개를 저으며 자신은 절대 그렇게 키울 수 없을 것 같고 또 그렇기 때문에 결혼을 해도 아이를 낳지는 않을 것이라 말한다. 나는 그에게 본인이 부모가 되었을 때 아버지와 마찬가지로 아이에게 문제가 되는 유년 시절을 선사하게 된다면, 지금 부모님에게 분노하고 원망하는 일이 자신에게도 동일하게 적용되어야 하는 것이 아닌지 생각해보길 권했다. 아울러 만에 하나 아버지와 자신이 입장이 뒤바뀌는 인연으로 다음 생에 만나면 역시 복수심으로 (현재의 아버지인) 아들에게 혹독한 양육을 선사하지 않을 것인지도 물었다. 그는 생각에 잠겼고 침묵했다. 나는 혹여 그렇게 생각된다면 지금 아버지를 비난하는 일은 결국 자기 자신을 비난하는 것과 다르지 않겠냐고 되물었다.

다시 다음과 같은 질문을 이어갔다. "혹시 다음 생을 이어간다는 생각을 하기 싫은 이유도 자신이 그 생을 잘 살아낼 자신이 없기 때문 아닌가요? 새로운 삶을 잘 운영할 자신이 없기 때문에 그런 대화가 불편한 것이잖아요." 그는 이 말에 제대로 반박하지 못했다. 그는 현재 자신이 품고 있는 생각이나 행동이 그리 바람직하지 않다는 사실을 잘 인식하고 있었다. 그래서 윤회라는 사실을 인정하는 것도 싫었고 현재의 자기 모습이 다음 생에 반영되어 펼쳐진다는 생각을 하면 끔찍해졌다. 그러면서도 아버지에 대한 원망을 거두는 것은 불가능하기에 비도덕적인 생각들을 많이 했다. 그는 과거 자신이 술을 마시고 실수해서 감옥에 가는 것 같은 최악의 상황이 벌어지더라도 딱히 후회하지 않으리라 생각해왔음을 고백했다. 원 없이 분노를 표출해본 결과로 그런 상황에 처하게 된다면 기꺼이 감내하겠다는 것이다. 이러한 그의 생각에는 아버지에 대한 복수심과 통제되지 않는 답답한 자신의 내면에 탈출구를 원하는 소망이 뒤섞여 있었다. 그러한 번뇌들이 그를 도덕적이지 못한 위험한 생각으로 몰아 가고 있었다. 그는 간혹 뉴스에서 보도되는 잔혹한 보복 운전자의 마음을 이해할 수 있다고 했다. 자신 또한 눈이 뒤집히는 상황에서 시비가 붙으면 말로 이것저것 따질 것 없이 야구방망이나 칼로 상대를 위협하고 때린 후 그냥 감옥에 갈 것이라는 파괴적인 생각이 마음 한편에서 불쑥 떠오르곤 한다고 털어놓았다.

이렇게 솔직하게 마음 안에 있는 과격한 분노들이 터져 나오면서 분노의 기저에 깔린 그의 진짜 속내와 문제가 되는 근본적인 부분들을 다룰 수 있게 되었다. 유년 시절의 억울한 마음에서 비롯된 복수심과 억압이 마음속에서 비도덕적이고 양심적이지 못한 여러 생각들을 양산했다. 스스로도 그것이 바람직하지 못함을 부지불식간에 인식하고 있었다. 따라서 진우는 자기 마음을 솔직하게 내보이지 못하고 억눌러야만 했다. 예를 들어 친구들에게 '나는 너희를 경쟁자로 생각하고 있어.'와 같은 생각을 솔직히 이야기할 수는 없는 노릇이다. 문제는 그런 부정적이고 비양심적인 생각과 감정들이 그의 마음을 구속한다는 것이다. 따라서 그의 마음이 보다 자유로워지기 위해서는 선하고 도덕적인 태도로 삶을 대할 필요가 있음을 이해하도록 대화를 진행했다.(카르마 상담의 제2원리)

상담을 통해 그동안 마음속에 감추어놓은 부정적이고 비도덕적인 것들, 아버지에 대한 분노와 원망을 높은 수위로 가감 없이 털어놓는 만큼 그의 마음 또한 부드러워지고 자유로워지기 시작한다. 그는 점점 상담에서 말을 많이 하게 되었고 긍정적인 생각들을 하게 된다. 그리고 무엇이 옳은지 그른지에 대해 덜 감정적으로 따져보는 작업도 가능해졌다. 따라서 상담은 조금씩 아버지를 이해해보고 마음속에서 화해하는 작업으로 진행됐다. 하지만 워낙 오랜 시간 품었던 아버지에 대한 분노는 쉽게 사그라지지 않았다. 선한 마음을 가지려 노력하는 그에게 이 오래된 복수심은 많은 내적 갈등을 선사했다.

그렇게 힘겨운 노력을 해오던 어느 날 진우는 다음과 같은 꿈을 꾼다. 꿈에서 진우는 육상대회가 열리는 스타디움 안에 있었다. 여러 팀이 대회에 출전했고 자신은 그들 중 한 팀의 리더를 맡고 있다. 그런데 갑자기 나이 많은 팀원 한 명이 실수로 대회 규정에 맞지 않는 신발을 가져오는 바람에 문제가 생겼다. 심판들은 그 신발로는 팀의 출전 자체가 금지될 것이라고 경고한다. 진우는 갑자기 화가 머리끝까지 난다. 리더로서 상황을 수습해 대회 출전이 가능하게 만들어야 한다는 생각을 까맣게 잊고는 문제의 팀원을 죽여버리겠다고 위협하며 쫓아다니다 꿈에서 깼다.

무엇인가를 추진하는 일은 달리기에 많이 비유된다. 달리기 대회와 관련된 이 꿈은 진우가 이제는 앞날을 바라보며 계획하고 준비하는 현 상황을 보여주는 것으로 해석할 수 있다. 더욱이 그 대회에 팀의 리더로서 참가했다는 사실은 그가 현 상황을 책임감 있게 주도하며 헤쳐 나갈 필요가 있음을 보여준다. 그런데 팀원이 신발을 잘못 가져와 대회 출전 자체가 어려워지고 있다. 이 장면은 그가 처한 심적 문제를 적나라하게 보여준다. 나이 많은 팀원은 곧 그의 팀, 아니 가족 중에서 가장 연장자인 아버지에 비유할 수 있다. 그 연장자가 대회에 맞지 않는 신발을 가져왔다는 점은 진우가 아버지에 대한 감정으로 인해 현 상황을 제대로 준비하지 못하고 헤쳐나가지도 못하고 있는 어려움을 반영한다. 더욱이 이때 제대로 된 리더라면 화를 내기보다는 다른 신발로 교체해 대회 출전에 문제가 없도록 책임감을 발휘해야 한다. 그러나 꿈속의 그는 상황을 수습하려 노력하기보다 엄청난 분노를 표출하며 실수한 연장자를 벌하는 데에만 관심을 보였다.

이렇게 잘못되고 바람직하지 않은 부분에 불필요하게 에너지와 시간을 낭비하고 있다는 꿈의 메시지는 진우가 아버지에 대한 부정적 감정을 한층 털어내고 현재의 자신과 삶에 대한 태도를 돌아볼 수 있도록 도왔다. 그는 아버지와의 좋은 기억도 마음속에 있음을 인식하기 시작했다. 어린 시절 아버지와 낚시 가서 즐겁게 보내던 시간, 자신이 좋아하는 장난감을 사주시던 일 등등. 진우는 이런 좋은 기억들을 붙잡으려 애를 썼다. 더 나아가 학력이 낮은 아버지가 힘들게 일하며 자식들의 교육을 뒷바라지하셨다는 사실을 상기하며 아버지의 입장이 되어보려 노력한다. 어린 시절 제대로 공부하지 못한 것이 한이 된 아버지는 자신의 아이들만큼은 열심히 공부시켜 자신보다 나은 삶을 살기를 바랐다. 하지만 그런 선한 소망을 서툴게 자식에게 투사하여 아들이 힘든 유년 시절을 보내게 한 것이다. 이런 객관적이고 균형 있는 시선으로 아버지를 보게 되면서 진우는 아버지라는 조건이 어떤 측면에서 자신과 잘 맞지 않아 어려웠는지, 그것이 자신에게 어떤 문제점을 주었는지를 이해하게 된다. 덕분에 그는 자신이 어떤 사람인지에 대해서도 더 많이 알게 된다.

진우는 아버지로부터 진정한 심적 독립을 전개해 나갔다. 복수심이 줄어든 만큼 이제는 자기 삶을 위해 열심히 취업 준비를 해야겠다는 생각도 하게 된다. 그는 아버지가 강조한 대기업이나 공기업이 아니더라도 일단 사회 초년생으로서 일을 배울 수 있는 곳도 가능성을 열어두고 폭넓게 취직을 준비하기 시작한다. 이후 국내에 진출한 한 외국계 기업에 취직했고 상담은 그렇게 마무리되었다. 그는 몇 달 후 지방에 위치한 회사 근처에 방을 얻어 살게 되었으며 주말이면 가끔 부모님을 뵙기 위해 서울을 찾는다는 소식을 전해 왔다.

## 통찰과 치유

　내담자의 고통을 카르마의 인과 측면에서 다룰 때 마주하는 가장 주요한 정서는 바로 '억울함'이다. 지금 내 인생의 여러 환경과 조건은 내가 의식적으로 선택하고 설계한 것이 아니다. 따라서 '나는 왜 이런 못난 부모를 만나게 되었을까?', '나는 왜 이렇게 머리가 안좋을까?', '나는 왜 이리 못생기게 태어났을까?', '나는 왜 재수가 없을까?' 등 여러 억울한 생각이 들게 마련이다. 내가 원한 것도 아닌데 어려운 조건들을 가지고 태어나서 괴로움을 겪는다고 생각하면 한없이 억울해진다. 진우가 아버지를 용서하기 가장 힘들었던 근원적 이유도 바로 이 억울함 때문이었다.

　'억울함'의 정서는 '탓'을 하게 만든다. 물론 탓을 하면 당장은 마음이 편할 수 있다. 억울함의 원인을 내가 아닌 외부의 문제로 보게 만들기 때문이다. 부모님 탓, 친구 탓, 동생 탓, 형 탓, 언니 탓, 누나 탓, 배우자 탓… 고통의 근본 원인을 내가 아닌 외부나 타인에서 찾으면 억울한 마음을 안전하게 보존하면서 남을 비난할 수 있다. 그래서 분노할 수 있고 복수심을 가지기도 용이하다. 또 문제의 원인을 나와는 전혀 상관없는 것으로 만들 수 있다. 그렇게 외부 대상을 모든 문제의 명확한 원인으로 상정하고 나면 고통을 받는 내 마음은 죄 사함을 받는다.

진정한 문제는 나의 마음인데, 마음이 문제의 본질과 전혀 상관없어지므로 마음속 번뇌를 자세히 알아보는 불편함과 수고로움 따위는 면제된다. 그저 외부의 조건을 탓하며 마음을 돌보지 않게 되기에 결국 자기 인생과 싸우기 마련이다. 내가 설계한 것이 아닌 것, 그러므로 자기 뜻대로 통제되지도 않는 것이 인생이다. 인생에서 내 뜻에 부합하지 않는 문제가 생겼고 이를 통제할 수 없는 나는 화나고 억울하다. 나라는 존재도 또 나의 삶도 모두 카르마 인과의 한 일부임을 깨닫지 못하는 한 그들은 인생을 상대로 싸우게 된다. 그래서 절대로 이기지 못한다. 이는 이 세상과 싸우는 것이자 그 모든 것과 싸우는 꼴이기 때문이다. 자업자득의 원칙, 즉 카르마 인과의 관점에서 보면 그들은 스스로를 망치고 있다. 그래서 그들 인격의 진보도 딱 거기까지다.

붓다는 분노에 대해 이렇게 말한다.

> 분노는 남을 해하기 이전에 먼저 자신부터 해치는 것이니, 자신을 보호하려거든 분노를 다스려야 한다. 『법구경』

카르마 인과의 진리를 펼친 붓다는 분노를 주요한 번뇌로 상정하고 번뇌에 휩싸여 남을 해하려는 악한 의지의 카르마는 반드시 남이 아닌 자신을 해하는 과보로 돌아올 것이라 말한다. 억울함에서 야기되는 분노의 생각과 감정을 몸과 마음에 담고 있으면 거기서 비롯되는 부정적 파동과 영향력을 고스란히 자신이 떠안고 살아가야만 하는 것이다.

# 6

# 남편과 심각한 갈등을 빚은 40대 선미

✳──── 이번에 소개할 사례는 앞선 진우의 사례와는 정반대다. 40대 초반의 여성 내담자 선미와의 상담은 그간의 상담 중 가장 적극적으로 카르마 개념을 다루었으며 이 작업이 내담자에게 극적으로 도움을 준 손꼽는 사례이다.

선미는 본래 종교를 가지지 않았으나 최근 심적으로 힘들어지면서 천주교에 관심을 가지고 성당에 나가기 시작했다. 그녀는 명문대를 졸업한 엘리트로 지적이고 낙천적인 성격에 대인관계도 좋았다. 매사에 긍정적이고 열린 태도로 임하는 선미는 비즈니스 마인드도 뛰어나 사업체를 운영하며 좋은 성과를 내고 있었다. 하지만 그녀는 살면서 지금처럼 힘든 적이 없었다고 털어놓았다. 결혼 8년 차에 초등학생과 유치원생 두 아이를 둔 그녀는 남편과의 심각한 갈등으로 부부 관계에 위기를 맞고 있었다. 그녀는 점점 남편에 대한 분노가 커져 이혼까지 생각하게 되었다. 자기 인생에서는 이혼 같은 일이 결코 일어나지 않을 것이라 굳게 믿어왔던 그녀는 지금 그런 상황으로 삶이 치닫고 있다는 사실에 위기감을 느꼈고 이대로 끝낼 수는 없다는 생각에 상담을 받고자 결정했다.

선미와 비슷한 연배의 남편은 명문대를 나온 인재로 좋은 직장에 다니고 있었지만 자기만의 세계가 무척 강한 사람이었다. 물론 선미는 연애시절 남편이 다소 자기주장이 강하고 가부장적인 면이 있다는 사실을 인식하긴 했지만, 모든 일을 철두철미하게 계획하고 완벽히 처리하는 모습에 큰 매력을 느꼈다. 그래서 '이런 사람이라면 믿고 의지할 수 있겠다.'는 생각으로 결혼을 결심한다.

결혼 후 남편은 가족의 모든 일을 그녀와 상의 없이 혼자 결정하고 처리했다. 선미는 다소 불만이 있었으나 워낙 똑똑한 사람이니 알아서 잘하리라 믿으며 따랐다. 그런데 2년 반 전부터 문제가 생기기 시작한다. 직장 상사와 트러블이 생긴 남편이 자기 사업을 하겠다며 사표를 던진 것이다. 매사에 꼼꼼하고 완벽을 기하는 남편은 사업을 제대로 구상하는 데 약 6개월의 준비 시간이 필요하다며 시간을 달라고 요청했다. 그녀는 남편이 이번에도 잘 해내리라 믿고 흔쾌히 수용했다. 그런데 남편은 6개월이 아니라 2년 반이 넘도록 도무지 일할 기미를 보이지 않는다. 그동안 선미는 가족의 생계비용과 아이들의 교육비를 책임지고 있었다. 심지어 남편의 부탁으로 대출까지 받아 적지 않은 이자 비용도 감당해야 했다. 쉴 새 없이 일하며 아이들까지 돌보아야 했던 그녀는 최근 몸이 아파 병원에 가는 일이 잦아졌고 면역력이 많이 떨어졌으니 좀 쉬어야 한다는 의사의 권고를 받았다.

선미는 자신의 이런 모습을 옆에서 지켜본 남편이 정신 차리고 빨리 일을 시작하기를 바랐다. 까다롭게 이런저런 조건을 재면서 완벽한 때를 기다리는 남편에게 차라리 사업을 하기보다 직장을 구해 다시 일하는 것이 어떠냐고 제안했으나 남편은 요지부동이었다. 그저 조금만 더 기다려 달라는 말만 반복할 뿐이었다. 그렇게 아무런 변화 없이 시간이 흘러가며 서서히 남편에 대한 환상과 신뢰가 깨지게 된다. 그녀는 지난 시간 동안 자신이 지나치게 남편의 말만 믿으며 의존한 것이 아닌지 생각하게 된다. 이전에 남편이 장담하고 약속한 많은 것들이 제대로 이뤄지지 않았다는 사실도 인식하게 된다. 이런 자각은 그동안 남편이 계속 공수표를 날리며 가족의 일을 얼마나 독선적으로 처리해 왔는지, 또 자신이 얼마나 그런 남편에게 의존하며 일방적으로 맞추어 왔는지도 깨닫게 만든다.

아내가 병원에 다니면서도 생계를 책임지기 위해 일하는 모습을 지켜보고도 남편은 자기중심적으로 행동하는 듯했다. 어린 막내아들이 잠자리에서 자주 뒤척이기에 몸이 아플 때면 남편이 데리고 자주기를 바랐지만, 남편은 여전히 다른 방에서 편하게 혼자 잠을 청했다. 또 그녀의 사업 진행 방식에도 못마땅해하며 왜 이렇게 무계획적으로 일을 진행하느냐며 참견하곤 했다.

긍정적인 성격의 그녀였지만 이런 상황이 반복되자 점점 버티기 어려워졌다. 선미는 보통 상식을 가진 남자라면 아내의 고생에 미안해하거나 눈치라도 좀 볼 텐데 남편은 그런 기미조차 보이지 않음에 야속했다. 그녀가 현실적인 제안을 할 때면 허점이 많다며 단박에 거절하고는 그럴듯한 변명만 늘어놓았다. 선미는 자신이 모든 것을 짊어진 이 상황이 버거워졌고 이 암울한 상황을 바꾸기 위해 자신이 할 수 있는 일이 없다는 생각이 강해지면서 미래에 대한 희망도 사라지기 시작했다. 그러던 어느 날 자신도 모르게 '그냥 죽어버리면 어떨까?'라는 생각이 머릿속에 떠오르는 것을 경험한다. 더 심각한 문제는 그 순간 '이 상황에서 나만 사라지면 남편이 다 알아서 해야겠지?'와 같은 부정적인 생각들이 순식간에 꼬리에 꼬리를 물며 일어났다는 점이었다. 심지어 자신이 죽은 후 뒷감당을 하느라 힘들어하는 남편의 모습을 상상하면 일종의 통쾌함도 느껴졌다.

선미는 점점 남편만 보면 분노가 치밀어 올라 정이 떨어졌다. '차라리 이혼을 해버릴까?'란 생각을 자주 하게 되었고 그 생각은 양육비를 받고 이혼할지 아니면 자신이 양육비를 줄지 등 현실적이고 구체적인 계획으로 이어질 정도가 된다. 이렇게 죽음과 이혼에 관한 생각이 마구잡이로 일어나는 경험은 긍정적이고 낙천적인 성격으로 살아온 그녀에게는 낯설고 당황스러우며 심지어 무섭기까지 했다.

선미는 진심으로 자신이 이혼을 원한다고 믿지 않았고 또 그래서도 안 된다고 생각했다. 하지만 남편에게 정을 붙이기 어려워지는 자신이 무서웠다. 이대로 가면 완전히 관계를 정리하는 극단적 상황에 가까워짐을 알기에 심히 염려하고 있었다. 이혼만큼은 아니라고 의식적으로 생각하려 노력해도 답답한 남편과 마주할 때면 부정적인 감정이 일면서 다시 극단적인 상황을 선택하고픈 마음이 들게 됨을 통제할 수 없었다. 진퇴양난의 상황을 타개하기 위해 무엇이든 해야겠다는 생각이 들어 성당에 나가기 시작한다.

적극적인 성격의 그녀는 이런저런 시도를 해보며 마음을 다잡으려 했으나 쉽지 않았다. 따라서 그녀와의 상담에서는 좀 더 이른 타이밍에 카르마 인과에 대한 이야기를 나눌 수 있었다. 현재의 어려움을 극복하기 위해서는 무엇이든 하겠다는 절실한 그녀의 마음과 더불어 생소하고 이질적인 것에도 긍정적이고 열린 태도를 보이는 선미의 성격은 카르마 이야기를 잘 수용하도록 도왔다. 그녀는 현재 상황이 다름 아닌 나 자신의 카르마의 인과에 따라 펼쳐진다는 이야기에 무척 호기심을 보이면서 적극적으로 대화에 임했다.

그녀의 아버지는 낙천적이고 낭만적인 성격을 가진 분으로 젊은 시절 사업을 대범하게 잘 운영하셨다. 선미의 긍정적인 성품과 뛰어난 사업수완은 아버지를 닮았다고도 볼 수 있다. 다만 아버지는 선미가 고등학생일 때 사업에서 큰 실패를 맛보았다. 그 후 아버지는 제대로 된 일을 찾지 못하고 무계획적이고 허황한 기회만 쫓아다니며 시간을 보낸다. 심지어 허황한 사업계획을 여러 사람에게 소개하며 돈을 빌리러 다니면서 주변의 신뢰마저 잃었다. 아버지는 결국 재기하지 못하고 집에만 머물렀고 가족들과의 관계도 어려워진다. 그녀의 어머니는 선미처럼 결혼 초기 남편을 전적으로 믿으며 남편의 뜻에 맞추어 주는 삶을 살았다. 그러나 남편이 사업을 망한 후 가족들에게 부담만 주자 엄청난 갈등을 겪었고 결국 두 분은 별거에 가까운 생활을 하게 된다.

　유년 시절의 환경을 되짚어보던 선미는 부모님 사이에서 벌어진 일이 자신의 인생에서도 유사한 패턴으로 벌어지고 있음을 인식한다. 남편 역시 열심히 일하다 그만둔 뒤로는 2년 반 이상 쉬고 있었고 딱히 일하겠단 의욕을 보이지 않은 채 이런저런 변명들만 늘어놓고 있었다. 또 자신은 그런 남편과 극도로 갈등을 겪으며 별거나 이혼을 고려할 정도의 상황에 처해 있었다. 선미는 이런 상황을 부모님이 해결치 못한 부정적인 카르마 인과의 영향력이 그들의 자녀들에게까지 이어지고 있는 것으로 해석할 수 있었다. 덕분에 그녀는 지금 자신이 겪는 문제를 먼저 겪었던 부모님을 연으로 만난 이번 생과 그 조건들에 대해 돌아보는 작업을 할 수 있었다. 어느날 밤 선미는 카르마의 인과를 곰곰이 생각해보다가 갑자기 다음과 같은 질문이 떠올랐다고 한다. '만약 나의 부모님이 내 카르마 인과의 일부로 주어진 조건이라면, 과연 나는 내 아이들에게 어떤 조건이 되어주고 있을까?'. '아이들은 어떤 카르마로 인해 나라는 사람을 어머니라는 연으로 만나게 되었을까?'. 마음속에 이런 질문이 생기자 정신이 화들짝 들어 다음과 같이 결심하게 되었다고 상담에서 강조했다. "자식들에게 반드시 심적으로나 경제적으로나 울타리가 되어야겠다는 생각이 들었어요. 결코 아이들의 삶에 구멍을 내는 조건이 될 수는 없어요." 그녀는 부모님에게서 자신으로 반복되는 부정적인 카르마의 인과가 아이들에게까지 이어지는 것을 원치 않았다. 부디 아이들의 선하고 좋은 카르마의 인과가 선미 자신을 어머니라는 조건으로 인도한 것이길 바랐다.

부모님은 본인들의 문제를 해결하는 데 급급했고 또 서로 갈등을 빚느라 따뜻하고 화합된 가족 분위기를 형성하지 못했다. 그래서 선미와 그녀의 오빠는 부모님에게 심적으로나 경제적으로 전혀 기댈 수 없었다. 선미는 가끔 힘들 때면 조금이라도 부모님에게 기댈 수 있고 도움을 받을 수 있으면 얼마나 좋을까 생각하곤 했다. 현재 자신과 오빠, 아버지, 어머니 모두 철저히 각자도생이었다. 오빠의 상황은 특히 좋지 않았는데, 그는 지방에 자리 잡은 후 부모님 거의 연락을 끊다시피 하며 살고 있고 또 부부 갈등이 심각해져 최근 이혼 절차를 밟고 있는 상황이었다.

선미는 부모님과 자신을 관통하는 부정적인 카르마의 인과를 반드시 단절하겠노라 다짐하며 다음과 같은 메시지를 보내왔다. "우리 아이들이 나와 비슷한 카르마의 인과를 겪는다고 생각하면 참을 수가 없네요. 나중에 그럴 조짐이 보이면 정말 그 사위(딸의 미래 남편)를 우주로 날려버릴지도 몰라요."

그녀는 아이들이 결혼할 때까지 절대 이혼하지 않을 것이며 자신은 더 열심히 일해서 경제적으로도 도움을 줄 수 있는 든든한 조력자가 되어줄 것이란 각오를 다졌다. 그녀는 최선을 다해 남편과의 관계 회복에 집중했다. 실망스럽고 화가 나게 만드는 남편이었지만 사랑하려는 마음을 내기 위해 노력했다. 그렇게 미움과 안타까움 혹은 애틋함의 감정이 교차하는 남편에게 마음을 열기 위해 노력했지만, 이미 정이 떨어진 상태인 데다 그가 하는 행동을 보면 마음을 열기 쉽지 않았다.

그녀는 남편을 좋은 인연으로 소화하기 위한 내적 작업을 치열하게 전개하기 시작했다. 가장 어려운 점은 남편은 전혀 변할 기미조차 보이지 않는데 그녀만 노력하고 있는 현실이었다. 조금씩 노력하다가도 여전히 꽉 막힌 남편을 보면 답답하고 정이 떨어지는 기분이 다시 들었다. 어느 날 내게 보낸 문자메시지는 그 어려움을 잘 보여준다. "애 아빠도 힘들겠지만 나는 이제 남편이 싫어지고 있고 그 주기가 점점 짧아지는 게, 또 싫은 감정이 커지는 게 문제인 것 같아요. 믿음이 사라지고 기대를 안 하게 되니까 남편이 우울해 보여도 위로해 주어야겠다는 생각보다 얼굴을 보고 그냥 참아내는 게 더 힘듭니다."

나는 그녀에게 카르마의 인과가 마음의 문제임을 상기시키며 자신의 마음을 잘 이해하는 일에 초점을 맞추자고 제안했다. 고통을 주는 카르마의 과보에는 반드시 그런 인과를 야기하는 카르마의 원인인 마음의 번뇌가 존재하기 때문이다. 현재로서는 남편이 그녀의 노력에 도움이 되지 않는 것은 분명한 사실이지만 우선 그녀의 마음을 돌보는 작업을 통해 부정적인 생각과 감정에서 잠시 거리 두기를 권했다. 그리고 자신이 회피하고 싶은 심적 진실, 불편하지만 자신의 부족한 부분들에 대해 주의를 두고 성찰하는 작업을 함께 해나갔다.(카르마 상담의 제4원리)

일단 외부가 아닌 내면의 문제에 초점을 맞추기 시작하자 주변 사람들에게 항상 인기 많았던 자신의 긍정적인 성격 가운데 자신이 전혀 알아차리지 못하고 있던 불편한 진실들을 발견하게 된다. 가장 핵심적인 것은 자신이 일상의 디테일을 많이 놓치고 있고 또 무계획적이라는 사실이었다. 예를 들어 선미는 상대와의 약속을 아예 잊어버리거나 아니면 만남 시간이 임박해서 변경하는 경우가 잦았다. 또 마음 가는 대로 일을 처리하는 성격이다 보니 일을 대충 처리하면서 같은 실수를 여러 번 반복하곤 했다. 이는 평소 남편과 친구들이 우회적으로 지적하거나 불만을 가지던 부분이었지만 별것 아니라 생각하며 주의를 기울이지 않았다.

낙천적이고 인간적인 성격은 상대를 편하게 해주는 강점으로 작용하면서 폭넓고 좋은 대인관계를 유지하도록 도왔고 덕분에 사업도 잘 풀렸다. 작은 일에 신경 쓰지 않고 철저한 계획 없이 일해도 주변 사람들이 도와주는 경우도 많았다. 그녀의 무계획적 행동이나 약속을 잘 지키지 못하는 습관 때문에 친구들이 불만을 느꼈다가도 그녀와 함께 시간을 보내면 즐겁기에 이 문제는 제대로 수면 위로 떠오를 수 없었다.

남편의 성향은 정반대였다. 섬세하고 철두철미한 남편은 하나하나 계획하고 빈틈없이 일을 처리했다. 선미는 연애 시절 남편이 독선적인 면이 있었음에도 주의 깊게 살펴보지 못하고 오히려 호감을 느끼게 된 원인 또한 바로 이런 성향 때문이었다는 사실을 깨달았다. 자신과는 달리 일을 완벽히 처리하는 모습에서 큰 매력을 느꼈고 왠지 자신의 부족한 부분을 채워줄 것 같은 신뢰가 생기며 의지해도 될 사람처럼 보였기 때문이다.

이런 생각에 미치자 그녀는 자신이 크게 주의를 두지 않고 넘겼던 남편의 이야기들을 곰곰이 되짚어 보게 된다. 남편은 무계획적이며 일을 잘 마무리하지 않은 채 다른 일을 벌이는 그녀의 일 진행 방식에 매우 힘들어했고 불안해했다. 낙천적인 선미는 대수롭지 않게 넘겨왔으나 이것이 그간 남편이 속내를 터놓고 자신에게 공유하기 어려워하는, 즉 남편이 자신을 신뢰하지 못하는 핵심적 이유임을 알게 된다. 가뜩이나 자기 세계가 강한 남편은 아내를 신뢰할 수 없다고 생각했을 것이다. 따라서 남편과의 관계 개선을 위해 자신이 계획적이고 철저한 생활 습관을 지니려 노력해볼 필요가 있다고 생각한다.

하지만 누구나 자기 성격에 맞는 방식으로 일을 처리하며 산다. 자신은 자신대로 남편은 남편대로 자기만의 성향으로 일하며 성과를 내고 살아왔기에 누구 방식이 더 옳고 나쁘다고 단정할 수 없다. 이런 생각은 선미로 하여금 왜 자신만 습관과 성향을 바꾸려 힘들게 노력해야 하는지 억울한 마음이 들게 했다. 남편은 변할 기미조차 보이지 않는데 자신만 헛수고하는 것은 아닌지 의구심도 커졌다.

이에 상담은 카르마로 인과에 의한 삶의 중요 과제를 다루는 작업으로 나아갔다.(카르마 상담의 제6원리) 선미 부부는 서로 반대 성향을 가지고 있고 이것이 극단적으로 드러나면서 부딪히고 있었다. 그리고 선미는 자신의 부족한 점인 꼼꼼하고 계획적으로 일을 처리하는 법을 배울 기회를 맞이하고 있다. 그것이 가능하다면 그녀는 기존의 훌륭한 사업수완에 더해 매사에 일 처리를 꼼꼼히 하면서 사업을 더 조화롭게 운영할 수도 있을 것이다. 두 사람이 가진 반대 성향에서 균형을 찾는 지혜를 배우는 기회를 카르마의 인과가 그녀에게 부여하고 있다고 해석할 수 있다. 나는 이 지혜의 가치와 의미에 대해 강조했다. 붓다는 카르마 인과의 속박에서 벗어나기 위해서는 극단에서 벗어나는 중도의 지혜가 중요함을 설했다. 따라서 그녀가 지금 처한 어려운 상황은 카르마 인과의 정수라 할 수 있는 중도의 지혜를 배우는 것이자 인격 진보의 기회라 생각해 볼 수 있었다. 그만큼 이 고통의 사태는 그녀의 성숙한 인격 수준을 증명하는 것으로 읽히기도 했다.

그녀는 배우는 것을 좋아하고 자기 계발을 중요하게 여기고 있기에 삶을 배움의 기회로 보라는 주문을 잘 소화해 냈다. 이혼이 아닌 남편과 잘 사는 방법을 택한 그녀는 남편이 변하지 않더라도 자신이 좋은 의지를 가지고 변화를 추구하는 카르마를 짓다 보면 남편 또한 언젠가는 변화할 것이라는 신념을 가지게 된다. 따라서 자신의 문제에 초점을 맞추어 최선을 다해 계획적이고 철저하게 일을 처리하려 노력했다. 난생처음 가계부라는 것도 작성했는데 이를 통해 자신도 몰랐던 사실, 즉 줄줄 새는 돈이 생각보다 많다는 사실도 새롭게 알게 되었다.

상담은 아직도 진행 중이다. 그녀의 카르마 인과에 대한 이해는 날로 깊어지고 있다. 그리고 이해한 것을 실천으로 옮기는 역량도 뛰어나다. 덕분에 상담 초기보다 마음이 훨씬 가볍고 상황도 개선되었음을 피부로 느끼고 있다. 아직 원하는 만큼은 아니어도 남편 역시 아내의 말에 경청하는 모습을 보이기도 한다. 심지어 어느 날 남편은 다음과 같이 말했다고 한다. "내 인생에서 이렇게 나를 어렵고 힘들게 하는 사람은 없었어. 우리 부모님을 포함해서 말이야. 그런데 이상하게 당신은 내 뜻대로 할 수 없고 또 내가 초라하게 느껴지게 만드네." 자기 고집과 자기만의 세계가 강한 남편이 이 정도로 속내를 고백한다는 것은 이전에는 상상할 수도 없던 일이다.

최근 선미의 친한 친구가 이혼 과정을 밟고 있다. 그런데 선미는 친구가 새로운 남자 친구라며 소개해준 남성이 전 남편보다 결코 더 나은 인품을 가지지 않았다는 인상을 받았다. 선미는 이 과정을 지켜보면서 카르마의 인과를 다시 한번 생각하게 되었다고 한다. 문제를 가져다주는 카르마의 인과를 올바로 이해하고 그 속박을 일으키는 번뇌에서 벗어나지 못하는 한, 현재의 어려운 상황에서 도망치더라도 다시 카르마 인과의 사슬에 얽혀 비슷한 문제를 겪게 되리라는 것을. 따라서 이혼이 금기여서가 아니라 도망치듯 상황을 모면하는 수단으로 여기는 것은 바람직하지 않다는 것을 깨달았다고 말했다.

그러면서 선미는 다음과 같이 고백했다. "다음 생이 주어진다면 결혼하지 않고 혼자 살면서 내가 하고픈 공부, 즉 사람의 마음에 관한 깊은 지식 혹은 삶의 운명을 헤아리는 지식을 쌓으며 그 통찰을 사람들에게 베푸는 삶을 살아보고 싶네요."

## 통찰과 치유

선미의 사례는 그 어느 것보다 카르마에 대해 직접적이고 심도 있게 논하며 문제를 다루었던 사례이다. 그녀의 열린 마음은 상담이 잘 진행될 수 있도록 만들어주었다. 그녀는 인격적으로 준비된 개인이 카르마 인과를 잘 이해한다면 얼마나 삶을 성숙하고 깊이 있게 대할 수 있는지 또 고통의 상황을 배움과 지혜의 계기로 삼을 수 있는지를 잘 보여주었다. 중도의 지혜를 구하는 일을 삶의 과제로 설정한 그녀와의 상담 과정에서 나 역시 많은 것을 배우고 느꼈다.

그녀는 어려운 상황에서도 자업자득의 카르마 사상을 올바로 이해하려 노력하면서 자기에게 어려움을 주는 남편과 부모님을 탓하는 분노와 원망의 마음에 머물지 않으려 고군분투했다. 오히려 이런 상황을 초래한 것이 자신의 심리적 상태, 즉 카르마 인과를 만드는 번뇌임을 인식하려 노력했다. 덕분에 선미는 단순히 고통을 벗어나야겠다는 마음가짐에서 한발 더 나아가 자신이 먼저 변함으로써 남편과 아이들의 인과에 좋은 영향을 미치겠다는 능동적인 관점을 취할 수 있었다.

물론 이 과정은 정말로 쉽지 않았다. 부부 중 어느 한쪽만이 문제의 본질을 이해하고 변하려 노력하는 것은 당사자에게 참으로 어렵고 외로운 일이다. 선미는 적극적으로 카르마의 인과를 이해하려 노력했지만 때때로 남편에 대한 서운하고 화나는 감정이 올라와 고전하는 것을 피할 수 없었다. 고맙게도 그녀는 다음과 같은 내 조언을 수용하며 마음을 다잡았다.

"선미 님이 남편을 보면서 부정적인 마음을 계속 발산하면 그런 아내를 연으로 둔 남편은 더 일이 안 풀리게 됩니다. 그러면 아내인 선미 님 역시 결국은 더 괴로워지고요. 그러니 어렵겠지만 남편을 보면서 역으로 정말 고맙다는 생각과 함께 진심으로 잘되길 바라는 마음을 내보세요. 무조건 남편의 말에 수긍하고 따르라는 것이 아닙니다. 남편의 잘못을 지적할 수도 있고 또 본인이 원하는 바를 부탁할 수도 있어야 합니다. 다만 그런 것들이 원망이나 분노가 아닌 좋은 의도에서 시작된 카르마여야 합니다. 이를 정말로 실천하다 보면 다음 생이 아니라 이번 생에서 내 카르마가 적절한 인과를 낸다는 것을 경험하게 될지도 몰라요. 혹여나 카르마 인과를 몸소 체험하고 깨닫는 일이 벌어진다면 선미 님은 엄청난 공부를 한 것이고 또 이 생에서 진정 깨닫고 가는 것입니다. 그것은 공부하기로 작정하고 그런 조건을 갖춘 어느 인생에서도 얻기 힘든 훌륭한 교훈이라 생각합니다."

가끔 나는 그녀에게 너무 어려운 주문을 하고 있다고 생각하기도 한다. 그래서 "지금 제가 선미 님 입장이라면 제대로 과제를 해낼 수 있으리라 장담할 수 없을 것 같습니다. 선미 님이니까 이 길을 갈 수 있는 것이라 생각해요."라고 말할 정도였다. 그녀는 대범하면서도 적극적으로 마음과 삶의 패턴을 돌아보면서 현 상황을 인격 진보의 기회로 삼고자 노력했다.

선미는 카르마 상담에 적극적으로 임했으나 종교를 바꾸지는 않았다. 오히려 상담 기간 중 천주교 영성체 교육을 받았고 영성체식과 세례식도 참여했다. 그러나 다른 한편으로는 카르마와 윤회의 관념을 숙고하며 살고 있다. 그녀는 자신의 바람직한 행위가 비록 지금은 밑 빠진 독에 물을 붓듯 무의미한 것처럼 보이더라도 언젠가는 반드시 결실을 낼 것이라 믿는다. 실제로 선미는 그런 시도를 통해 최악의 상황은 벗어났다는 경험을 했기에 앞으로도 더욱 상황이 좋아질 것이라 믿는다.

그녀는 현재 카르마 사상의 전도사 역할을 하기도 한다. 폭넓은 대인관계를 가진 그녀는 필요할 경우 고통의 상황에 처한 지인들에게 자신의 카르마에 대한 지식과 이해를 공유하는데 그것이 그들에게 큰 도움을 주기도 한다. 심지어 그녀를 통해 카르마에 대해 더 알고 싶다는 이들이 생기면서 카르마 상담에 대한 소개로 이어지기까지 한다.

# 7

# 자신을 깨달은 존재라 여기는 50대 기태

✳──────── 50대 중후반의 기태는 탄탄한 중소기업을 운영하는 자수성가한 사업가다. 그는 매우 어려운 유년 시절을 보냈지만 모진 역경을 이겨내고 사업에 성공한 역량 있는 인물이다. 그는 5남매 중 넷째였고 부모님은 농업에 종사했다. 부모님은 가장 덩치가 작고 힘도 약했던 그를 형들과 비교하며 못마땅해했다. 부모님은 자녀 교육에 관심이 크지 않았고 더욱이 그가 중학교에 들어갈 무렵에는 형편이 어려워져 학교에 다닐 수 없었다. 다른 형제들과 달리 책 읽는 것을 좋아했고 혼자 천자문을 떼기도 했던 그는 학교에 다니는 친구들이 제일 부러웠다. 결국 부모님 지원 없이 검정고시를 보고 대학에 입학해 혼자 힘으로 학업을 마쳤다. 사회생활을 하면서도 공부의 끈을 놓지 않고 주경야독으로 석사와 박사 과정을 마쳤다.

기태는 집안에서 유일하게 박사학위를 가졌고 경제적으로도 가장 성공한 아들이었다. 그는 항상 모든 일에 최선을 다하고 어떤 어려운 일이 닥쳐도 될 때까지 도전하는 강한 정신력의 소유자였다. 젊은 시절 무일푼으로 특별한 배경 없이 학업과 경제적 성공을 모두 성취한 그는 자신에 대해 자부심이 컸고 '나는 할 수 있다.'는 자신감도 넘쳐났다. 언뜻 보면 그는 전혀 상담이 필요 없는 사람처럼 보였다.

그러나 기태는 최근 부부 관계가 심각하게 악화되면서 이혼 위기를 맞고 있었다. 부부 관계 개선을 위한 일환으로 아내는 그에게 상담을 권했고 어쩔 수 없이 그 요청을 수락한다. 비자발적으로 시작된 상담이었던 만큼 그는 좀처럼 마음을 열지 않았다. 오히려 상담을 통해 자신에겐 아무 문제가 없다는 것을 증명하려 노력했다. 뛰어난 역량을 가진 자신이 남에게 상담받는다는 사실 자체가 매우 자존심 상하는 일이었다. 기태는 조금이라도 불리하거나 불편한 내용이 다루어질 기미가 보이면 냉소적인 태도를 보이며 지루해하고 상담의 가치를 깎아내리곤 했다. 자신이 남들보다 뛰어난 사람이라는 사실에 흠결이 가지 않는 범위 내에서만 대화가 진행되길 바랐다. 그렇게 자신이 바라는 내용만 상담에서 다루길 원하면서 견고한 자기만의 세계에 조금이라도 균열이 날 법한 대화는 회피했다.

사회적으로 기태는 교양 있고 겸손하며 뛰어난 인물이라 평가받고 있었다. 그러나 집에서의 그는 정반대로 독선적이며 군림하는 가장이었다. 가족들에게 자기 생각을 강요하고 항상 가족 모두가

군말 없이 따라와 주기를 바랐다. 가족들은 그런 기태와 제대로 소통하는 데 어려움을 느끼고 있었다. 그의 독선적 태도는 가족 관계를 악화시키는 핵심 요인이었다.

젊은 시절, 부인은 독단적인 그를 인내하고 이해해주었으나 오랜 세월 함께 살며 상처를 받는 일이 많았고 마음에도 응어리가 졌다. 이제 나이도 든 마당에 할 말은 해야겠다는 생각이 강해지면서 부인은 그의 독선을 문제 삼기 시작했고 부부싸움이 잦아졌다. 최근에는 공공연히 이혼을 언급할 정도로 사이가 나빠진 것이다. 아이들 역시 항상 정답만 강요하며 공감되지 않는 잔소리를 늘어놓는 아버지에게 반감이 컸다. 아이들은 전적으로 어머니의 편에 서 있었다.

그런 아내나 아이들에게 기태는 매우 서운했다. 일평생 가족을 위해 한눈팔지 않고 헌신해왔기 때문이다. 그는 자신의 깊은 뜻을 가족들이 제대로 이해하지 못한다고 생각했다. 그래서 이 상황에 타협하고 싶은 생각이 추호도 없었다. 한번 옳다고 믿으면 뚝심 있게 밀고 나가는 성격의 그는 당장은 가족들에게 오해받고 힘들더라도 흔들리지 않고 나가야 가족에게 진정 도움이 되리라 생각했다. 그는 그렇게 자기만의 세계에서 자신을 원망하는 가족들을 위해 기꺼이 이 핍박받는 상황을 감내하며 희생하는 구원자가 되고 있었다.

그가 고집스러울 정도로 자기 행동과 결정이 옳다고 믿는 배경에는 지적 우월감이 자리했다. 사실 기태는 평소 '깨달음'에 많은 관심이 있었고 자신을 깨달은 존재라 여기고 있었다. 두뇌 회전이 빠른 그는 무엇을 경험하거나 어떤 글을 볼 때 종종 머릿속에서 크고 작은 통찰이 생기는 경험을 했고, 그 통찰들을 메모해 놓고 감상하는 습관이 있었다. 상담에서 그는 메모 내용을 보여주었는데 실제 그중 일부는 마치 선승들의 것 같은 멋지고 훌륭한 문구였다.

특정 종교를 가지진 않았으나 그는 불교에 지대한 관심이 있었다. 젊은 시절 한때 불교에 심취해 서적을 탐독하고 법회나 사찰을 열심히 찾아다닌 적이 있다. 그는 내가 불교심리를 전공했다는 사실에 호기심을 보였고, 가끔 상담에서 자신의 해박한 지식들을 뽐내려 했다. 특히 불교를 대표하는 핵심 용어인 '공성空性'이란 말을 무척 좋아하고 자주 사용했다. 상담 도중 불편한 이야기를 다룰 조짐이 보이면 세상 만사 모두 공한 것이라며, 대화의 방향을 틀곤 했다. 그렇게 공성을 언급하며 대화의 마침표를 찍는 것이 그에게는 마치 깨달은 존재의 화법을 구사하는 것 같은 만족감을 주는 듯했다.

덕분에 우리는 카르마와 윤회의 주제를 자연스럽게 다룰 수 있었다. 이 주제에 대해서도 기태는 자기만의 식견을 뽐내려 했다. 그는 윤회나 카르마는 진정한 불교의 것이 아니라 말했다. 자신을 진화론자라 규정한 그는 참된 진실은 과학이 알려주는 것이라 주장한다. 아울러 현대를 사는 우리는 과학적으로 사고해야 한다며, 사람이 죽으면 육신을 구성하는 모든 것은 해체되어 흩어질 뿐이라 설명했다. 다만 흩어진 물질적 요소들이 우주 먼지처럼 이러저러하게 떠다니다가 다시 새로운 생명이 야기될 때 그 생명의 몸을 구성하는 방식으로 한 편의 생사를 이어간다는 것이다. 반면 정신적인 요소들은 그런 물질적 요소들과 달리 계속 생사를 이어갈 만한 것이 없으므로 윤회를 통해 인과가 이어진다는 말은 진실이 아니라 주장했다. 그러면서 그 누구도 죽음 이후의 경험은 말할 수 없으므로 윤회나 카르마는 단지 인간이 스스로를 위로하기 위해 만든 상상의 산물일 뿐이라 힘주어 말했다. 또한 자아도 없고 윤회도 없는 것이 불교 교리의 핵심이라는 스님이나 학자들의 글을 소개하기도 했다. 그에게는 모든 것이 공하다는 사실이야말로 우리가 인정해야 할 유일하고도 궁극적인 사실이었다. 따라서 기태는 카르마나 윤회 또한 공한 것이라 자신 있게 말했다.

불교에서 잘못된 견해를 가지는 일은 큰 번뇌 중 하나로 이해된다. 이는 잘못된 카르마를 짓게 만드는 핵심 원인이 되기 때문이다. 따라서 불가피하게 상담은 공성 및 카르마에 관한 불교의 진의를 논하는 양상으로 진행됐다. 인도 불교의 역사 후대에 반야와 중관 사상이 등장하며 공성이란 용어가 핵심적으로 떠오르게 된 것이 사실이다. 하지만 그 사상은 그저 모든 것이 공하다며 일상의 가치나 중요한 가르침들을 무의미하게 만드는 일을 경계한다. 그들은 이런 시도를 하는 자를 '악취공자', 혹은 '악견에 치우친 공견론자'로 칭하며 비판한다. 나는 이 같은 사실을 두고 토론하며 그의 태도가 불교적 가르침을 제대로 반영하는 것이 아니라 허무주의적이라고 지적했다. 그리고 공성의 참된 의미는 세상 모든 것이 서로 연결되어 있어 분절적이고 단독적인 존재로 볼 수 없다는 것이지, 결코 아무것도 존재하지 않는다는 허무주의가 아님도 설명했다. 그러면서 상담에서 자신에게 불편한 이야기가 다루어질 듯한 조짐이 보일 때면 어김없이 '공성'이란 말을 꺼내 들면서 건설적인 대화를 회피하거나 부정하는 그의 상담 태도를 과감히 다루었다.

그는 자신이 악취공자 같은 행동을 한다는 지적에 충격을 받은 듯 한동안 침묵하며 별다른 답변을 내어놓지 못했다. 이 대화는 상담 진행의 전환을 가져다 주는 기폭제가 된다. 그간 자신의 논리에 제대로 반박당한 경험이 없었던 그는 이를 계기로 자신이 최고라는 태도를 다소 누그러뜨리고 전보다 상담사의 이야기에 귀를 기울이게 되었다. 그리고 무엇보다 공성이란 단어를 다시는 남발하지 않았다.

다음으로 상담은 카르마 및 윤회에 대한 그의 견해를 다루어 나갔다. 윤회란 것이 존재하지 않는다고 말하는 그에게 나는 정말로 그러한지 삶을 돌아보며 확인해보자고 제안했다. 따라서 그의 동의 아래 카르마 인과의 측면에서 그의 삶에 주어진 조건들을 확인하며 그것들이 인과적으로 어떤 영향을 끼쳤는지를 살펴보았다.(카르마 상담의 제5원리)

우선 기태가 가장 관심 있고 중요하게 여기는 '깨달음'을 중심으로 인과를 살펴보는 작업을 시작했다. 교육열이 부족했던 부모님, 중학교 때부터 가정 형편이 급작스레 어려워진 점 등은 깨달음 즉 공부를 제대로 하기 어렵게 만드는 조건이었다. 반면 기태는 어린 시절부터 공부하고 싶은 열정이 컸고 덕분에 스스로의 힘으로 박사학위까지 딸 수 있었다. 이런 열정과 끈기는 그가 처한 유년 시절의 환경의 불리함을 상쇄할 만큼 중요하고 긍정적인 조건이었다. 이 조건은 그의 타고난 기질로, 공부하고 싶은 마음이 간절하게 일어나는데 큰 요인이 된다. 이 기질에 연하여 그는 다른 형제들과 같은 혹은 더 불리한 여건 속에서도 포기하지 않고 의지를 발휘해 학업적 성취를 이루어냈다. 그뿐만 아니라 학업을 마친 것에 안주하지 않고 평생에 걸쳐 깨달음에 관심을 두게 만들었다.

이런 방식으로 기태는 깨달음에 우호적 조건과 비우호적 조건이 뒤섞여 주어진 인과를 분별해냈다. 이제 그 조건들에 어떤 의미를 부여할 수 있는지 검토해나갔다. 특히 이 조건 중 어느 것이 더 본질적인지를 구별해보는 작업을 진행했다. 비우호적인 조건들은 어려운 형편, 교육열이 없던 부모님 등의 외적 환경들이었다. 반면 우호적 조건은 깨달음에 대한 열망이나 강력하고 끈질긴 추진력 같은 내적 요인이었다. 그렇다면 그가 지닌 우호적 조건이 카르마의 인과 상에서 더 본질적인 부분이라 생각해 볼 수 있다. 그 이유는 윤회의 과정에서 각 생에 외부의 환경은 그때그때 바뀌는 것이지만 깨달음에 대한 열망은 그렇지 않을 수 있기 때문이다. 깨달음을 향한 열망과 지혜의 수준은 이번 생뿐만 아니라 다른 생에서도 지속적으로 영향을 미치는 보다 본질적인 부분이 될 수 있다. 이는 오랜 윤회의 과정에서 시행착오를 거치며 얻게 된 혹은 습관화된 인과의 귀중한 결실이라 해석할 여지가 있기 때문이다. 그러므로 그가 다른 생에서 어떤 외적 조건을 받아 태어나든지 이 부분들이

상속되는 한 외부 조건과 환경에 굴하지 않고 깨달음을 얻고자 노력하는 삶을 꾸릴 가능성이 높아진다.

이렇게 우리는 외적인 부분보다 내적인 부분, 즉 의지나 지혜 같은 마음의 요인들이 더 중요함에 대해 이야기할 수 있었다. 이런 분석은 그에게 상당한 인상을 주었다. 그리고 깨달음을 향한 구도자 같은 자신의 삶을 좀 더 잘 이해하도록 도왔다. 덕분에 그는 흥미를 가지고 진지하게 카르마 상담에 임한다.

상담은 그의 삶에서 문제가 되는 심적인 문제, 바로 독선과 교만함의 정서적 문제를 다루고자 했다. 사실 그가 삶에서 가족들과 큰 마찰을 겪는 원인은 논리나 견해의 지적인 문제가 아니라 정서의 문제라 할 수 있다. 그는 좋은 분석력을 가졌고 평소 독서량도 많았다. 그리고 자신의 이야기를 논리적이고 설득력 있게 설명할 줄도 알았다. 지적으로만 보면 무척 뛰어난 사람이었지만 그는 마음을 불편하게 만드는 특정 주제나 문제들에 대해서는 전혀 논리적이고 합리적이지 않았다. 그런 부분에서는 오히려 감정적이고 자기중심적으로 접근하고 있었다. 특히 자신과 가장 친밀한 관계를 맺고 있는 가족 문제는 마음의 불편한 부분들을 건드리는 취약한 부분이었다. 그래서 가족 관계 문제에 있어서는 평소와 달리 매우 모순적인 태도를 취하게 된다.

불교적 식견이 높은 그는 내게 '나라고 할 만한 것이 없으므로 살아가면서 나 혹은 나의 것에 집착하는 일은 바람직하지 않다.'는 무아사상을 잘 설명했다. 하지만 가족들을 자신의 일부 혹은 나의 것이라 여기며 자기와 하나 되기를 강요하고 있는 이가 바로 자신이라는 모순은 자각하지 못했다. 기태는 가족이라면 자신과 생각이 똑같아야 한다고 여겼고 구성원 모두가 일심동체처럼 지내길 원했다. 남에게는 다름을 인정해주고 너그럽게 허용하는 면모를 보여주었지만 나 자신, 혹은 나의 일부라 생각되는 가족들에게는 그런 면모를 발휘할 수 없었다. 그래서 독선적으로 군림하며 가족들의 불만을 샀다. 나의 것, 즉 나의 일부인 가족들을 완벽히 통제하고픈 욕심이 있었고 이 욕심은 독단적으로 소통하고 행동하는 동력이 되었다. 나라는 존재, 혹은 나의 것이라 할 만한 것이 없으므로 집착하지 말아야 함을 이론적으로는 알고 있지만 정작 자신은 가족의 생각과 감정도 내 것인 양 강하게 집착하고 있던 것이다.

기태는 자신과 다른 생각을 가지는 것, 혹은 그의 예상 범위를 넘어 가족들이 판단하고 결정하는 것에 큰 불안과 불편함을 느낀다는 사실을 인식하게 된다. 다만 그 이유를 알 수 없었다. 따라서 상담에서는 그가 가족들과 함께하는 상황 속에서 떠오르는 생각을 추적하며 어떤 부분이 불편하고 부담으로 다가오는지 주의 깊게 살펴보는 작업을 진행했다.(카르마 상담의 제4원리) 가족들의 의견이 하나로 합쳐지지 않는다는 징조가 조금이라도 예견되는 순간 그는 유년 시절의 기억을 떠올렸다. 부모님과 형제 누나들은 항상 동의할 수 없는 극단적이고 또 무모한 의견들을 가지고 큰소리로 싸우곤 했다. 서로 자기 의견이 맞다 주장하고 갈등을 빚으며 타협하지 못해 집안은 늘 전쟁터같이 혼란스러웠다. 이런 가족 분위기에서 어린 기태는 불안을 느끼고 좌절했다. 그런 유년 시절의 경험이 현재의 그가 가족 구성원 간에 이견이 조금이라도 생기면 화합이 깨질 것 같은 위험을 느끼게 만드는 불안의 근원이었음을 자각하게 된다. 그는 아주 조금이라도 아내나 아이들이 다른 의견을 주장하면 자신의 마음이 불편해진다는 것을 깨달았다.

또한 화합을 도모할 수 없고 남들 보기에도 창피한 수준의 주장들이 난무하던 유년 시절의 분위기 속에서 그는 가족 누구에게도 기대거나 의존할 수 없다는 생각을 하게 된다. 그러면서 스스로 삶을 개척하지 않으면 자기 삶은 형편없어질 것이라는 절박한 마음을 가지게 된다. 이런 마음은 자기 생각을 타협 없이 관철하며 고집스럽게 추구하는 그의 성격을 빚어냈다. 그래서 자신과 생각이 다른 가족들의 견해에는 자동적으로 반대하고 문제점을 지적하는 습관이 있었다.

여지껏 그는 가족 누구와도 마음을 솔직히 터놓고 공유하는 경험을 제대로 해보지 못했다. 오히려 마음 한켠으로는 가족 누구도 수준 높은 자신의 생각을 제대로 이해할 수 없으리라 예단했다. 자신의 삶을 잘 꾸리기 위해서는 오직 자신만 믿을 수 있다는 생각을 했기에 자신의 올바른 선택과 뛰어난 판단에만 집중했다. 타인의 의견을 경청하거나 그들의 도움이 필요하다는 사실은 그에게 별로 중요하지 않았다.

따라서 우리는 그가 해결해야 할 중요한 삶의 과제로 우월감 즉 교만이라는 번뇌의 문제를 상정하고, 이것의 해결을 가족과의 관계속에서 마음을 열고 차이를 인정할 줄 아는 역량을 갖추는 것으로 확인해보기로 했다.(카르마 상담의 제6원리) 타인과의 관계에서 정서적 단절을 야기하는 기대의 우월감을 타파하기 위해 먼저 불교의 카르마 사상은 나와 타인이 연결되어 있다는 연기의 지혜를 핵심으로 함을 설명하고 또 강조했다. 그가 삶의 과제를 성공적으로 수행하려면 가족과 자신이 정서적으로 함께하는 삶을 살아낼 수 있어야 했다. 그는 현재 가족들 사이에서 자신이 고립된다는 느낌을 확고히 경험하고 있었다.

그는 여전히 아내와 아이들을 사랑하고 있다. 그러기에 한편으로 과도할 정도로 어렵거나 부담스러운 일을 자기 선에서 다 해결해주려 했다. 어린 시절 부모님이 싸우는 모습을 종종 보며 자란 기태는 '나는 커서 결혼하면 절대로 내 부모님처럼 되지 말아야지. 내 아내와 아이들에게 정말 잘해줄 거야.'라고 생각했다. 그렇게 가족과의 좋은 관계를 꿈꾸며 살아오던 자신이 어느새 부모님과 다를 바 없이 가족과 불협화음을 내며 살아가고 있는 현실은 그에게 큰 절망을 안겨주었다.

상담은 그가 정서적으로 가족과 연결되기 위해서는 다음의 두 가지 중요한 실천이 요구됨을 다루었다. 첫째, 비록 실수하더라도 가족 역시 그들 뜻대로 도전하고 경험할 권리가 있다는 점을 인정해주는 것이다. 비록 사회 경험이 많고 똑똑한 그가 보기에 틀린 것처럼 보이더라도 때론 그들에게 그런 실수마저도 경험할 권리를 부여해야 한다. 둘째, 아무리 좋은 가르침이라도 상대 입장에서 배려함 없이 자기중심적인 방식으로 강요하면 안 된다는 점이다. 아무리 옳은 소리도 상대의 입장을 고려하며 때와 장소를 구분해 주장해야 한다. 특히 그는 가족들이 자신보다 지적으로 한 수 아래라는 교만한 마음을 가지고 그들을 올바른 방향으로 이끌어야 한다는 생각이 강했다. 일방적으로 지시하고 강요하는 방식은 비록 가족들을 잘되게 해주겠다는 좋은 의도일지라도 그들 입장에서는 숨막히고 부당하게 다가왔다.

따라서 기태는 가급적 자신이 말하기보다 가족들이 먼저 이야기하고 자신은 경청하는 상황을 만들기 위해 노력했다. 가족들의 생각에 부족함이 많이 보여서 수정해 주고픈 충동이 강하게 올라오더라도 그 마음을 내려놓고 인정하는 연습을 했다. 그리고 매 상담 회기에서 가족들의 생각에 대한 그의 견해를 검토했다. 이런 과정에서 그는 자신이 생각하기에 문제가 많아 보이는 가족들의 의견 중에도 의외로 시간이 지나고 보면 크게 잘못되지 않거나 혹은 생각한 것과 다른 긍정적 결과를 내는 좋은 측면이 있음을 확인할 수 있었다. 덕분에 기태는 점차 생각이 다른 가족의 이야기를 듣는 일에 더 진심을 낼 수 있었다.

물론 이 과정은 쉽지 않았다. 기태는 다른 사람의 생각을 인정하고 수용하는 일이 얼마나 어렵고 답답한지 새삼 느끼게 된다. 특히 가족들이 완벽하다고 느끼는 자신의 생각과 다른 방향으로 생각하고 행동할 것이라는 예상이 들 때면 불안과 불편함이 올라왔다. 그는 계속해서 그런 불안과 불편한 느낌에 주목하면서 이것이 자동적으로 가족의 분열이라는 파국적 결말을 떠올리게 한다는 것을 인식했다. 이러한 노력 속에서 기태는 자신에 대한 또 다른 한 가지 중요한 사실을 자각한다. 이는 자신의 부족한 면을 타인에게 드러내는 일을 말로 표현하기 어려울 정도로 위험하게 느끼고 있다는 사실이었다. 어린 시절부터 가족들에게 의존할 수 없고 남을 신뢰할 수 없었던 그는 자신을 솔직히 내보이는 일이 공포스러울 정도로 힘들었다.

기태는 자신의 마음을 닫게 만드는 정서적 순간을 통찰하면서 스스로에 대해 더 많이 이해하게 된다. 그동안 인식하지 못하던 자기의 또다른 모습들을 확인하면서 그는 마음의 부담을 내려놓고 솔직히 인정하려 노력했다. 그만큼 그의 우월감은 더욱 약화됐다. 어느 날 그는 내게 약간은 한탄하듯 다음과 같은 말을 건넸다. "나의 전생이 과연 무엇일까 한번 생각해봤습니다. 아마도 수행자의 삶을 흠모하고 부러워했으나 현실적 여건이 제대로 갖추어지지 못해 그 길을 가지 못한 삶이거나, 혹은 절에서 살았지만 수행자가 아니라 그들 옆에서 풍월이나 주워듣는 일꾼 같은 것이 아니었나 하는 생각이 들었어요." 그러면서 그는 다음과 같은 말도 덧붙였다. "지금 현재 삶도 그때처럼 아직 '미생'이네요."

탄식하듯 솔직담백한 어투로 내뱉은 이 말에 나는 귀를 의심했다. 자아에 대한 집착과 교만의 번뇌로 우월감을 향유하던 그가 전생의 비유를 통해 자신을 부족한 존재라 인정하며 진심으로 내려놓았기 때문이다. 아울러 자신이 그간 그렇게 부정했던 카르마에 의한 윤회 사상도 수용하고 있었다. 그는 그동안 왜 그리 불교 서적들을 탐독하면서도 유독 윤회를 거부하는 이야기에 마음이 이끌렸는지에 대해서도 통찰하게 되었다. 기태는 양심적으로 자신이 없었다. 그는 자신이 아내와 아이들에게 일방적이고 독선적인 태도를 보인다는 사실을 모르지 않았다. 그는 이미 이 사실을 어렴풋하게나마 인식하고 또 무엇인가 잘못되어 간다는 부담을 느끼고 있었다. 하지만 자신의 태도가 가족 관계를 망치고 있음을 인정하기란 참으로 어려웠다. 그것은 자신을 지탱해준 우월감과 지적 신념에 금이 가는 불편하고 위험한 일이었기 때문이다. 그래서 그는 이 불편한 진실에 눈을 감았다. 그렇게 진실을 외면한 채 시간이 흘렀고 어느새 문제를 제대로 인식할 수도 바로잡을 수도 없는 상황에 이른 것이다.

도덕과 양심의 측면에서 자신이 없어진 그는 카르마 인과가 펼쳐진다는 윤회를 인정할 수 없었다. 그것은 여간 부담되고 거북한 것이 아니었다. 자신의 내생이 우호적으로 펼쳐지리라 기대하기 어려웠기 때문이다. 자신이 한 대로 받는다는 카르마 법칙과 윤회에 따라 자신과 가족의 관계가 다시 역전되어 펼쳐진다고 생각하면 숨이 막혔다.

이제 상담은 그의 인생에 있어 도덕적 측면들을 파고들었다.(카르마 상담의 제2원리) 기태는 자신이 사업을 운영하면서 때로 냉정하고 비인간적으로 처신한 부분들도 마음에 걸렸다. 그는 일터에서 냉정한 처신도 마다하지 않으며 가족을 위해 어렵게 돈을 버는데,

아내는 남들에게 물질적으로나 심적으로 퍼주는 것을 좋아한다는 사실이 못마땅했다. 윤회를 믿고 남을 돕는 일에 진심인 아내가 길거리에서 구걸하는 이들에게 후하게 동냥하면 쓸데없는 짓을 한다고 핀잔을 주었고, 때론 위선적인 마음에서 나오는 행동이라 비난하기도 했다. 하지만 이는 사실 자신을 향한 비난이었다. 좋고 옳은 일임에도 그렇게 하지 못하는 자신에 대한 불편함이 아내에게 투사되었기 때문이다.

시간이 흐를수록 기태의 가족들은 그가 조금씩 변하고 있다는 사실을 느끼게 된다. 가족 관계는 점차 회복되기 시작했다. 저녁 시간에 가족이 함께 TV를 보며 대화를 나눈 적이 언제인지 기억나지 않을 정도였지만, 이제는 그런 시간을 가질 수 있게 되었다. 덕분에 기태는 가족 관계에서 자신만 소외된다는 느낌을 받지 않게 되었다. 그는 가족들과 자신이 정서적으로 연결되어 있음을 선명히 경험하게 되었다.

## 통찰과 치유

불교의 카르마 법칙은 우리의 정신 건강을 위해 지켜야 할 매우 중요한 원칙 하나를 알려준다. 올바른 것, 선한 것을 추구하려는 도덕적 마인드가 고통에서 벗어나 행복해지는 일에 가장 중요한 요인이라는 것이다. 양심과 도덕이 정신적으로 건강한 삶의 전제라는 사실은 앞서 소개한 진우와 기태의 사례에서 확인할 수 있다.

카르마 상담을 하다 보면 종종 카르마나 윤회에 큰 거부감을 느끼는 이들을 만난다. 그런데 이들 중에는 이미 자신의 고통스러운 삶에 의문을 품고 한 번쯤 윤회나 다음 생에 대해 깊이 생각해본 이들이 적지 않다. 그들은 대체로 자기 생각과 행동이 바람직했는지, 올바른 것이었는지에 대해 자신 없어 한다는 공통점을 가진다. 그래서 자신의 카르마가 그대로 자신에게 돌아온다는 카르마의 법칙이 적용되는 윤회를 단지 허황한 이야기로 치부하며 거부한다. 그러고는 단견, 즉 죽으면 모든 게 끝이라는 견해에 깊이 동의한다. 그렇게 오직 이번 생만 잘 살다 죽으면 그만이라는 생각으로 즐거움만 쫓으며 자기 행동에 따르는 책임과 의무에 소홀해진다. 그들이 카르마와 윤회를 거부하는 마음을 가지게 된 근본적 이유는 그것이 자기 양심에 비추어 떳떳한 삶을 요구하기 때문임을 나는 때때로 확인한다.

우리는 선도 없고 악도 없다는 이야기를 쉽게 한다. 존재하는 모든 것에는 이유가 있고 살펴보면 다 그만 한 사연이 있기에 선악 관념에 빠져 이분법적으로 상대를 구분하며 차별하는 것은 잘못된 일이다. 하지만 이 못지않게 중요한 것은 선한 카르마를 지으려 노력해야 한다는 점이다. 아직 연기의 지혜가 충분히 갖추어지지도 않은 이들이 선도 악도 구분할 수 없다는 상대주의에 빠져 그저 자신이 하는 모든 행위가 다 동등한 가치를 지닌 것으로 판단하면 혼란만 가중될 뿐이다. 그러면 당장 마음의 짐을 덜기 위해 편하게 여겨지는 비양심적인 신념을 선택하고 집착하기 쉽다. 이는 삶을 더 부정적이고 고통스러운 방향으로 흐르게 만든다. 옳고 그름을 구별하지 못한 마음은 떳떳하지 못하고 경직되고 그만큼 고집스러워지기 때문이다.

늘 변하고 있는 현실 속에 살면서 경직되고 고정되면 균형을 잃게 되어 극단적이고 고통스러워진다고 불교는 말한다. 따라서 그 고통은 다름 아닌 양심에 떳떳하지 못한 자기 마음속 그림자에 의해 형성된 것이라 할 수 있다. 자업자득인 것이다.

붓다는 마음에 대해 다음과 같이 말한다.

> 수행자들이여, 마음은 밝고 빛난다. 그러나 이 마음은 외부에서 유입되는 번뇌에 의해 오염되었다. 『앙굿따라 니까야』

붓다의 이 발언은 인간의 마음은 본래 청정하다고 주장하는 불교 사상가들의 핵심적인 근거가 된다. 그들에 따르면 우리의 마음은 본래 밝고 청정하지만 자아, 갈애, 무명과 같은 여러 번뇌로 인해 일시적으로 오염되었을 뿐이다. 번뇌로 마음이 오랫동안 덮여 있을수록 즉 오랜 시간과 공간 속에서 번뇌에 마음이 가려져 있을수록 그것의 속박에서 벗어나기 힘들다.

번뇌를 제거하면 우리의 마음은 사안을 제대로 볼 힘이 생긴다. 우리가 깨달음을 향해 가는 과정은 무엇인가 좋은 것을 덧붙이는 과정이 아닌 번뇌와 같은 부정적이고 불순한 것들을 덜어내는 과정, 즉 비워내는 여정이다. 불교에서 말하는 선한 마음이란 곧 번뇌 없는 마음이다. 이는 어떤 특별한 선한 상태를 만드는 것이 아니다. 탐욕이 있는 마음은 악한 마음인 반면, 선한 마음은 그저 탐욕 없는 마음이면 족하다. 분노에 찬 마음은 악한 마음인 반면 분노가 없는 마음이 곧 선한 마음이다. 있는 것이 문제가 되기에 이를 비워버리면 된다. 마음에서 나를 비도덕적이고 부정적으로 추동하는 번뇌들만 내려놓으면 된다는 뜻이다.

따라서 우리는 도덕적인 것들에 관심을 가지고 더 알려 노력해야 한다. 내 삶에서 도덕을 제대로 확립하고 실천하면 점차 마음은 청정해지고 의식은 명료해진다. 그만큼 일상에서 많은 통찰을 경험하게 되면서 현재의 순간, 현재의 생을 더 생생하고 건강하게 살아갈 수 있다.

불교의 카르마 법칙은 도덕이 개인의 심적 곤경과 직결된다는, 단순하지만 아주 중요한 사실을 가르쳐 준다. 거듭 말하지만 궁극적으로 우리의 행복은 주관적이고 심리적인 것이지 결코 외적 조건에 의해 온전히 좌우되지 않는다.

행복의 열쇠,

양심과 도덕

자본주의 체제와 포스트모더니즘의 다원주의가 각각 정점에 달하며 중첩되는 오늘날, 인간의 정신이 황폐화하는 근본적인 이유는 삶의 인과를 궁금해하지도, 또 제대로 이해하지도 못하는 현대인의 결과중심적 태도에서 찾을 수 있다. 지나치게 돈에 집착하며 본질을 무시한 채 다양한 현상들에만 몰두하고 자극적인 부분들에 끌려다니다 보니 이 지경이 되었다. 이런 현대인들의 결과중심적 삶의 태도는 반드시 동기중심적 태도를 통해 보완되어야 한다. 의지를 삶의 인과에 핵심으로 놓는 '카르마 인과 법칙'은 현대인의 결과 편향된 삶의 태도에 균형을 잡아줄 수 있는 것으로 우리 사회의 주목을 받을만한 가치가 충분하다.

　이 책을 마무리하는 시점에, 나는 돈이 인생의 최우선이자 유일한 목표라 여기며 살아온 30대 남성과 상담을 시작했다. 똑똑하고 성실하며 지적인 그가 돈에 집착하다 심각한 사고를 겪게 됐고 이로 인해 정신적 고통을 얻었다. 그는 '수저 신분제' 논리에 깊이 빠져들고 있었다. 유학파인 그는 함께 공부하던 지인 중 집안이 부유한 일부가 유학을 마치고 돌아와서는 경제적 수준이 맞는 이들과 그들만의 리그를 형성해 호화롭게 생활하는 것을 지켜보았다. 유학 시절의 친분 구조가 깨지고 집안 배경에 따라 관계가 재편된 것이다. 이에 충격을 받은 그는 삶의 목표를 오직 돈 버는 일에 두게 된다. 바로 그 지점에서 문제가 시작되었다. 상담은 현재 내담자의 정신에 깊이 침투한 자본주의적이고 결과중심적인 세계관과 한판 대결을 펼치고 있다. 인생에서 돈이 중요한 것은 분명한 사실이지만 이를 삶의 본질로 여기면 문제가 된다는 점을 이해시키는 작업이다. 카르마 상담사로서 나는 그가 고통이라는 과보를 겪는 근본적인 이유가 삶의 본질을 돈이 아닌 인격의 진보에서 찾지 못하는 인과의 무지 때문임을 확신한다.

얼마 전 우연히 유튜브에서 전 메이저리거 강정호 선수, 현 메이저리거 김하성·최지만 선수의 대화 영상을 보게 됐다. 김하성 선수는 자신이 메이저리그에 대략 5년간 총 420억 원 규모, 즉 연평균 80억이 넘는 좋은 계약으로 진출했음에도 불구하고 리그 첫해에 힘들어 포기하고 돌아갈 생각을 수차례 했었다고 고백한다. 그때 주변 사람들은 그에게 "너 돈 많이 벌잖아. 그러니까 그냥 버텨."라고 말해주었다고 한다. 이 사연을 듣던 최지만 선수는 즐겁고 좋아서 하는 일이 괴로운 일이 된 상황에서 그저 돈을 많이 주니까 버티고 하라는 이야기가 전부일 수 없다고 거들었다. 그러자 은퇴한 비운의 선수 강정호는 고액 연봉을 받던 선수 시절보다 동네 야구 아카데미를 운영하는 현재가 더 행복하고 야구도 즐기게 되었다고 털어놓았다.

나는 이 영상을 내담자에게 보여주며 토론했다. 돈이 행복의 본질이라면 높은 연봉을 받는 선수는 그 자체로 행복하고 즐거워야 한다. 그러나 적어도 이 영상은 그것이 사실이 아님을 알려준다. 김하성 선수는 자신이 노력하는데 결실이 제대로 나오지 않는 삶의 인과적 측면에서 의미를 잃고 고통을 느끼는 것이지 돈이 부족해서 고통을 느끼는 것이 아니다. 자본주의 시스템이 가장 첨예하게 적용되는 메이저리그의 생활에서조차 행복에는 돈 외에 다른 주관적 요인들이 반영되고 있음을 확인할 수 있다. 물론 당장 굶어 죽을 정도의 형편이라면 돈이 행복의 전부라 말할 수도 있을 것이다. 그러나 그 단계를 지나 얼마만큼의 부를 가지느냐가 문제 되는 상황이라면 돈은 결코 행복의 본질이 되지 않는다. 여기서는 내가 어떤 마음가짐으로 무엇을 행하며 사는지, 또 그로 인해 어떤 삶의 인과를 형성해가는지가 본질이 된다.

내담자는 좋은 호텔에 머물고 고급 레스토랑에서 식사하며 골프 치고 여행 다니는 부유한 고소득층의 생활을 보았고 그것을 동경하고 있다. 이 호사로움을 누리지 못하는 자신의 현재를 비관하면서 그런 여건을 가지기 위해 그간 자신을 혹독히 몰아붙였다. 그러다 보니 자기의 상황을 객관적으로 판단할 수 없었고 자신의 행복에 무엇이 필요한지 제대로 생각해보지 않았다. 내담자 역시 가성비 좋은 숙소에 머물고 맛집을 찾아다니며 아내와 여행을 즐길 정도의 형편은 충분했다. 그렇다면 무엇을 본질적인 부분으로 볼지의 문제가 남는다. 새로운 곳을 찾아가 숙소를 정해 잠을 자고 밥을 먹는 행위는 기본적으로 동일하다. 다만 어느 정도 좋은 호텔에서 어느 정도 가격의 음식을 먹는지 등 돈을 쓰는 규모에 차이가 있을 뿐이다. 하룻밤에 100만 원짜리 호텔에서 잠을 자건 10만 원짜리 숙소에서 잠을 자건, 행복에 진정 도움이 되는 것은 그 여행에서 자신이 사랑하는 이들과 어떤 감정과 생각으로 시간을 보냈는지가 아닐까에 대해 논했다. 그는 너무도 당연한 이 사실을 그간 생각해볼 기회조차 없었다고 고백했다. 좋은 추억으로 마음에 오래 남아 행복에 도움을 주는 부분은 심리적 요인으로, 내가 무슨 행위를 하며 어떻게 시간을 보내느냐에 따라 달라진다는 사실을 그는 알아가고 있다. 그에 비해 내가 지출한 돈의 규모 자체는 훨씬 비본질적이다.

무엇이 개인의 인격과 행복의 본질인지에 대해 붓다는 다음과 같이 말한다.

그의 출생을 따지지 말고 그의 행위에 대해 따져야 한다. 참으로 어떤 땔감에서도 불이 나기 마련이다. 비천한 가문의 출생일지라도 부끄러운 행동을 자제할 줄 아는 성자는 고귀하고 훌륭한 사람이 되는 것이다. 「숫타니파타」

사람이 청정하게 되는 것은 카르마, 진리, 규율, 최상의 생활 태도 등 이런 요소들에 의한다. 결코 출신 성분이나 그가 가진 부에 따르는 것이 아니다. 『잡아함경』

이렇게 붓다는 출신 성분이나 신분, 부의 규모 같은 단적인 지표나 결과들이 나와 남을 재단하는 절대적 잣대가 되도록 두지 말라고 주문한다. 그보다는 지금 내가 어떤 의도를 가지고 어떤 지혜로써 어떻게 행위하고 있는지가 핵심이고 그것들이 행복과 인격을 좌지우지함을 가르치는 것이다.

카르마 상담에 대한 글을 마무리하면서 나는 다음의 사실을 강조해야 할 책임을 느낀다. 지금 자신이 겪는 문제를 카르마의 인과 관점에서 바라보는 일은 매우 중요하다. 하지만 모든 문제를 나의 과거 카르마 때문이라 성급히 결론 짓고는 다른 현실적 노력을 등한시하는 일을 경계해야 한다. 이는 카르마 인과를 오해하는 일이다. 거듭 말하지만 카르마란 단어를 남발하며 마치 자신이 카르마 인과를 다루는 것처럼 생각한다면 오히려 상황은 어려워질 것이다. 진정한 카르마적 사유와 이해는 현실적인 부분을 다루는 가운데 도출되어야 한다. 이 삶, 이 순간이 가장 중요하며 현실적인 측면에서 삶을 이해하고 분석하는 노력이 무엇보다 요구된다. 자신의 현재를 잘 분석하다 보면 자연스럽게 카르마의 인과를 삶에 적용하여 해석할 타이밍이 보일 것이다. 『불설삼세인과경』에는 다음과 같은 말이 있다.

> 만일 전생의 일을 묻는다면 금생에 받는 이것이요, 미래 생의 일을 묻는다면 금생에 짓는 이것이라.

몰리야시와까 외도는 붓다에게 인생에서 경험하는 모든 고락의 사태는 전적으로 전생의 카르마 때문으로 보아야 하는지를 묻는다. 그러자 붓다는 그렇게 성급히 모든 것을 전생의 카르마 때문이라 몰고 가는 것은 잘못이라 말한다. 그러면서 카르마를 따지는 일 외에도 자신의 체질이나 체력의 문제, 계절의 변화, 예기치 못한 충격 등 다른 현실적 부분들도 함께 따져보라 가르친다. 물론 매우 폭넓게 보면 체질, 체력을 포함한 여러 요인 역시 카르마 인과의 일부로 볼 수 있을 것이다. 그러나 붓다는 무조건 모든 것이 카르마의 과보 때문이라는 묻지마식 접근이 아니라 문제를 현실적으로 분석하며 효율적인 대처 방안을 찾는 노력이 중요함을 가르쳐준 것이라 볼 수 있다.

마지막으로 책에서는 도덕과 양심이 현대인의 정신 건강과 행복의 문제에 직결되는 요인임을 기술하기 위해 노력했다. 대한민국에서 교육열이 높기로 손꼽히는 지역에서 상담하는 나는 어린 시절부터 성적 중심의 엄격한 교육관을 가진 부모 밑에서 자란 학생들이나 젊은 성인들의 고통을 지켜보았다. 좋은 성적, 좋은 대학에만 올인하던 아이들은 결과중심적 세계관을 강화하며 성장하게 되고, 때문에 성인이 되어서도 다른 삶의 요소들은 등한시한 채 오직 좋은 직장이나 돈 잘 버는 사업 등 결과만이 월등히 중요하다는 사고방식을 가질 가능성이 크다. 그래서 무엇이 옳고 또 본질적인지 따지지 않고 결과중심적으로만 살다가 그에 따른 후폭풍에 휩싸여 심리적으로 괴로운 상태에서 상담소를 찾는다.

교육열과 기술 발달의 속도가 어느 선진국에 뒤지지 않는 대한민국에서는 정신 건강의 문제가 국가적인 아젠다가 된 지 오래다. 이 문제는 앞으로 더욱 심각해질 것임이 자명하다. 지금도 늦었지만 그렇더라도 이 상황을 바로잡기 위한 어떠한 수라도 써야만 한다. 나에게 지금 우리 사회가 시급히 해야 할 일이 무엇이냐 묻는다면 주저 없이 현 교육 시스템에서 천덕꾸러기 취급을 받는 윤리 과목을 지금의 국·영·수 과목의 위상만큼 올리는 일을 꼽겠다. 나는 이러한 교육의 변화가 반드시 그리고 시급히 진행되어야 한다고 강력히 주장한다. 그것이 개인과 사회에 양심과 도덕의 중요성을 알리는 올바른 시그널이 될 것이다. 개인과 사회의 윤리와 도덕에 대한 고양된 감각은 자연히 삶의 인과를 올바로 대하게 하고, 각자의 삶을 잘 꾸리도록 하며, 정신을 건강하게 할 것이다. 그리고 이는 그들이 속한 공동체가 건강해지는 선순환을 만들 수 있다. 비록 단기적으로 효과를 내기 어려울지 몰라도 장기적으로 보면 문제를 해결하는 매우 근본적인 대책이다.

인공지능 기술의 발달이 급속해지고 있다. 소프트뱅크의 손정의 회장은 미래 경쟁력을 갖춘 국가가 되기 위해 무엇이 중요한지를 알려달라는 정부의 요청에 첫째도, 둘째도, 셋째도 인공지능이라 답했다. 이에 당시 정부는 '인공지능 정부'가 되겠노라 선언했다. 오늘날 인공지능은 다른 어떤 분야보다 국가와 기업이 앞다투어 투자를 쏟아붓는 분야다. 그만큼 성과도 눈부시다. 우리가 현실에서 체감할 정도로 주변 환경은 이미 인공지능 기술에 영향을 받으며 급속히 변하고 있다.

여기서 우리가 반드시 알아야 할 사실은 인공지능 기술 개발이 사회 변화를 이끌어가는 전부는 아니라는 점이다. 전문가들은 기술의 발달만큼이나 중요한 것이 이 기술과 공존해야 할 사회 구성원들의 인식 수준이라 말한다. 인공지능에 대한 인식과 인간 자신에 대한 높은 이해를 갖추게 될 때 인공지능 기술은 우리 사회에 잘 스며들어 소화될 수 있다. 왜냐하면 인공지능 기술이 모방하는 대상은 다름 아닌 인간의 사고 능력이기 때문이다. 인간보다 더 잘 생각할 줄 알게 된 인공의 존재와 공생하게 될 미래에서, 삶의 인과에 대한 우리의 바른 이해는 기술이 우리를 집어삼키지 않도록 작용할 것이다. 인공지능의 발달이 인류 미래의 재앙이자 진정한 위협이 되는 근본 원인은 인과적 사고에 무능한 인간 자신이지 기술 그 자체가 아니다. 인공지능 기술을 적용하는 것도, 또 기술을 부리는 것도, 그것과 함께해야 하는 것도 바로 우리 자신이다. 삶의 인과에 핵심인 도덕과 윤리를 배우는 일은 단지 인문학적 교양의 문제를 넘어 우리의 정신 건강을 위해서도, 기술과의 긴밀한 공존이 요구되는 미래를 위해서도 더 늦출 수 없는 필수적인 작업이다. 이 사실을 우리 사회가 시급히 깨닫기를 소망하며 다음과 같은 석가모니 붓다의 말을 전한다.

모든 악을 짓지 말고 모든 선을 받들어 행하라. 스스로 마음을 정화하는 이것이 바로 모든 붓다들의 가르침이라! 『증일아함경』

## 이충현

- (현) 동국대학교 동서사상연구소 학술연구교수

- (현) 한국인문철학상담연구원 이사

- (현) 한국철학상담학회 이사

- (현) 한국종교교육학회 연구윤리위원회 위원

- (현) 마음연구소 우산 소장

- 불교상담사 1급 / 철학상담사 전문가 / 인문카운슬러 수련감독

- 제2회 불교상담학술상 수상(2021년)

- 연세대학교 화학과 학사 / 서울대 경영전문대학원Global MBA 중퇴 /

  명지대학교 철학상담치료학 석사 / 서울불교대학원대학교 불교상담학 박사

- (전) 삼성테스코, 동아원, 제너럴 일렉트릭 코리아 등 기업에서 총 13년간 근무

# 카르마 상담소

**초판 1쇄 발행** 2023년 11월 22일

**지은이** 이충현
**펴낸이** 오세룡
**편집** 여수령 허승 정연주 손미숙 박성화 윤예지
**기획** 곽은영 최윤정
**디자인** 행복한물고기Happyfish
　　　　고혜정 김효선 박소영 최지혜
**홍보 · 마케팅** 정성진

**펴낸곳** 담앤북스
**주소** 서울특별시 종로구 새문안로3길 23 경희궁의 아침 4단지 805호
**대표전화** 02-765-1250(편집부) 02-765-1251(영업부)
**전송** 02-764-1251
**전자우편** dhamenbooks@naver.com

**출판등록** 제300-2011-115호

**ISBN** 979-11-6201-411-0　03180

정가 17,000원